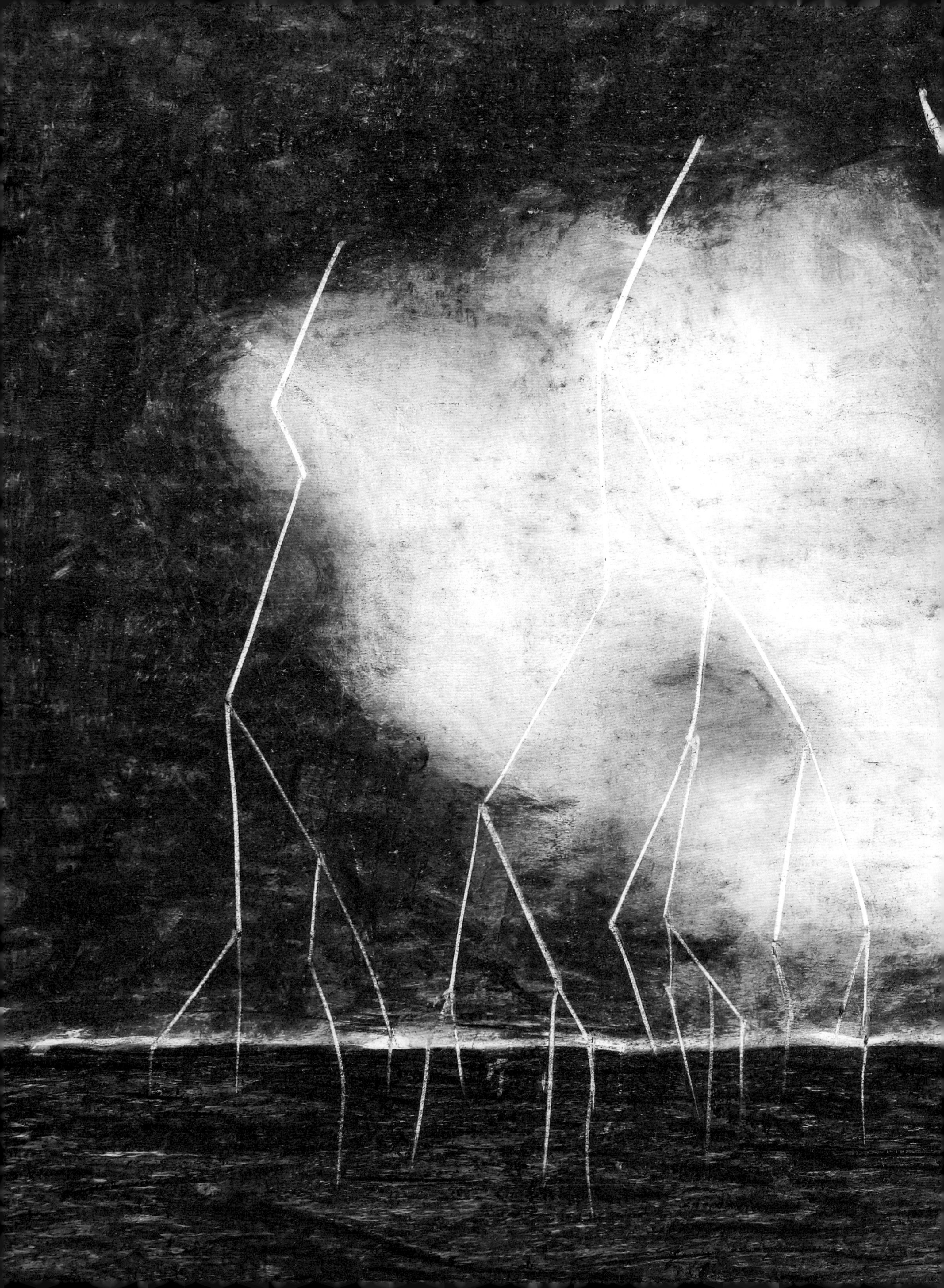

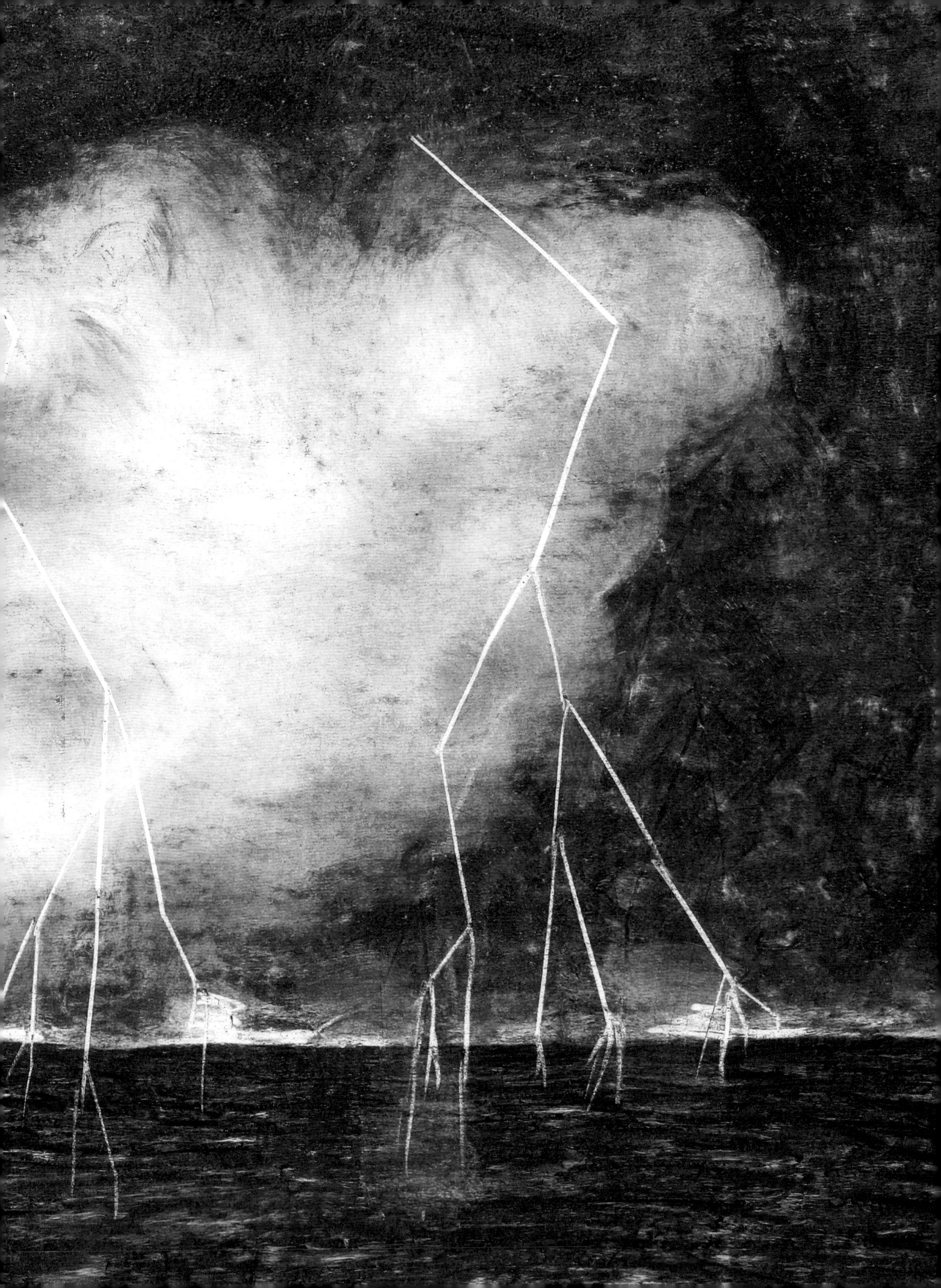

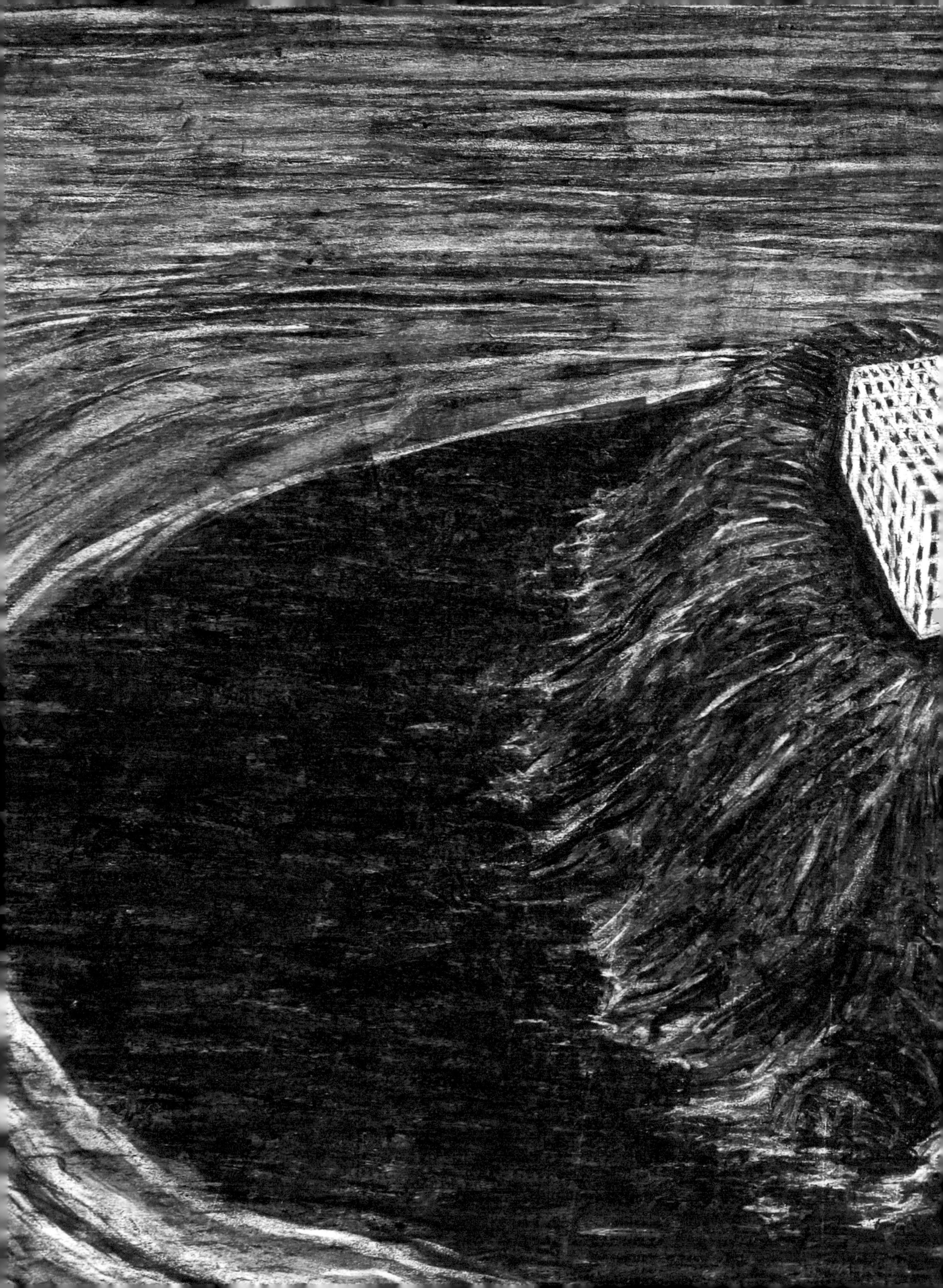

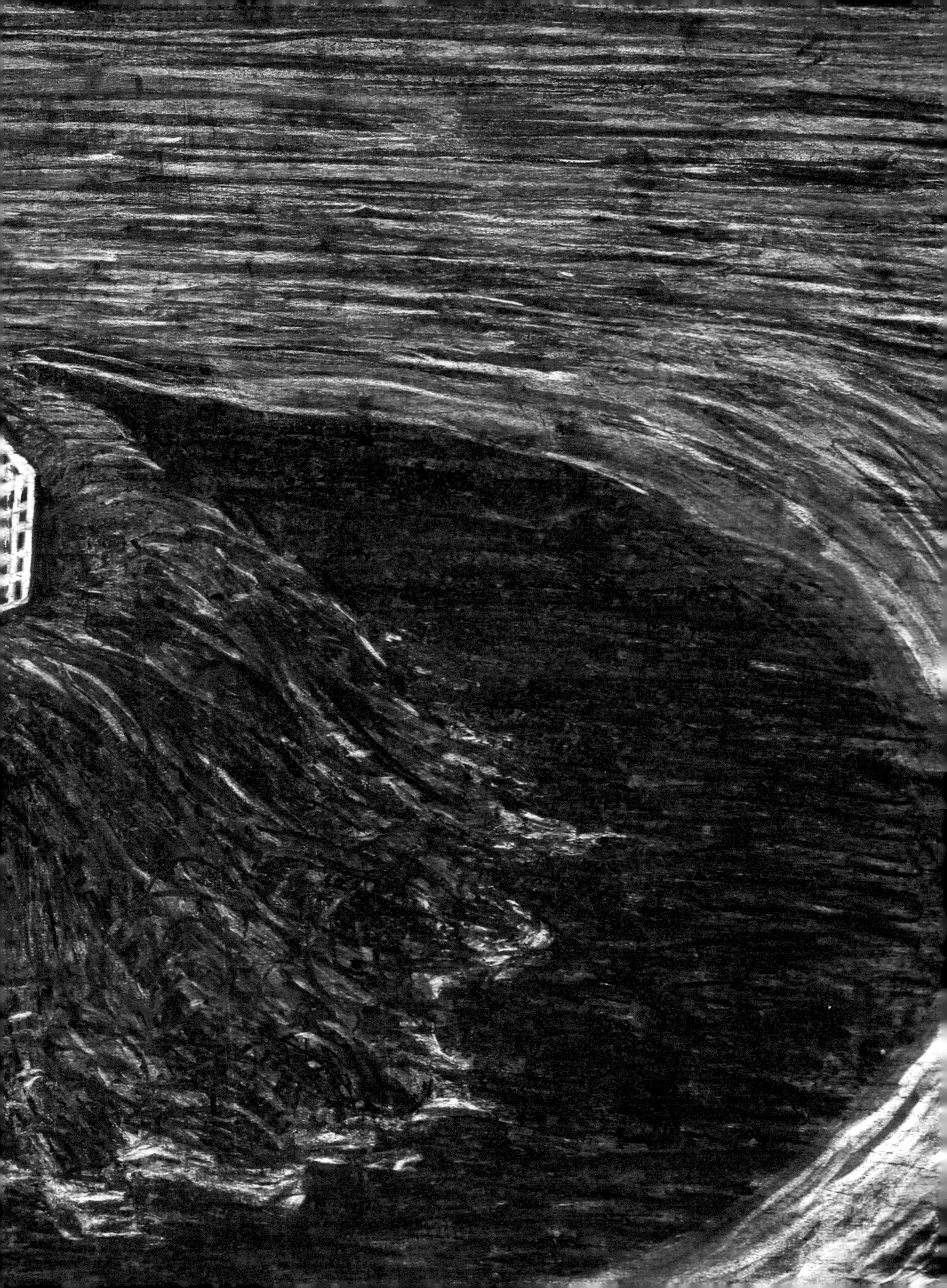

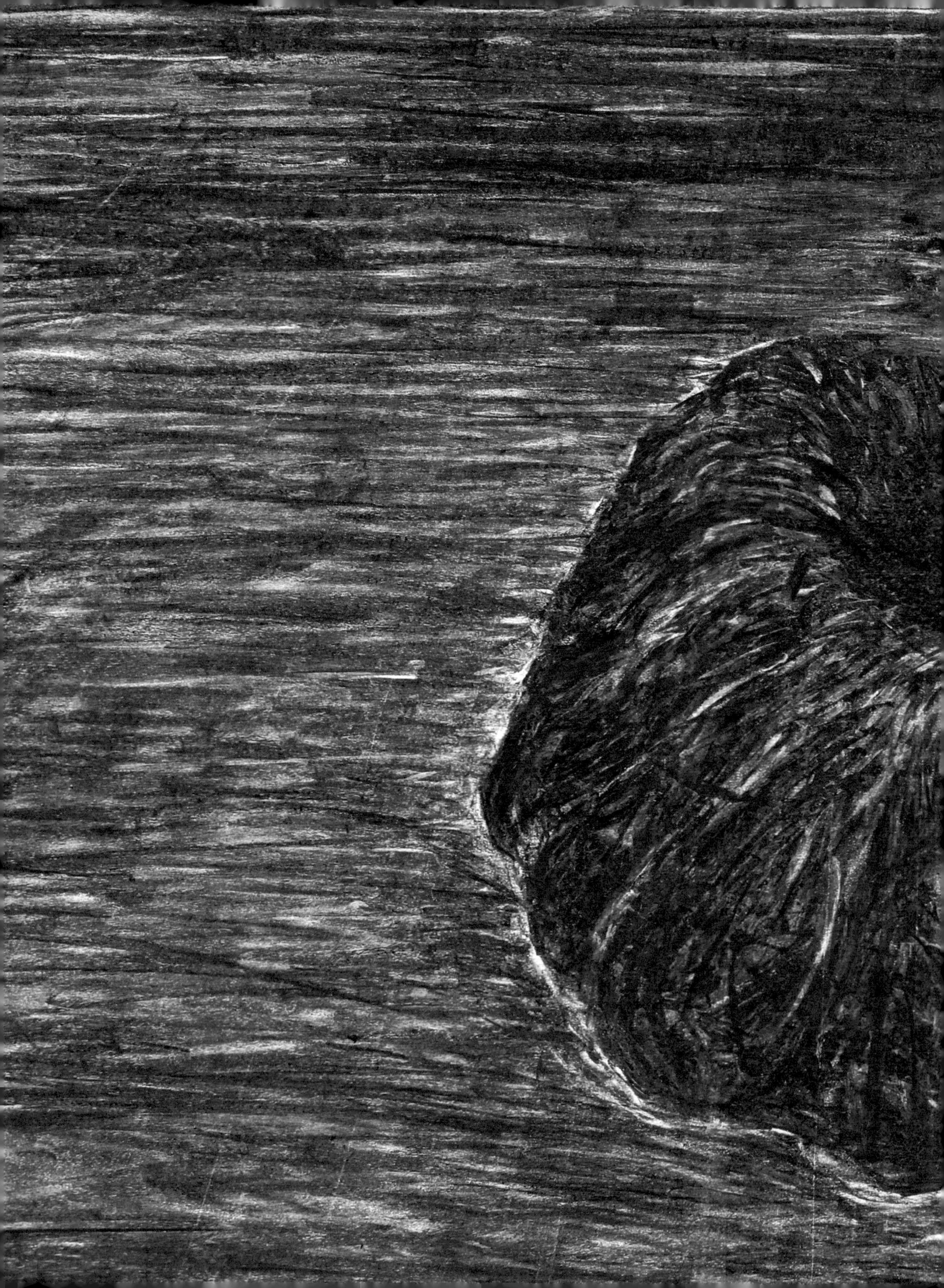

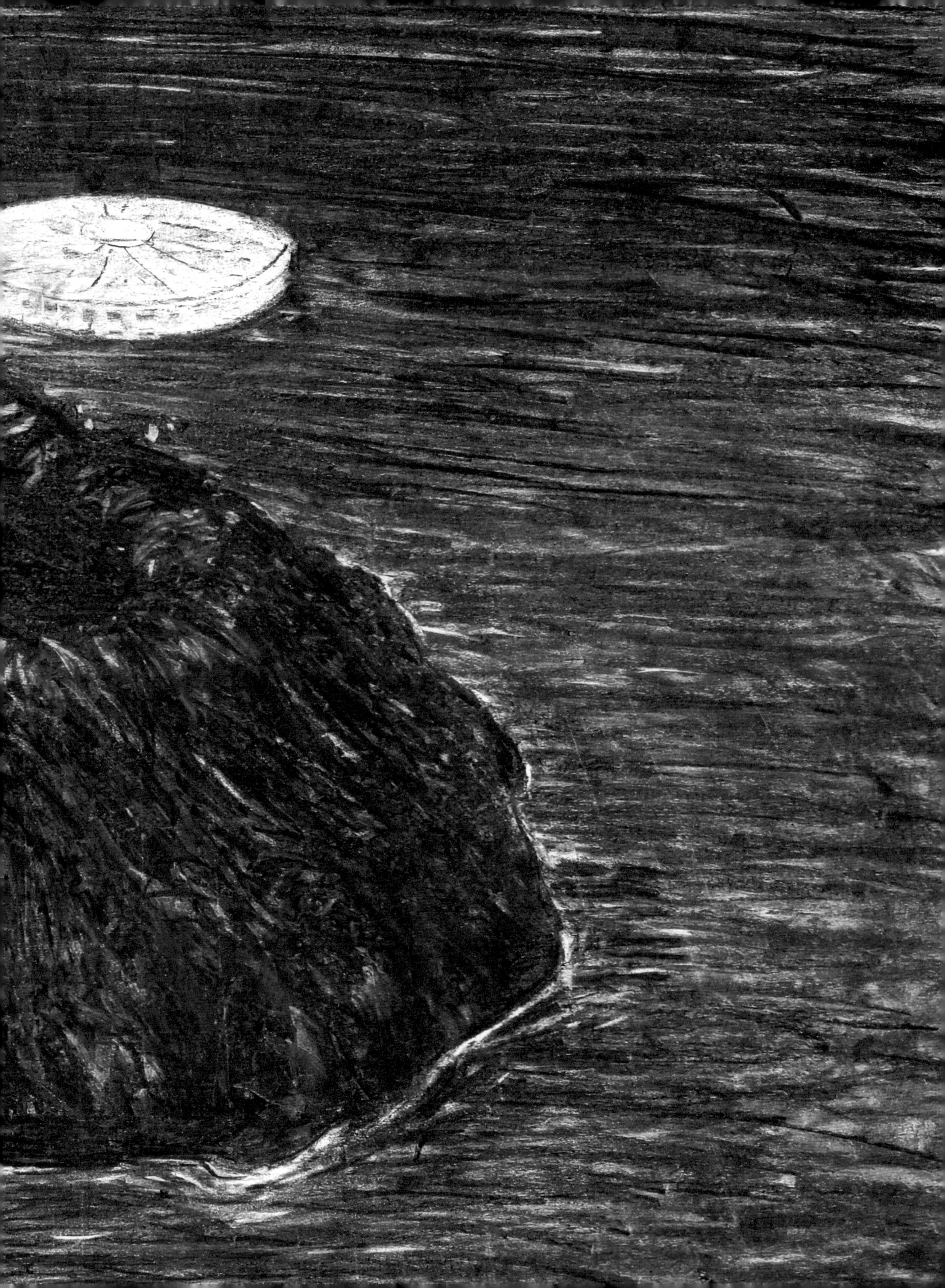

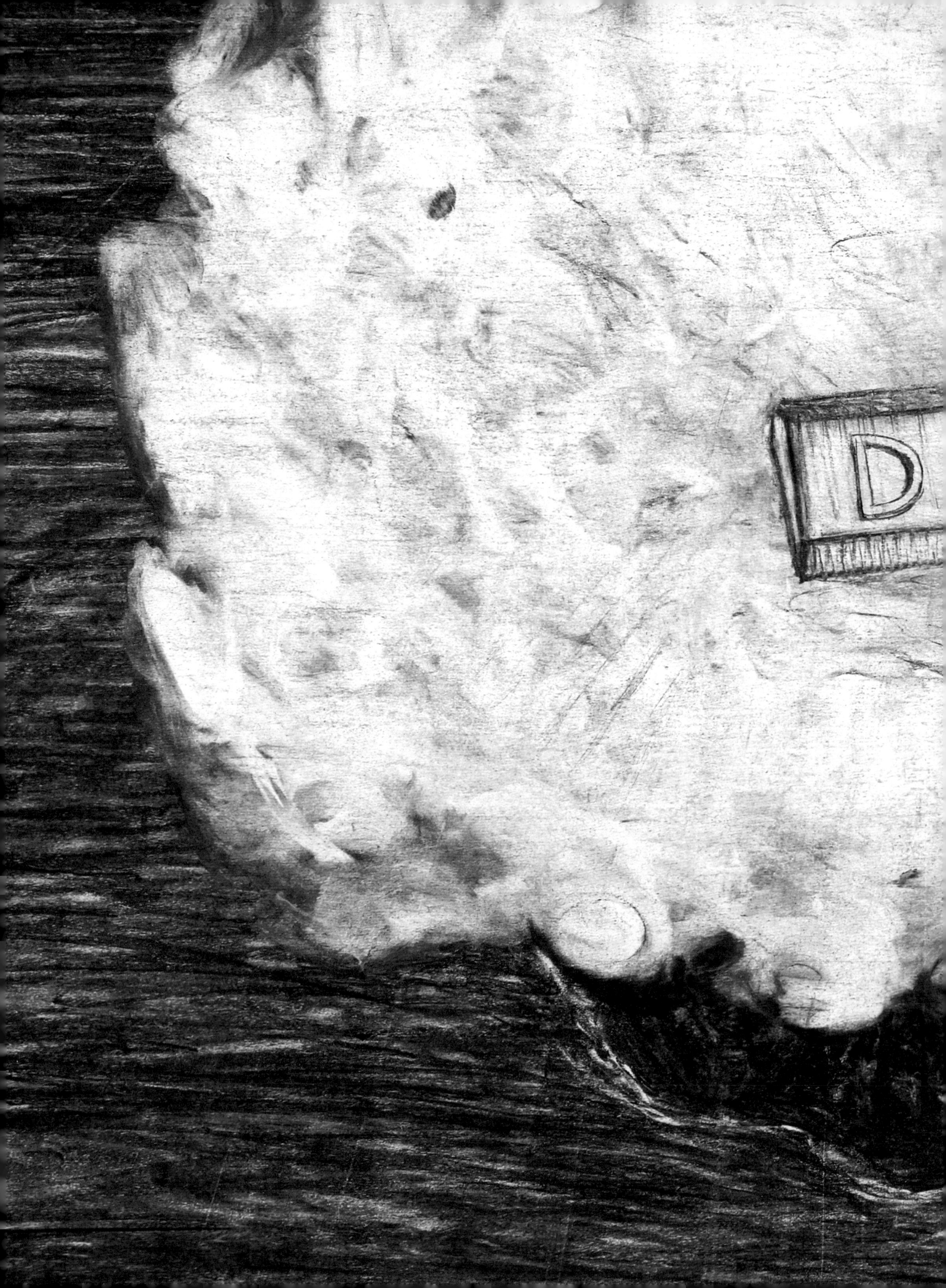

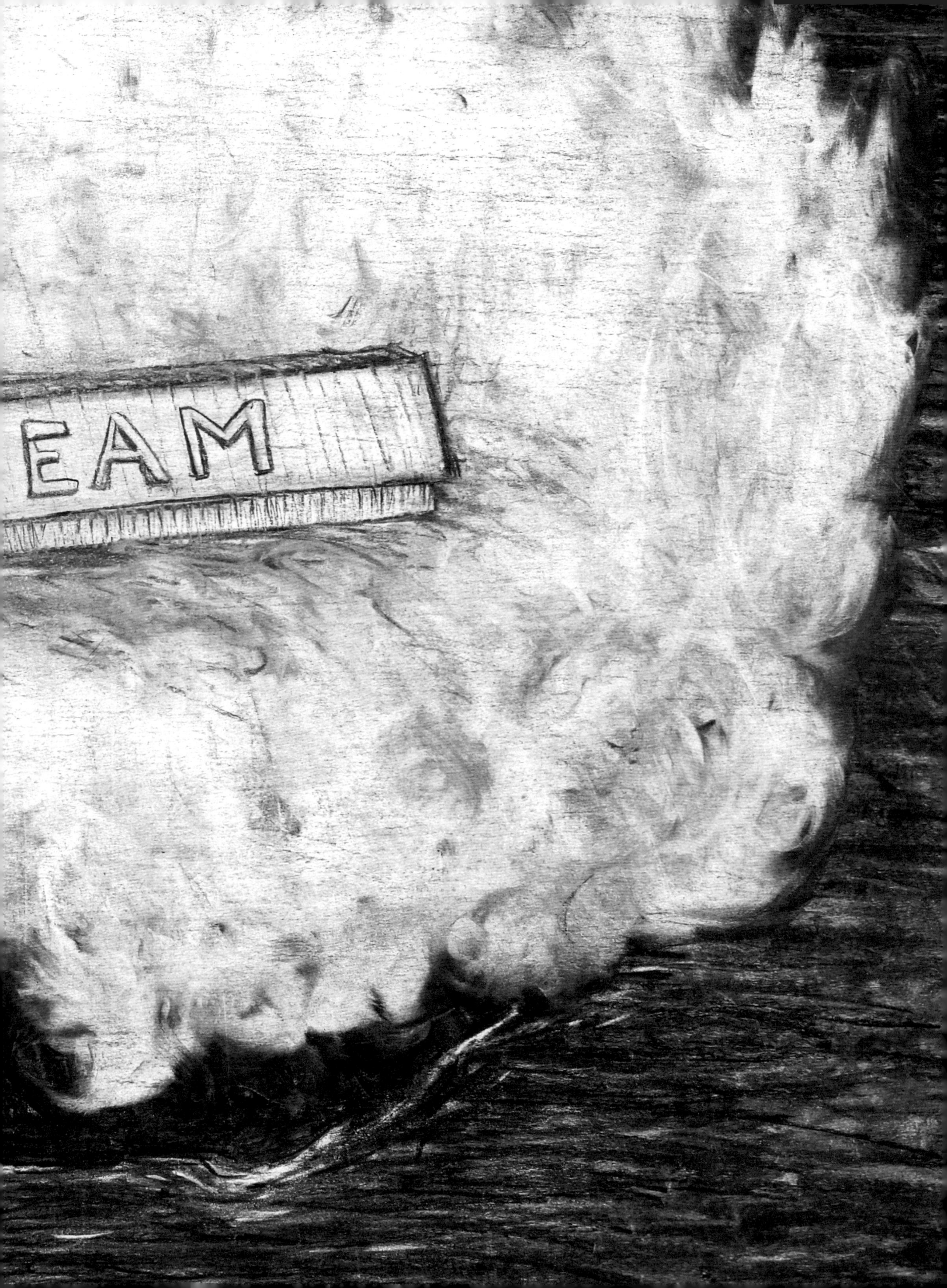
EAM

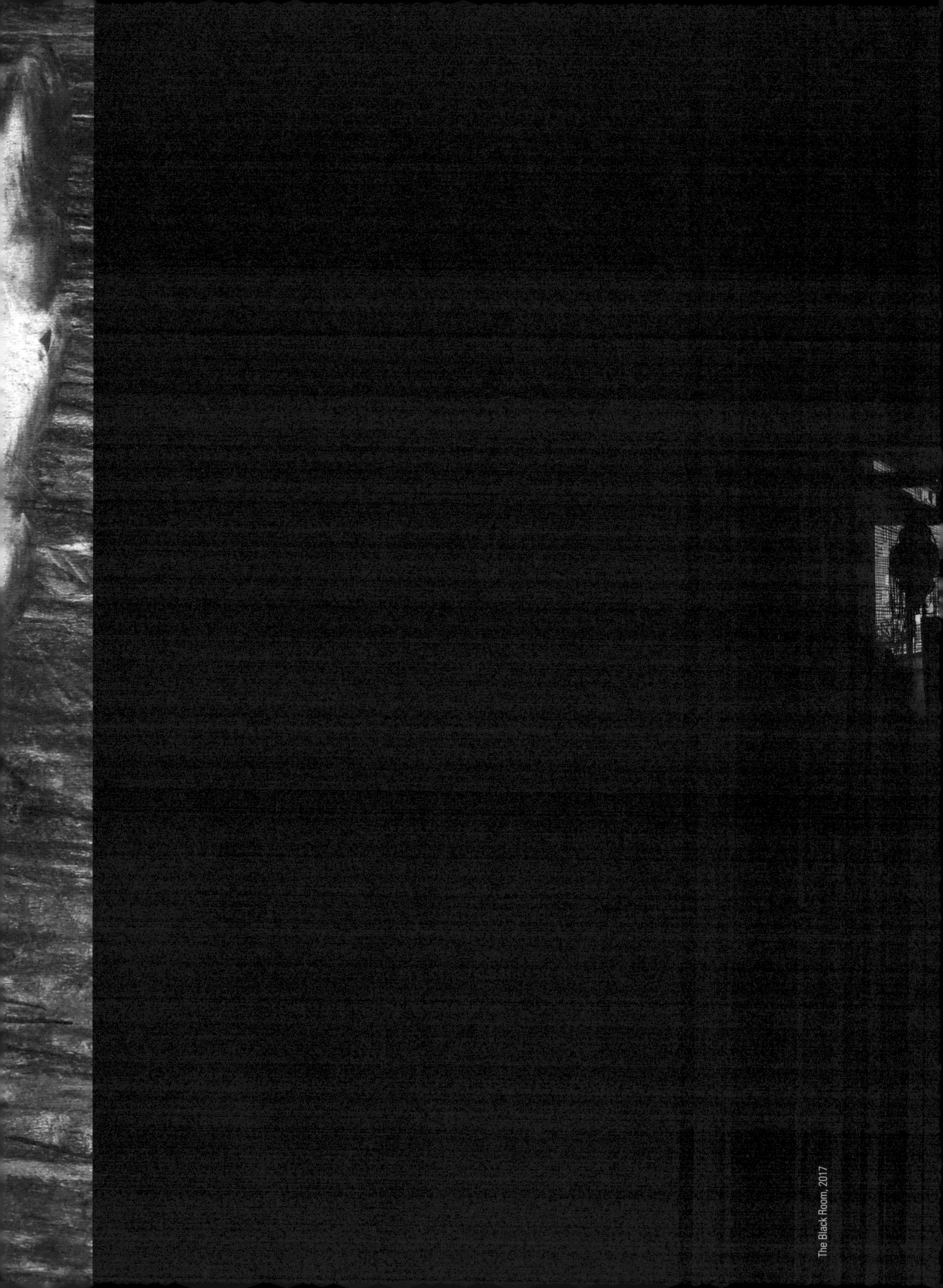

The Black Room, 2017

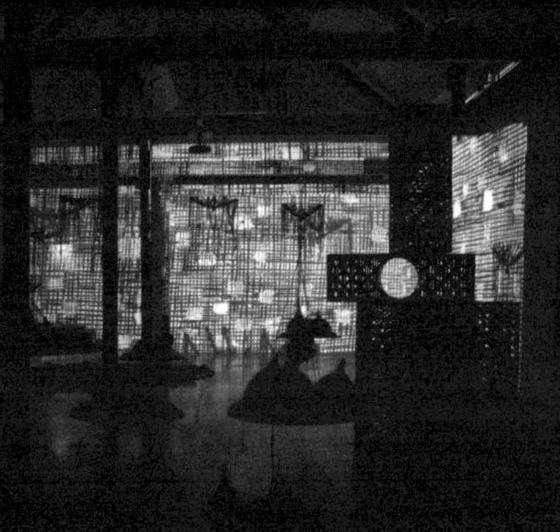

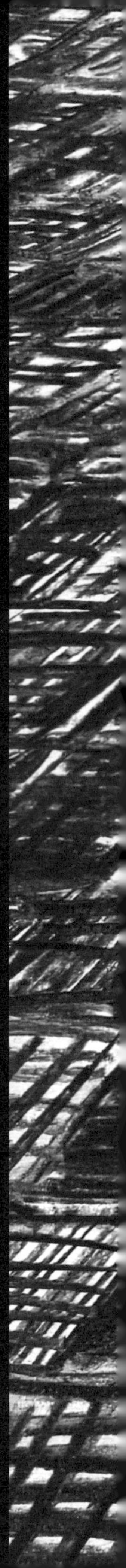

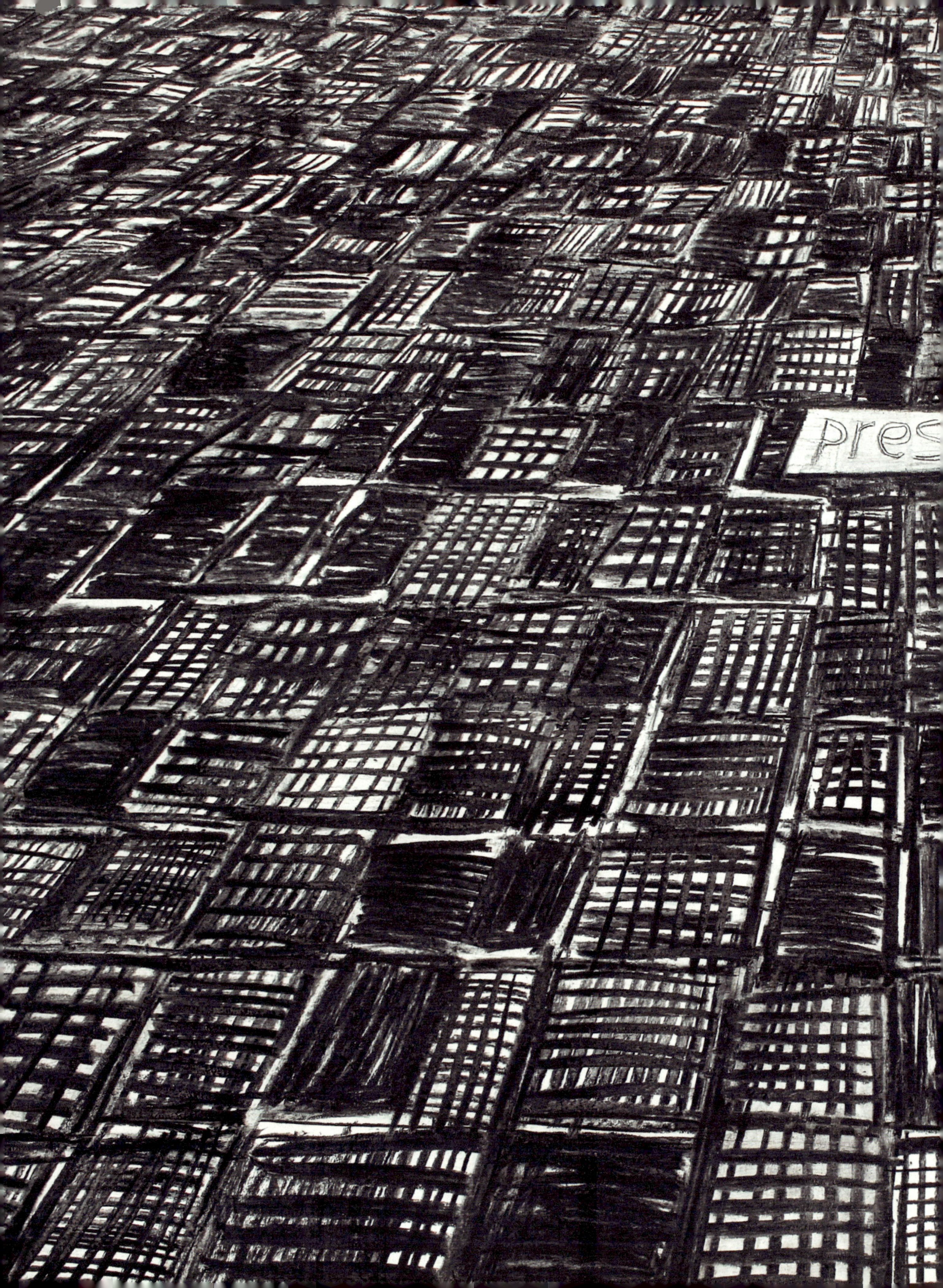
pres

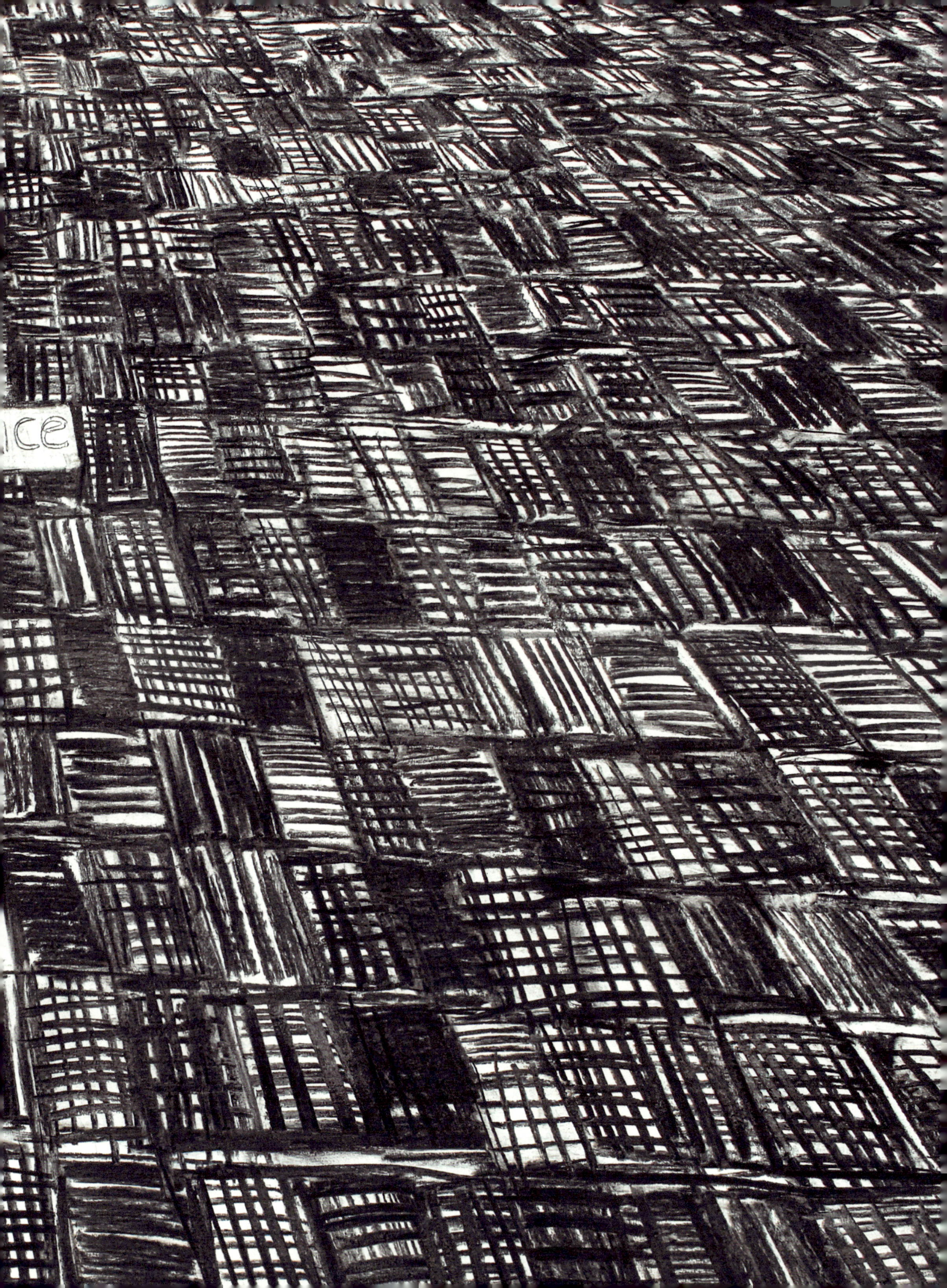
ice

ab

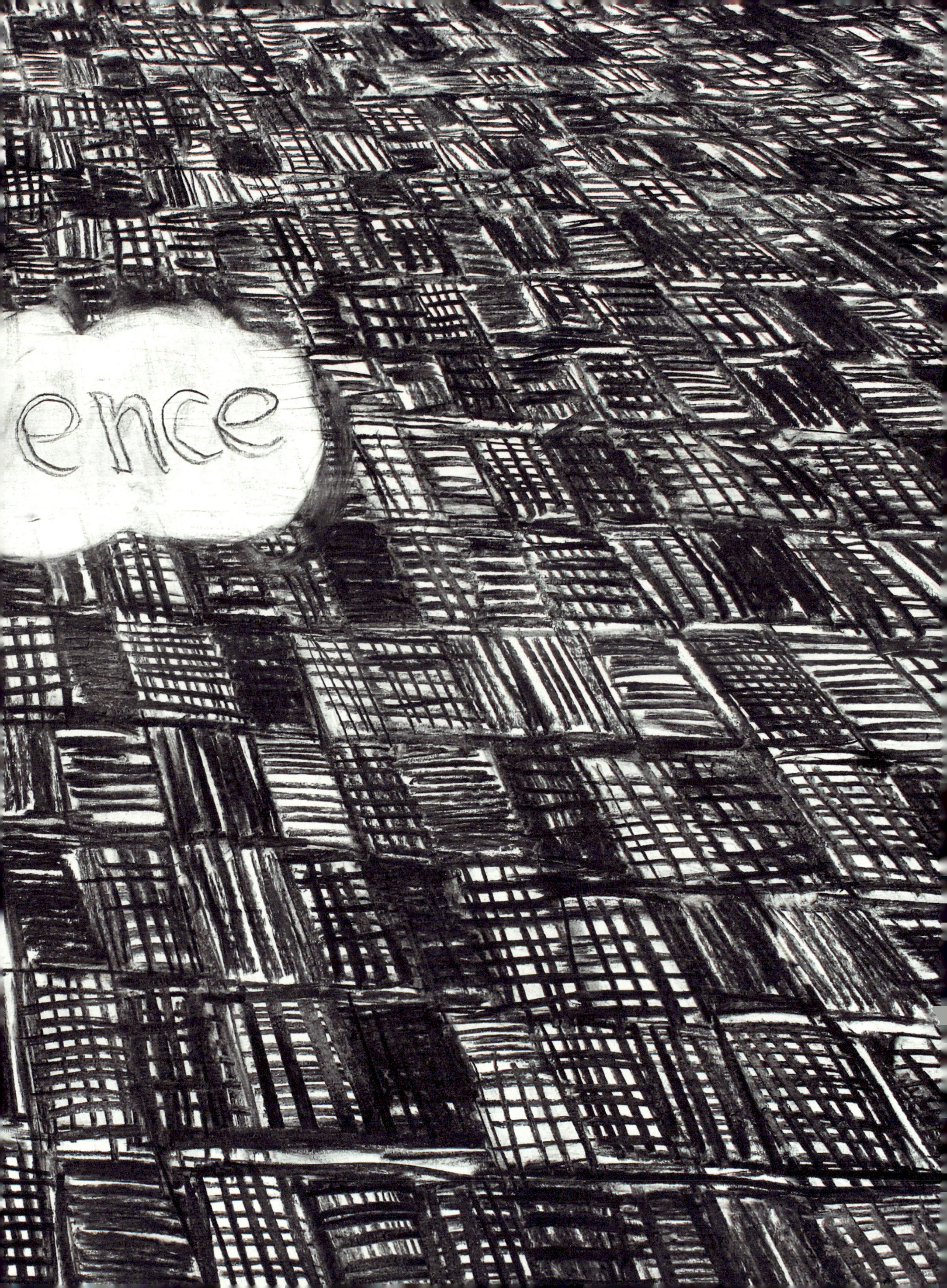
ence

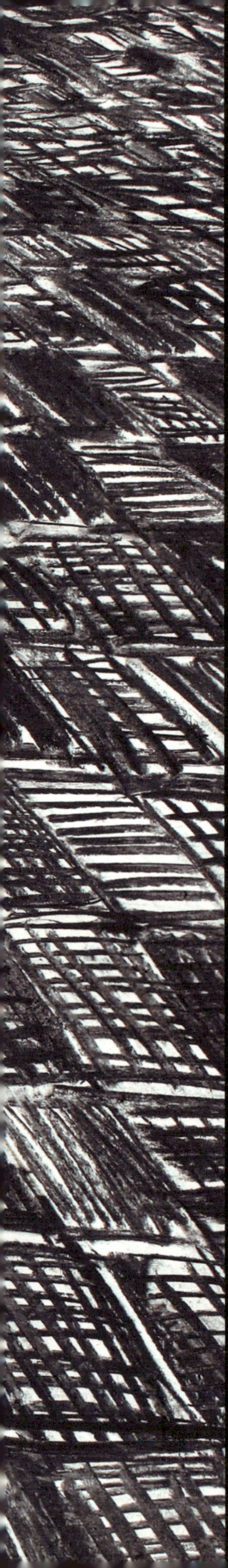

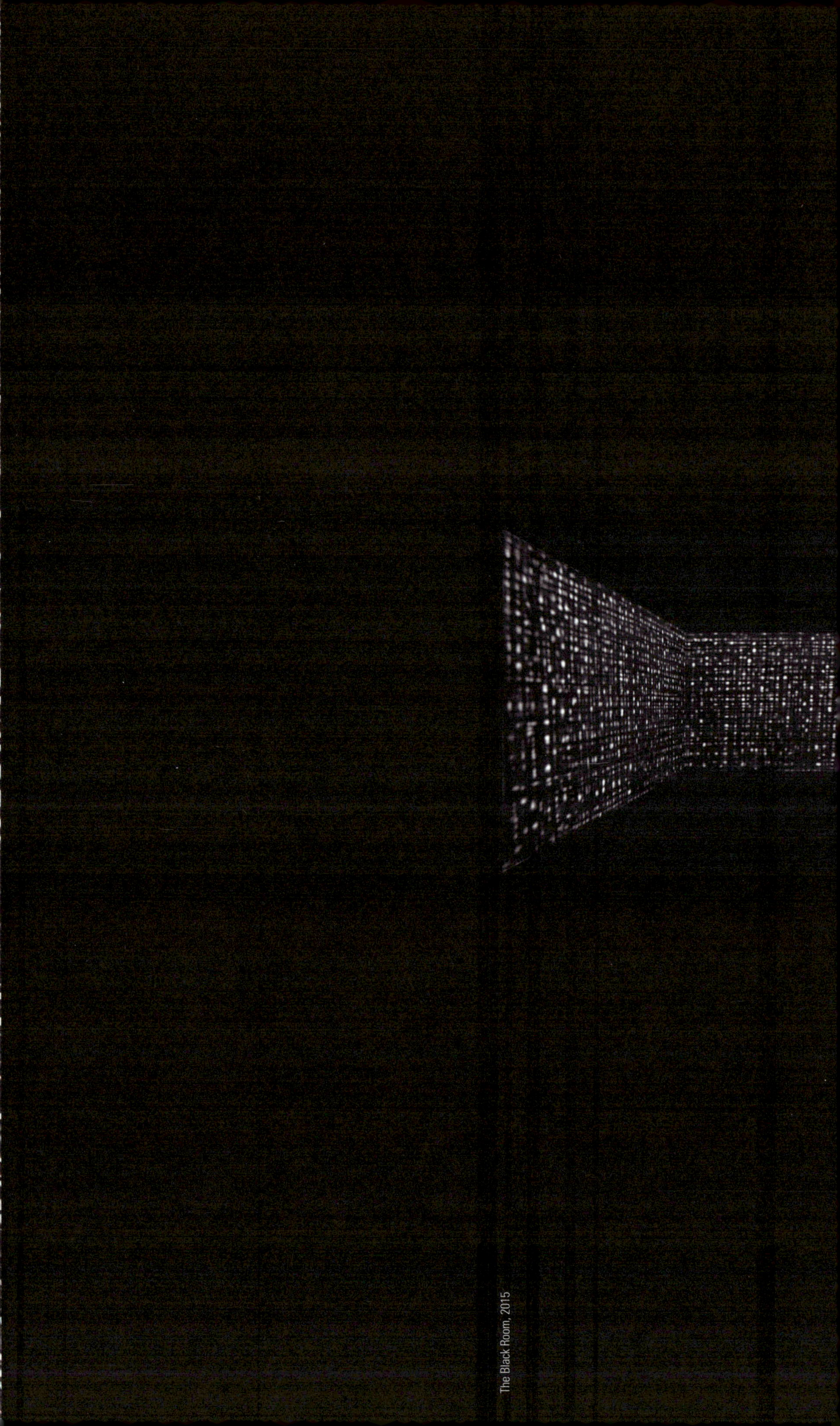

The Black Room, 2015

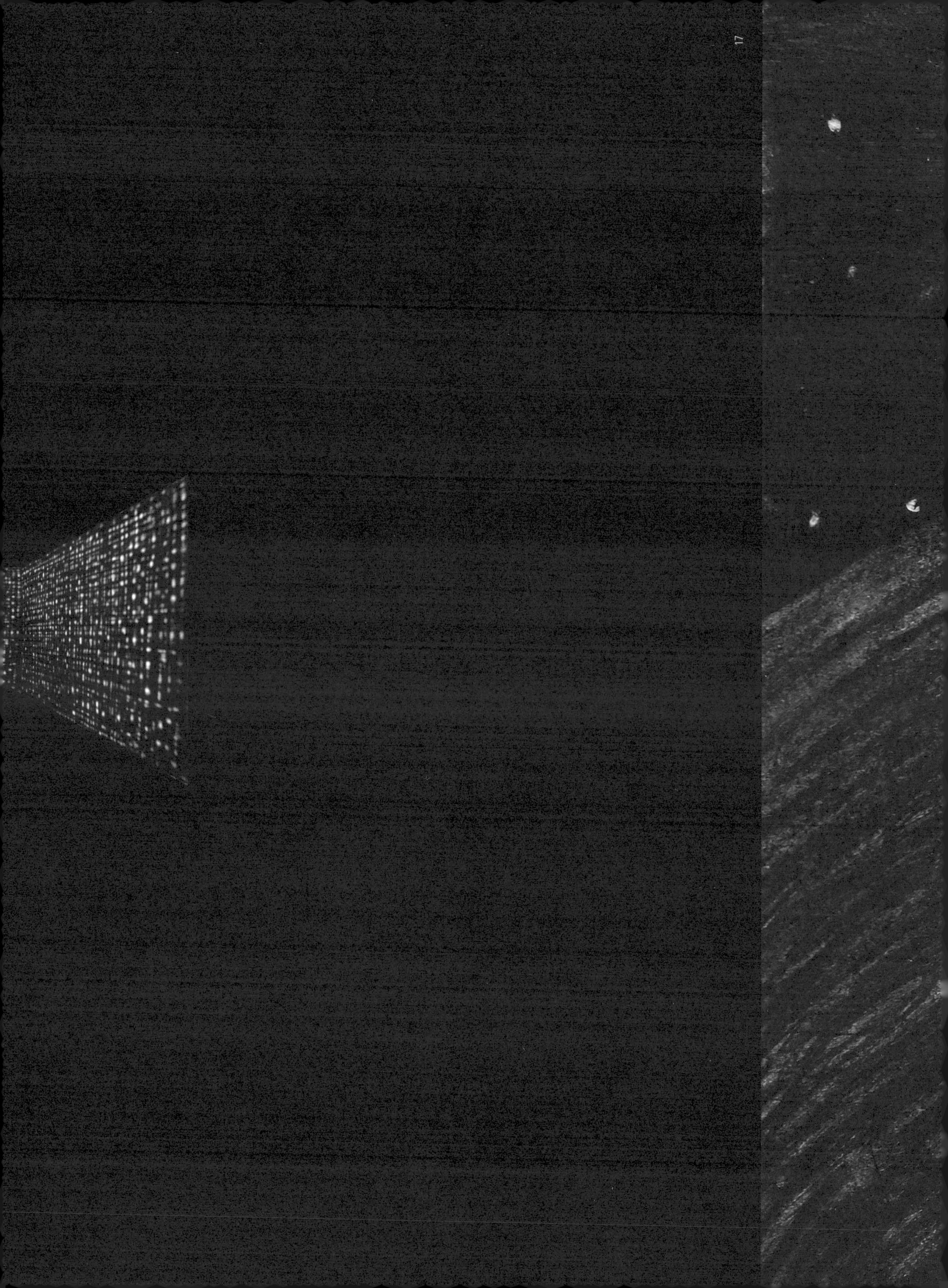

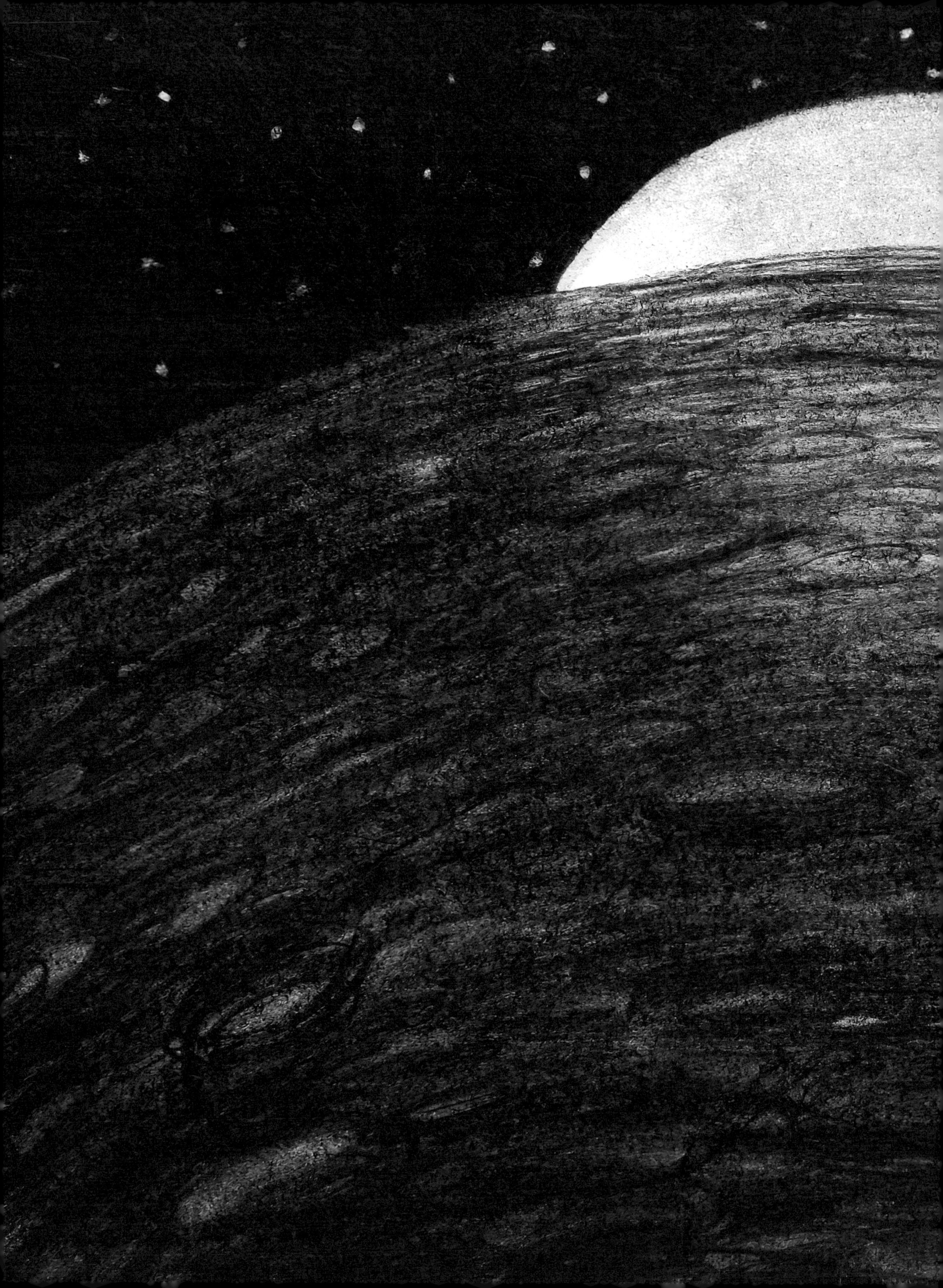

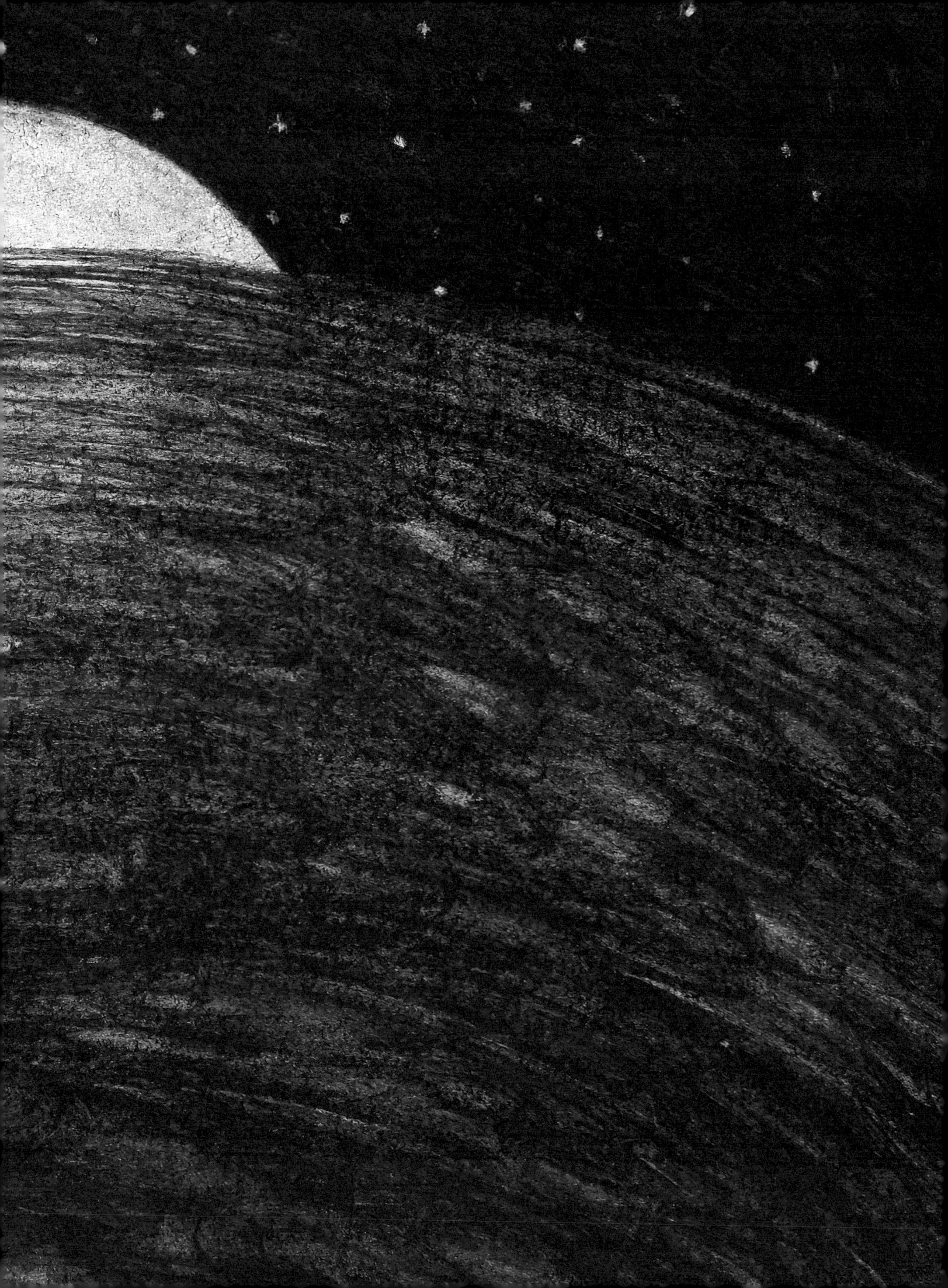

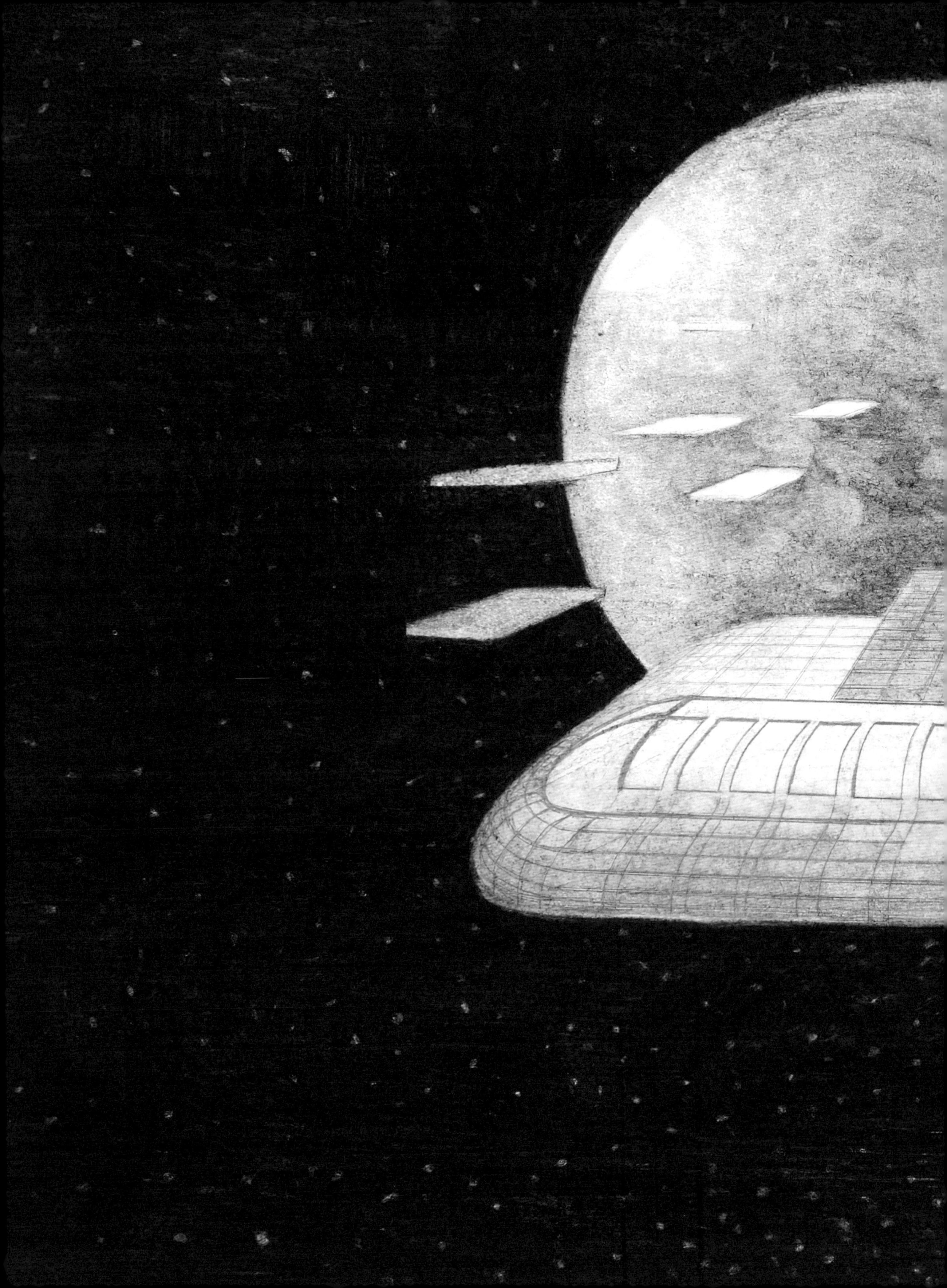

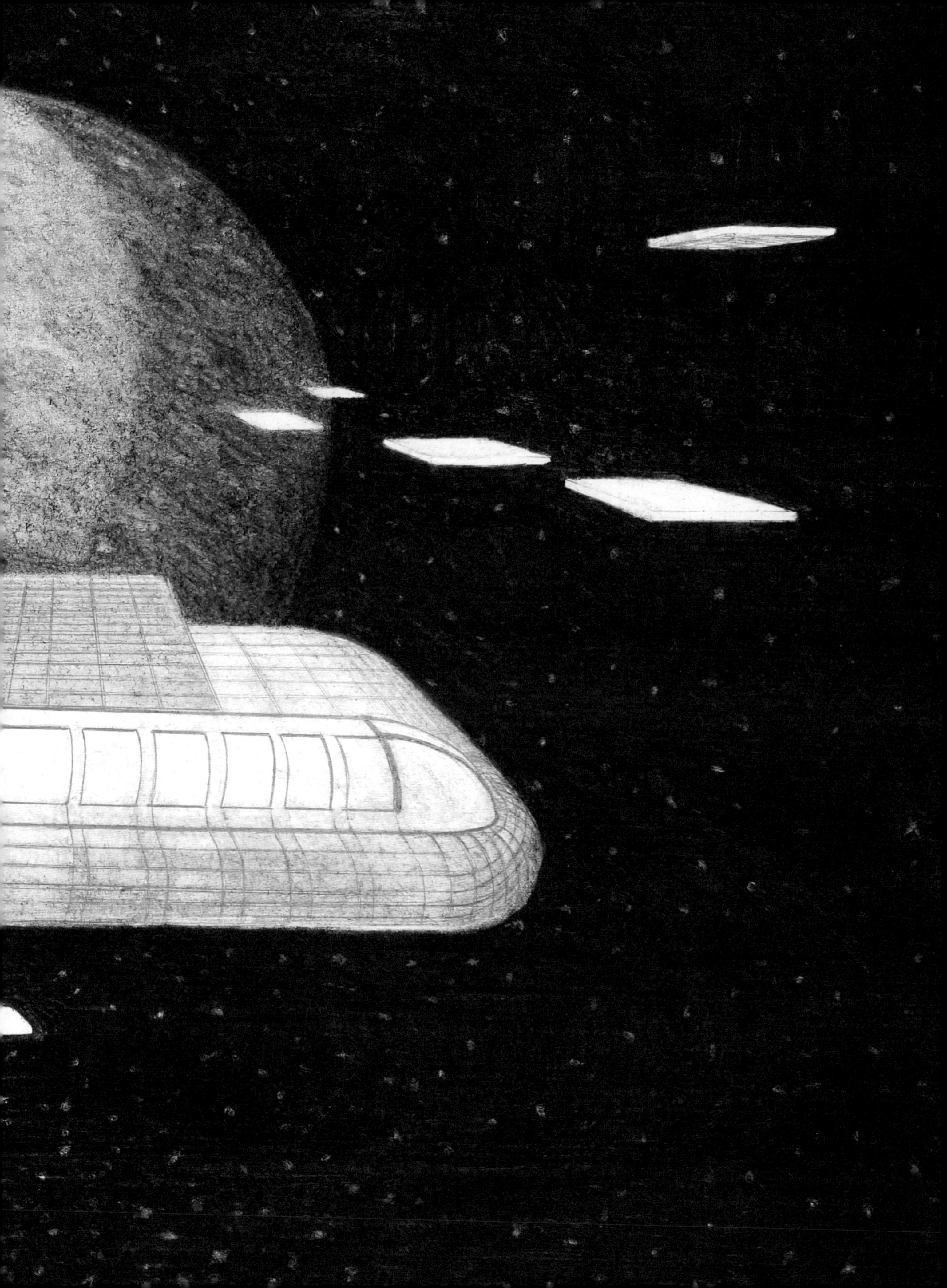

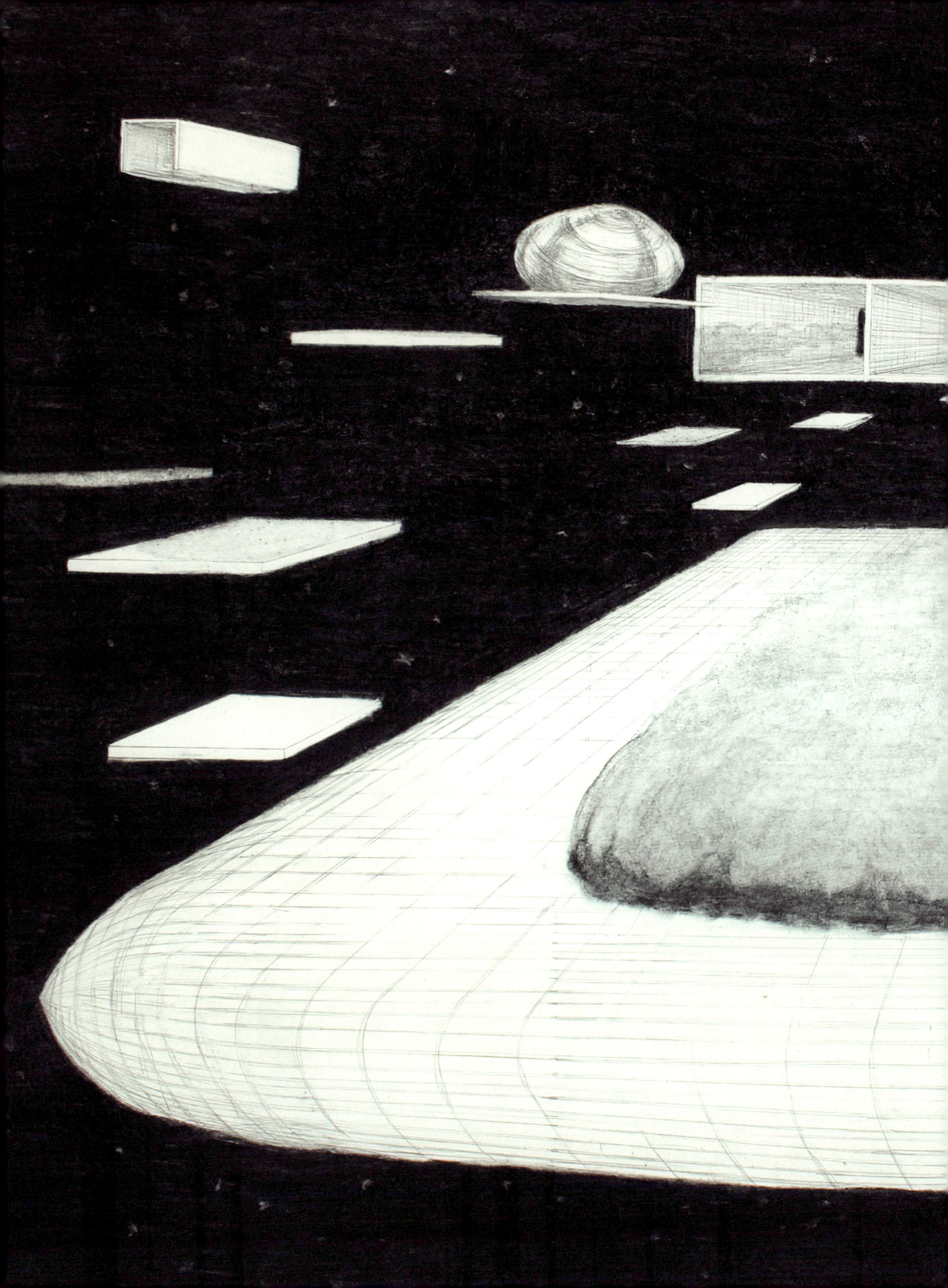

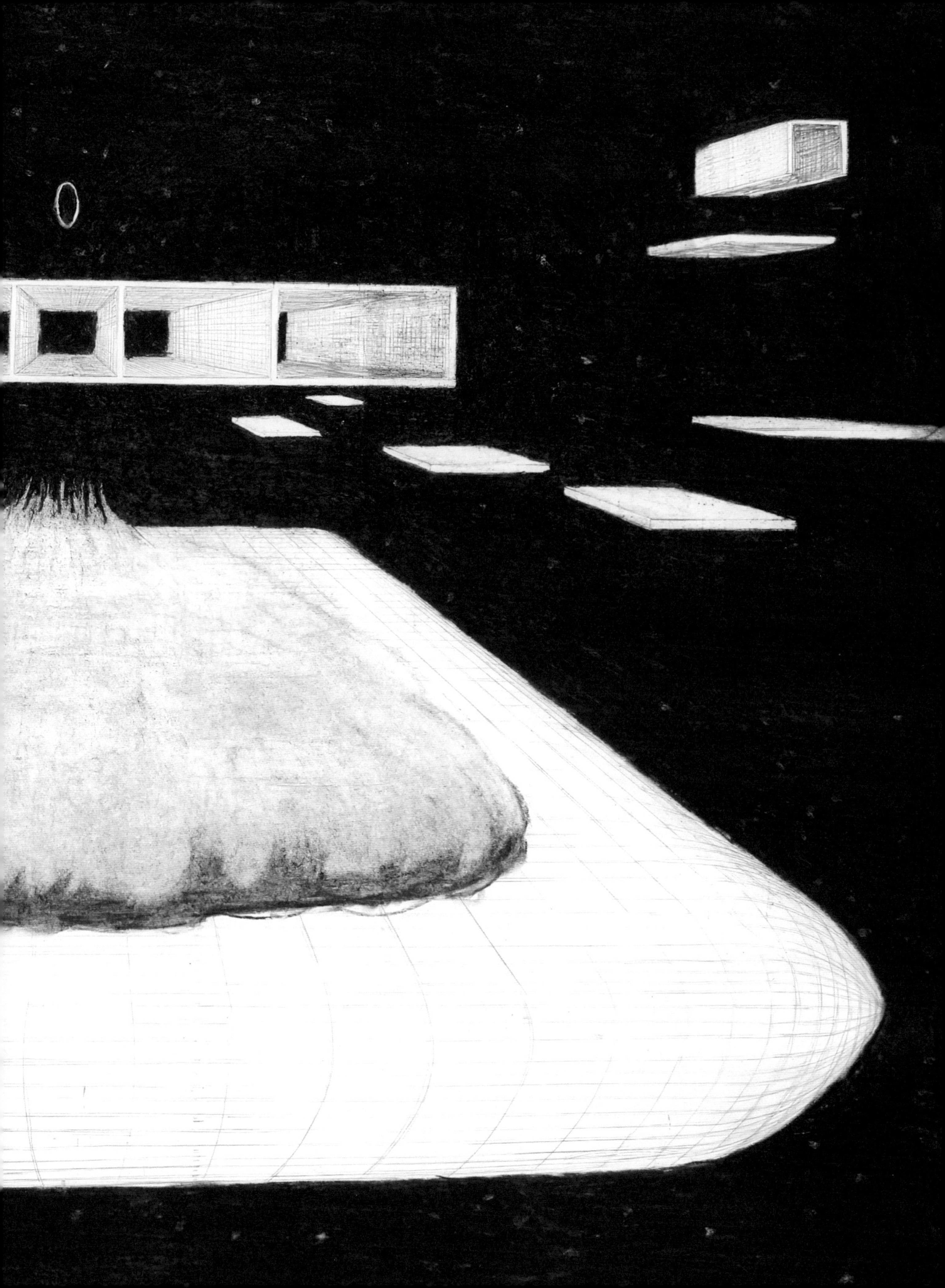

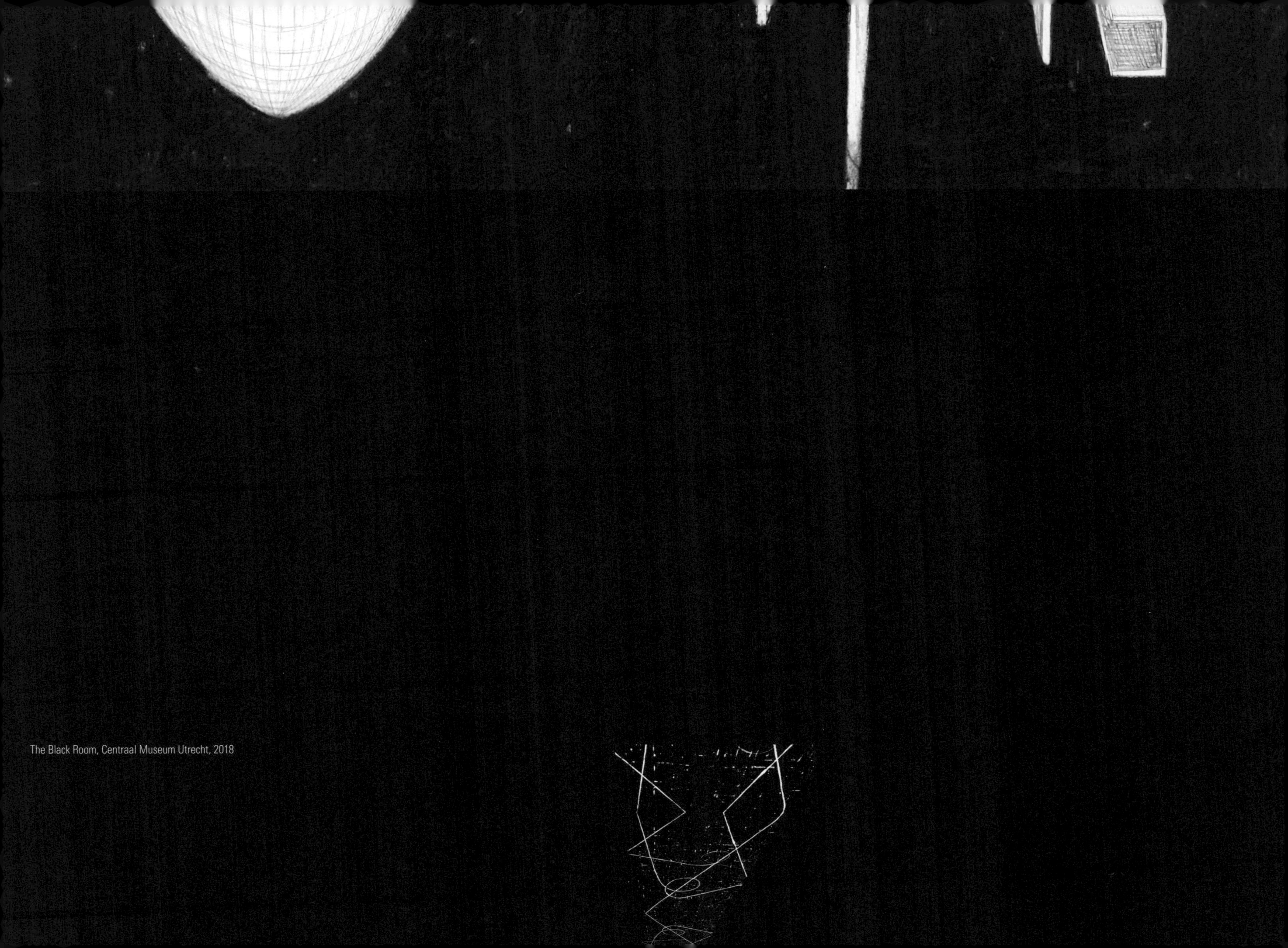

The Black Room, Centraal Museum Utrecht, 2018

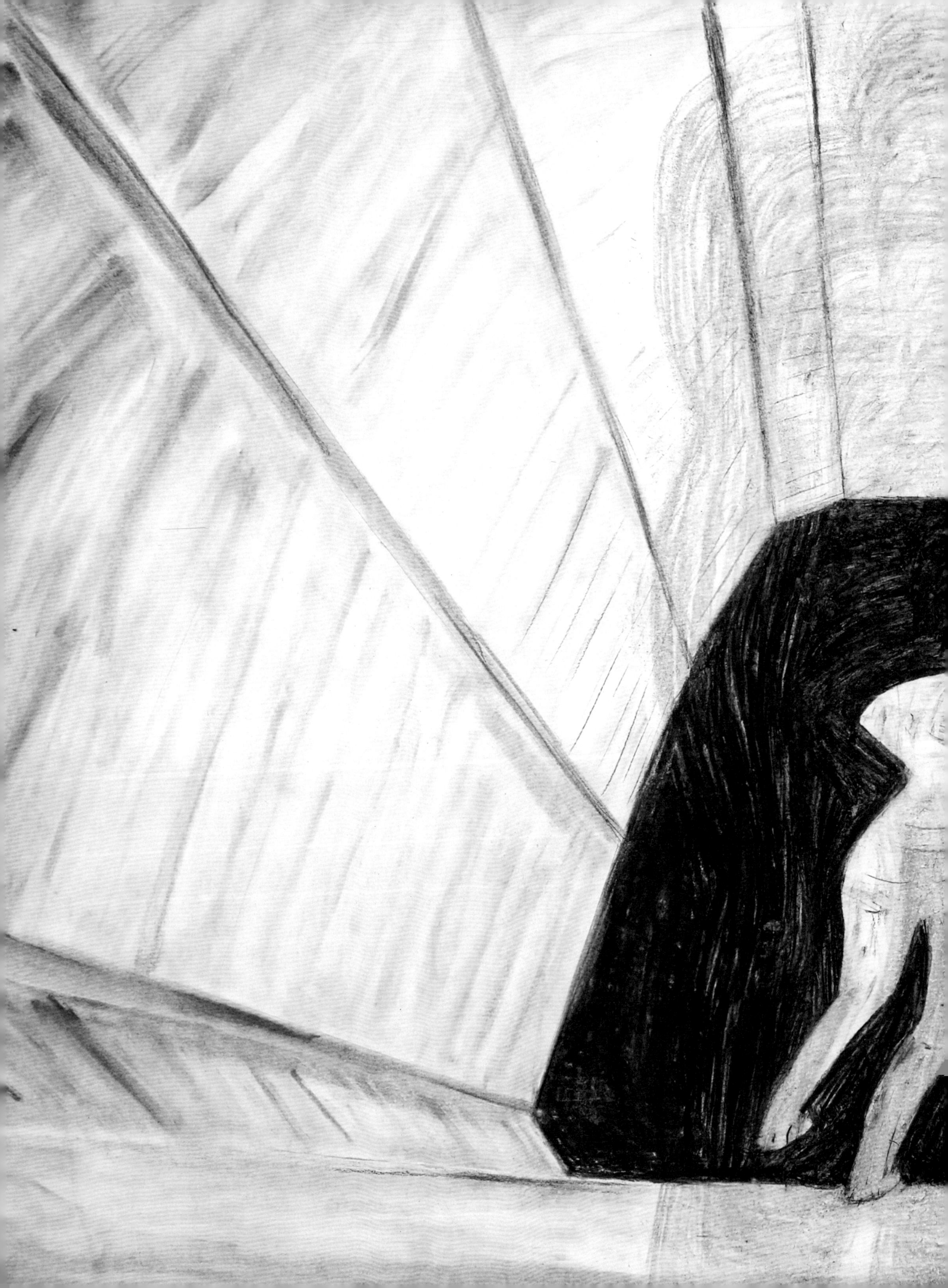

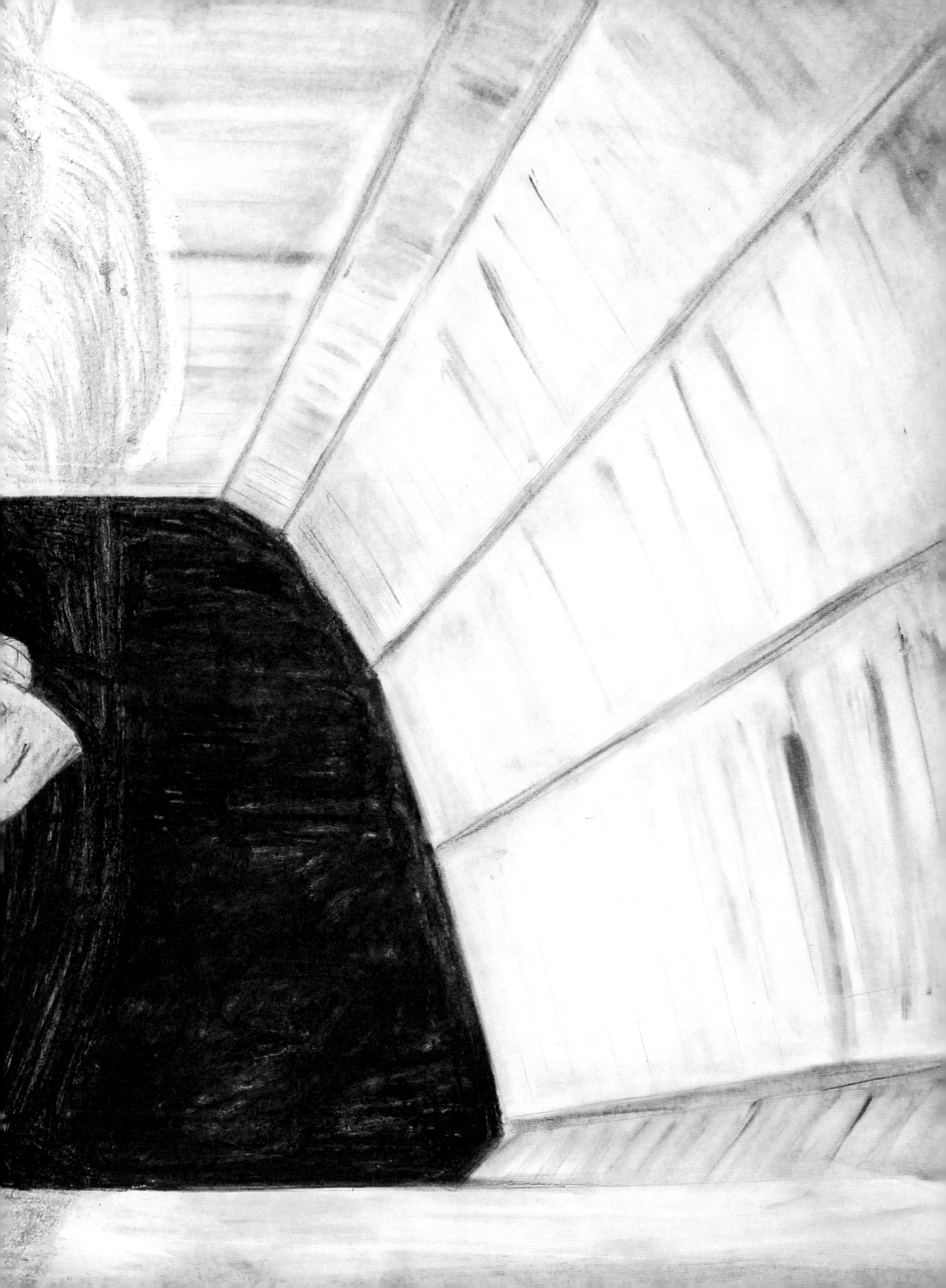

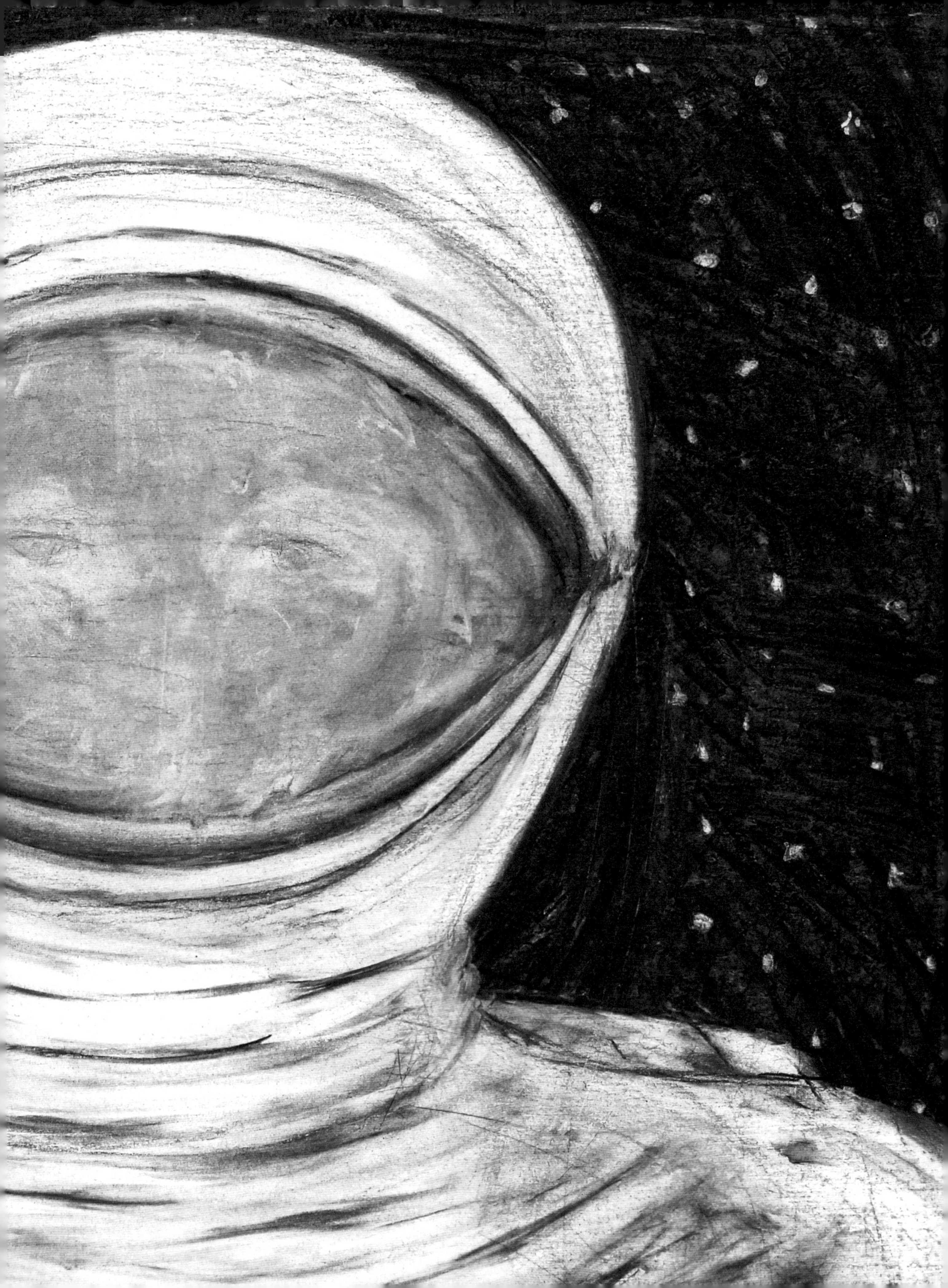

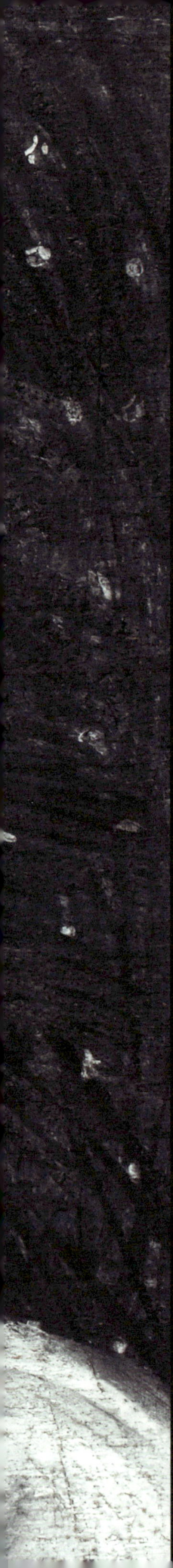

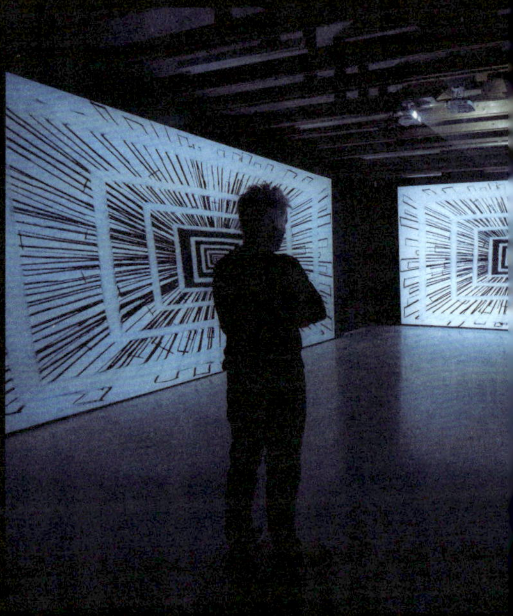

The Black Room, 2017

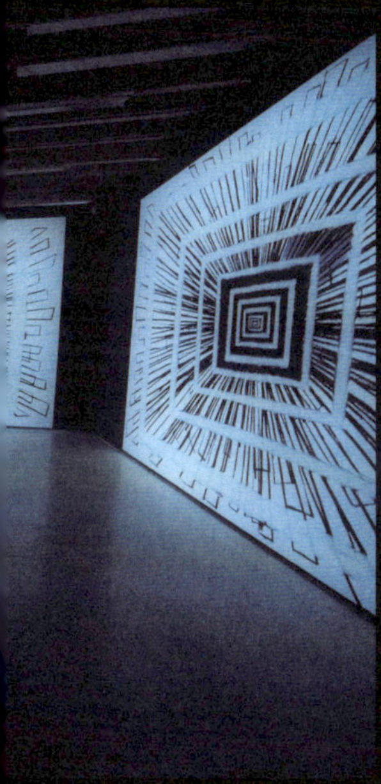

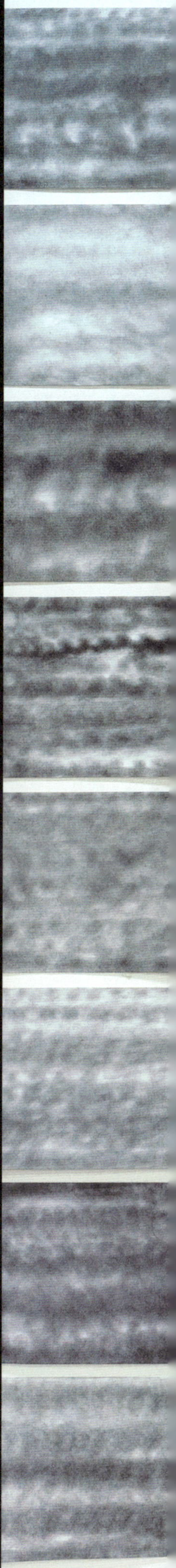

Thriller, 2019

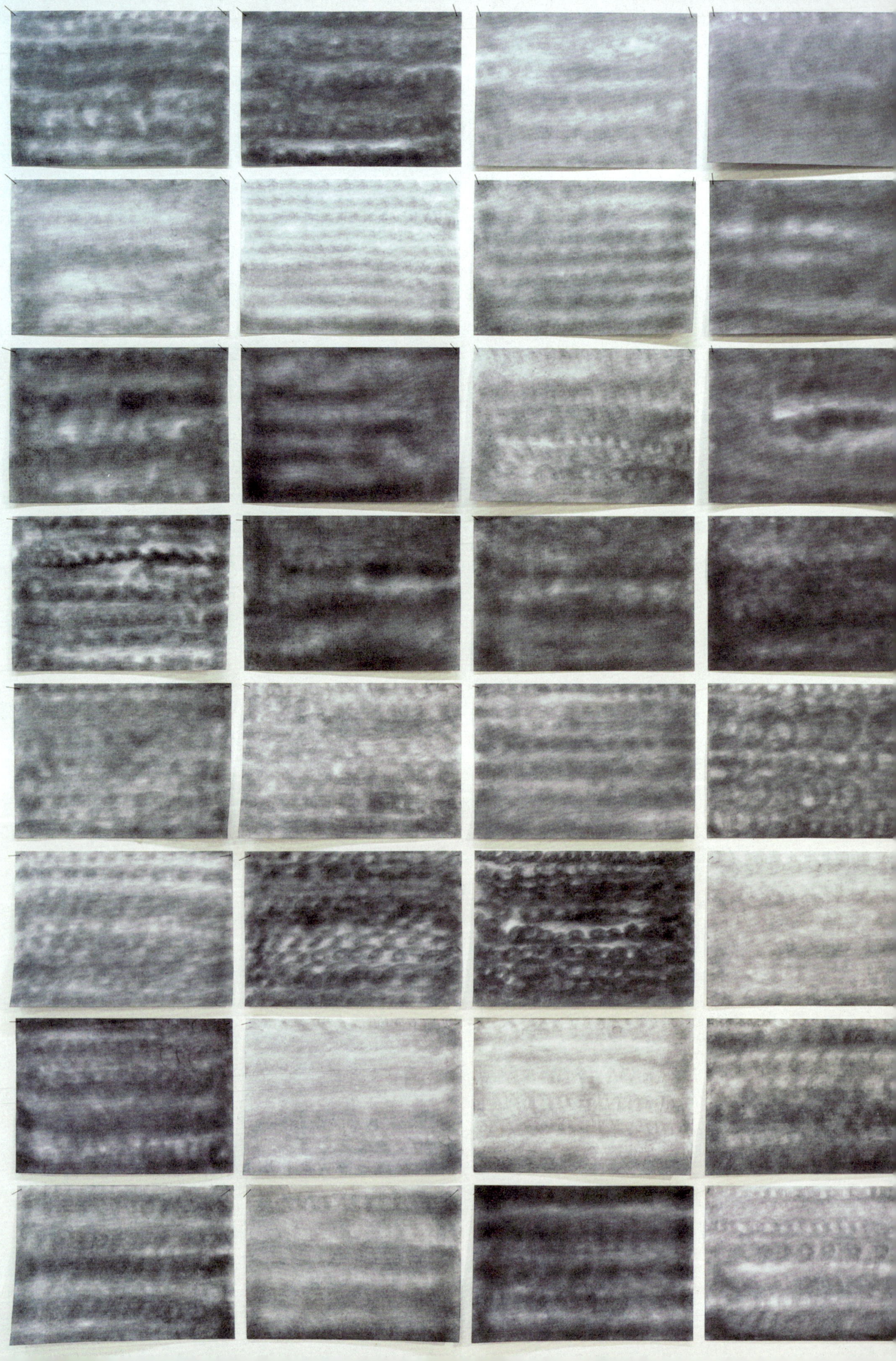

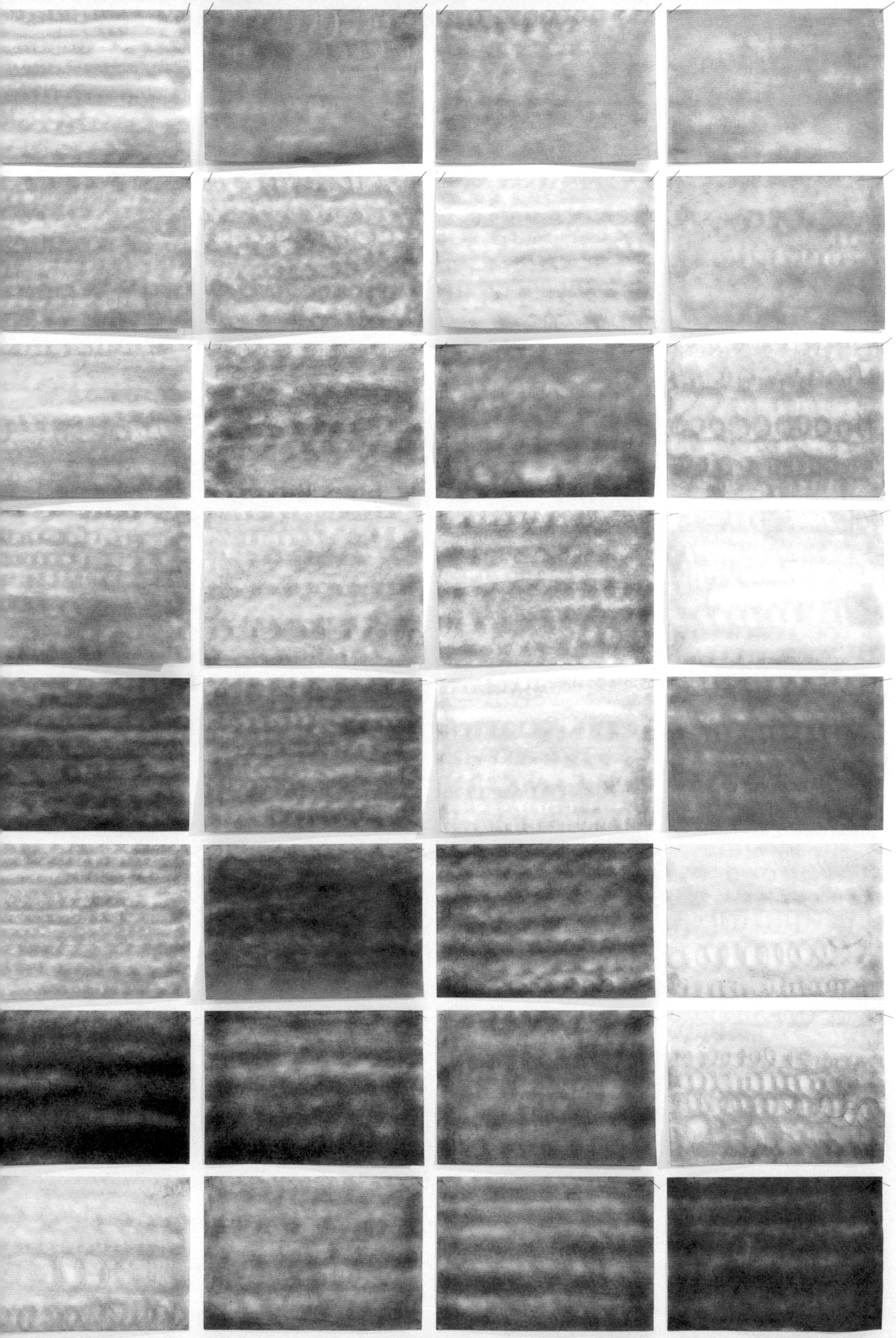

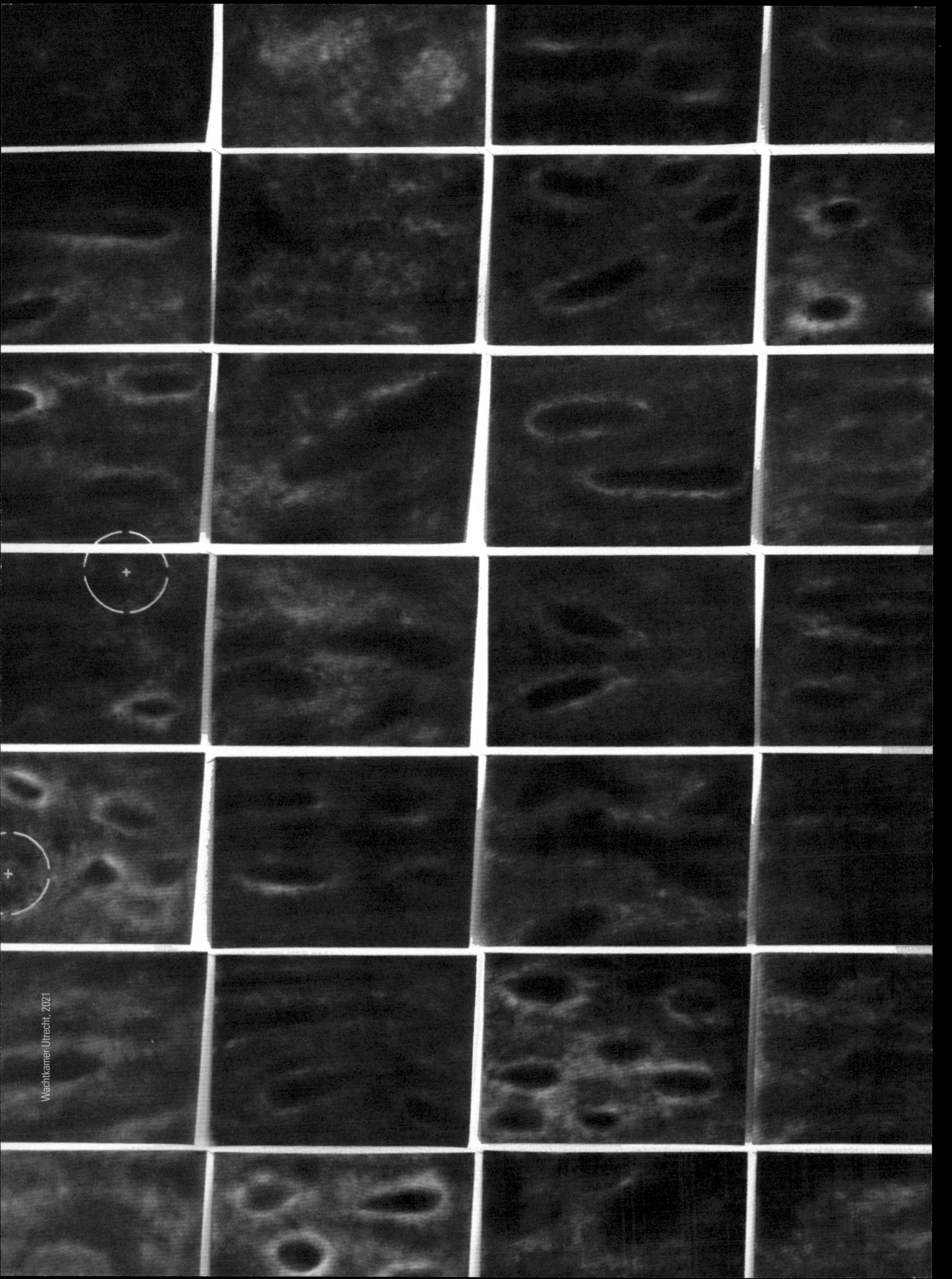

Wachtkamer Utrecht, 2021

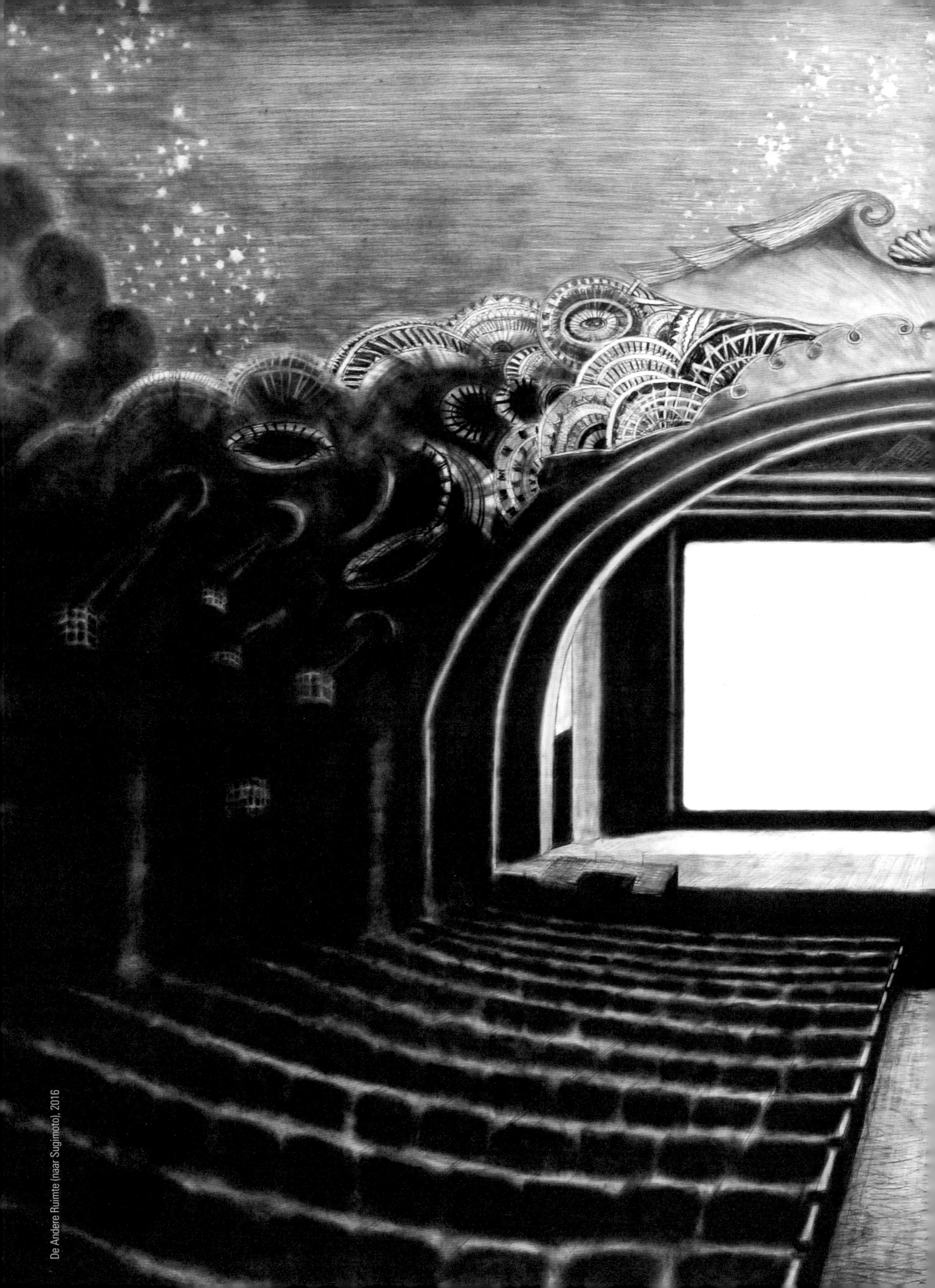

De Andere Ruimte (naar Sugimoto), 2016

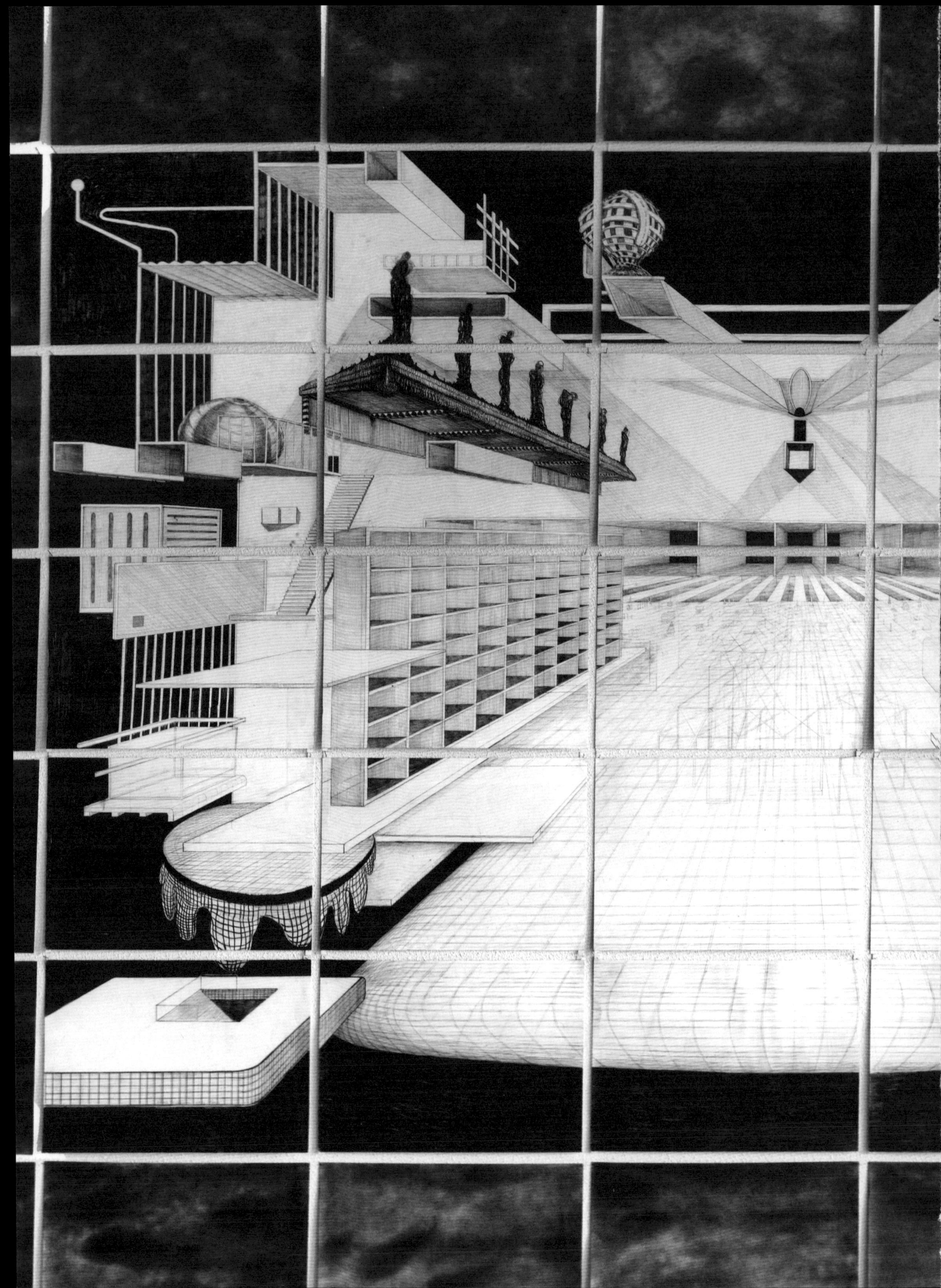

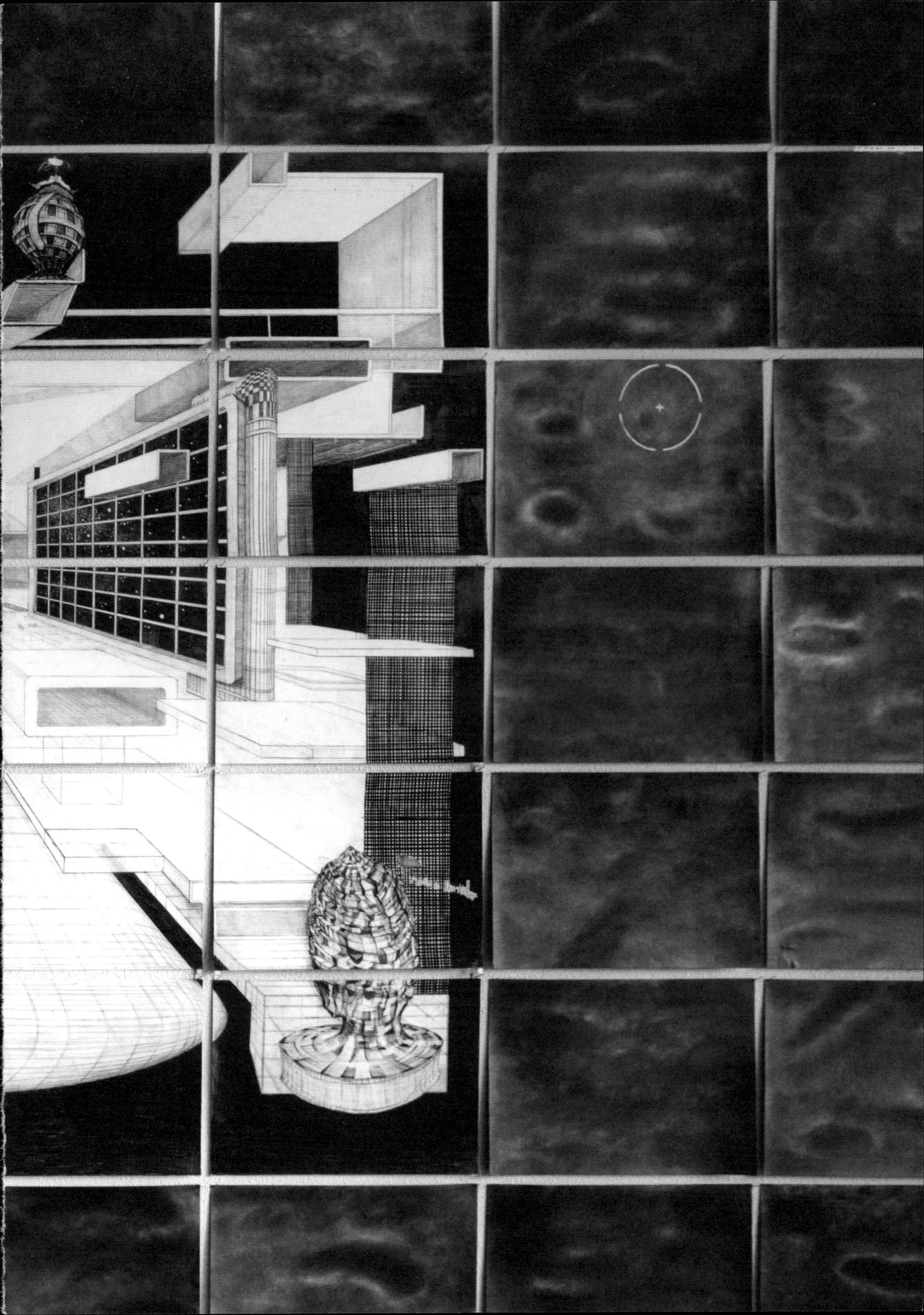

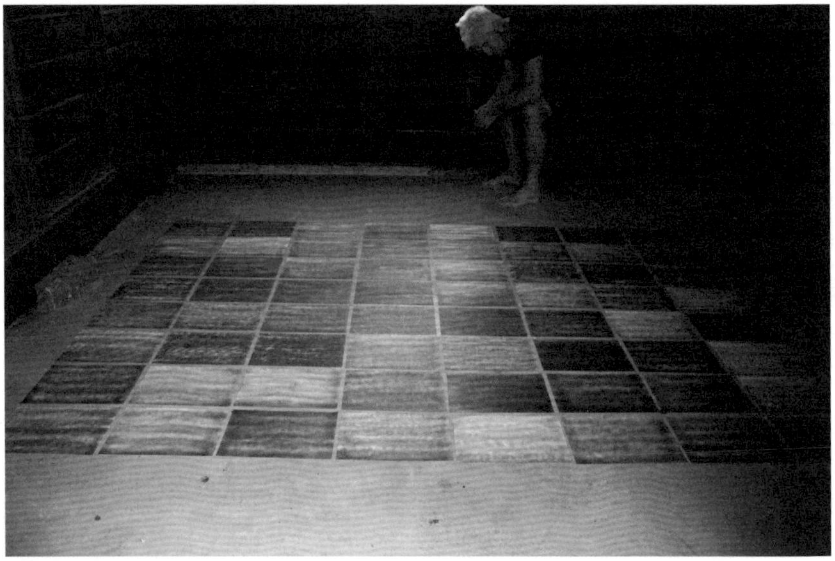

Thriller, 2019

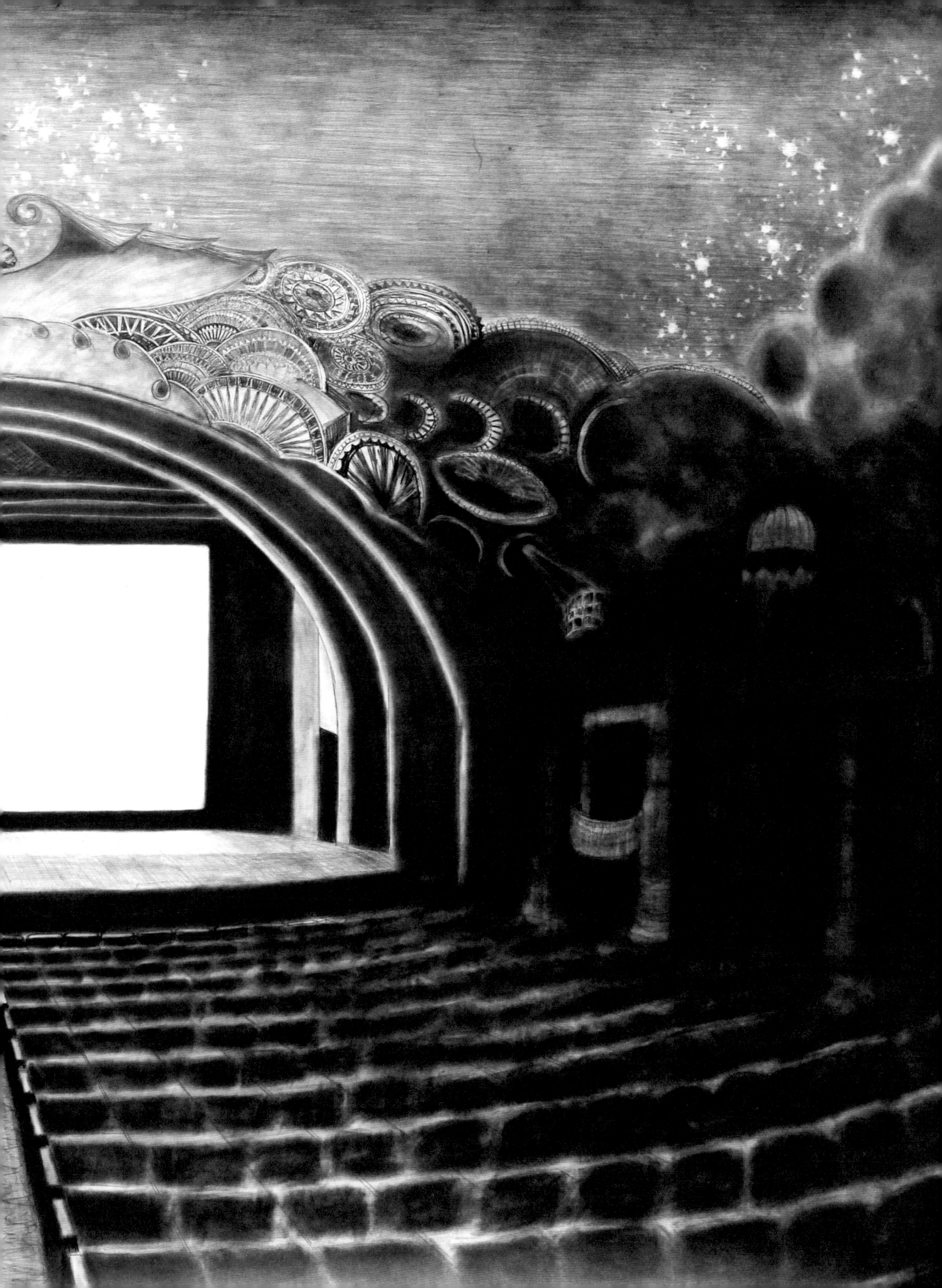

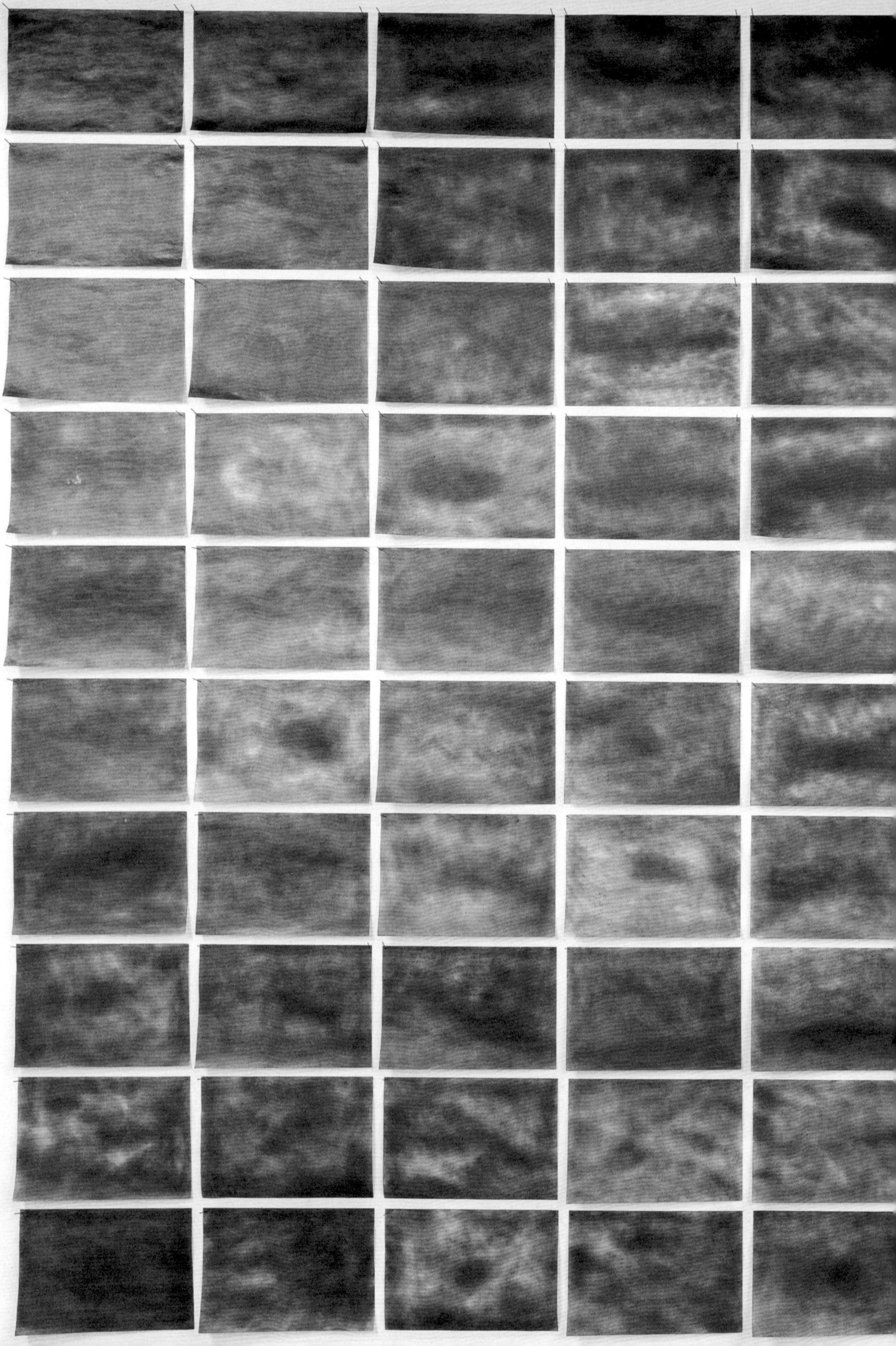

The Space of Absence, 2019

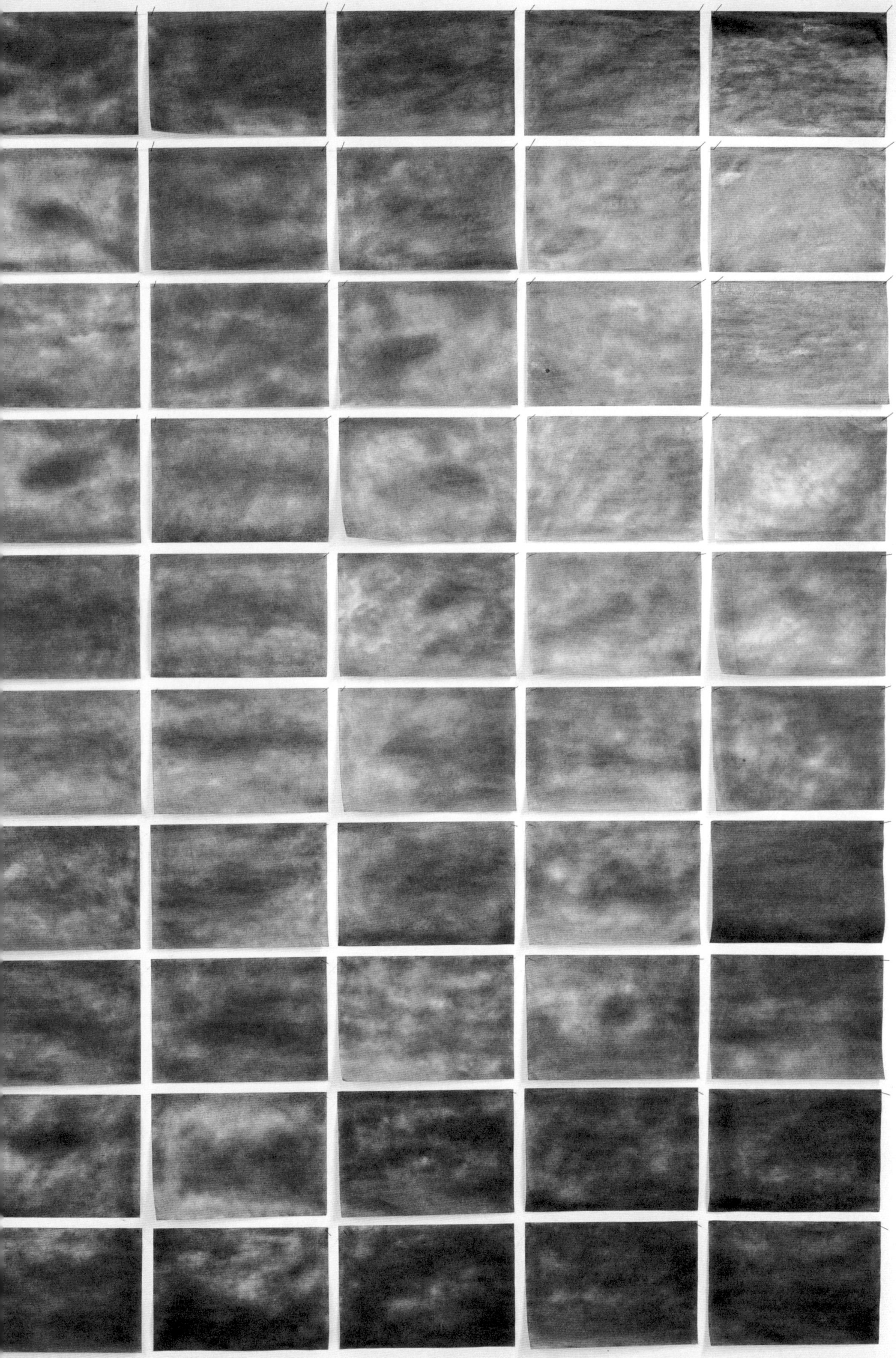

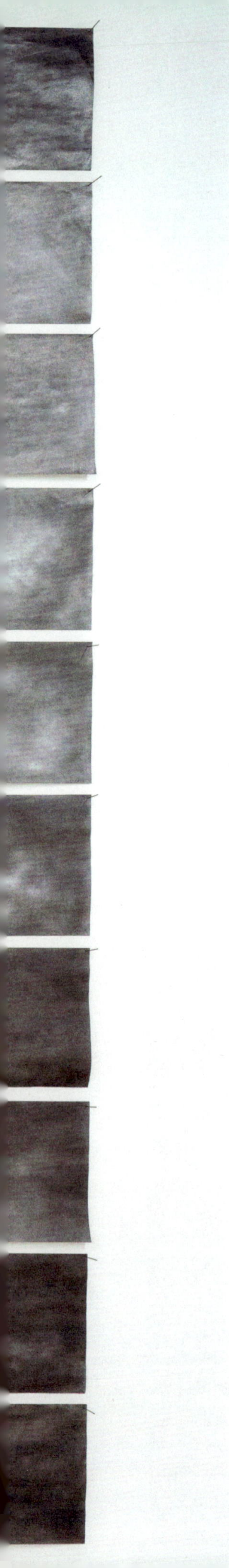

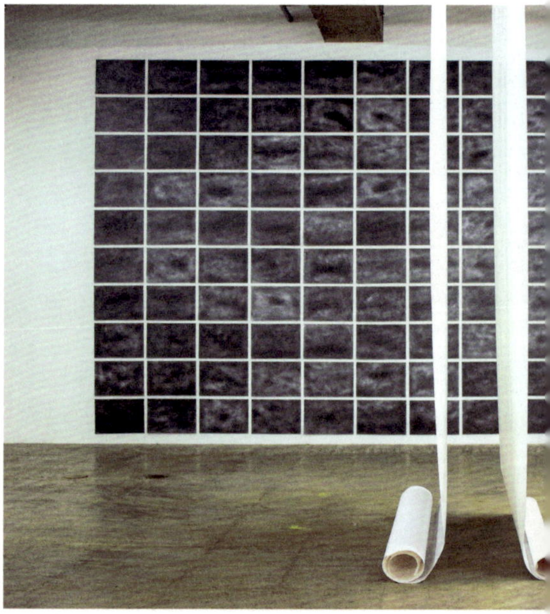

The Space of Absence, 2019

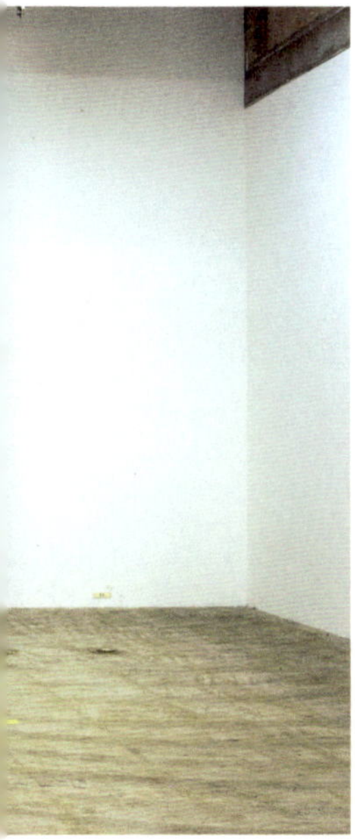

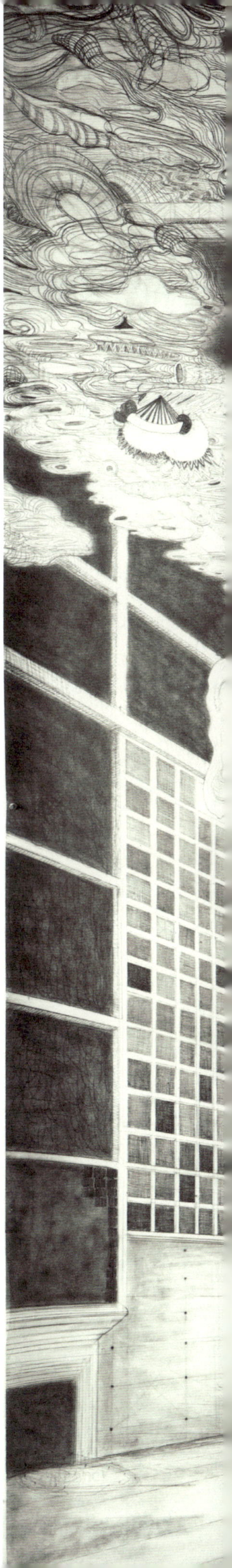

Naked II, 2021

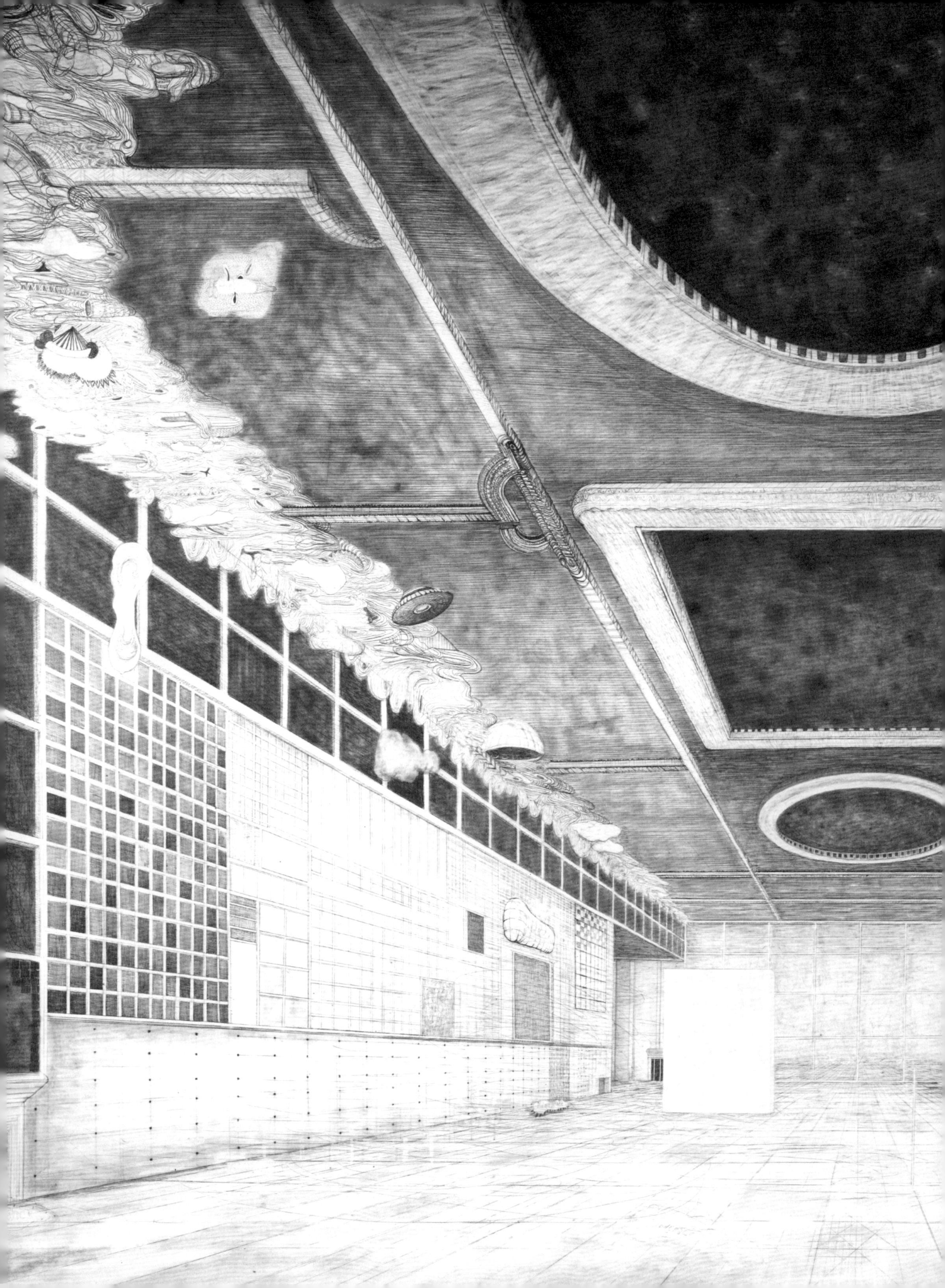

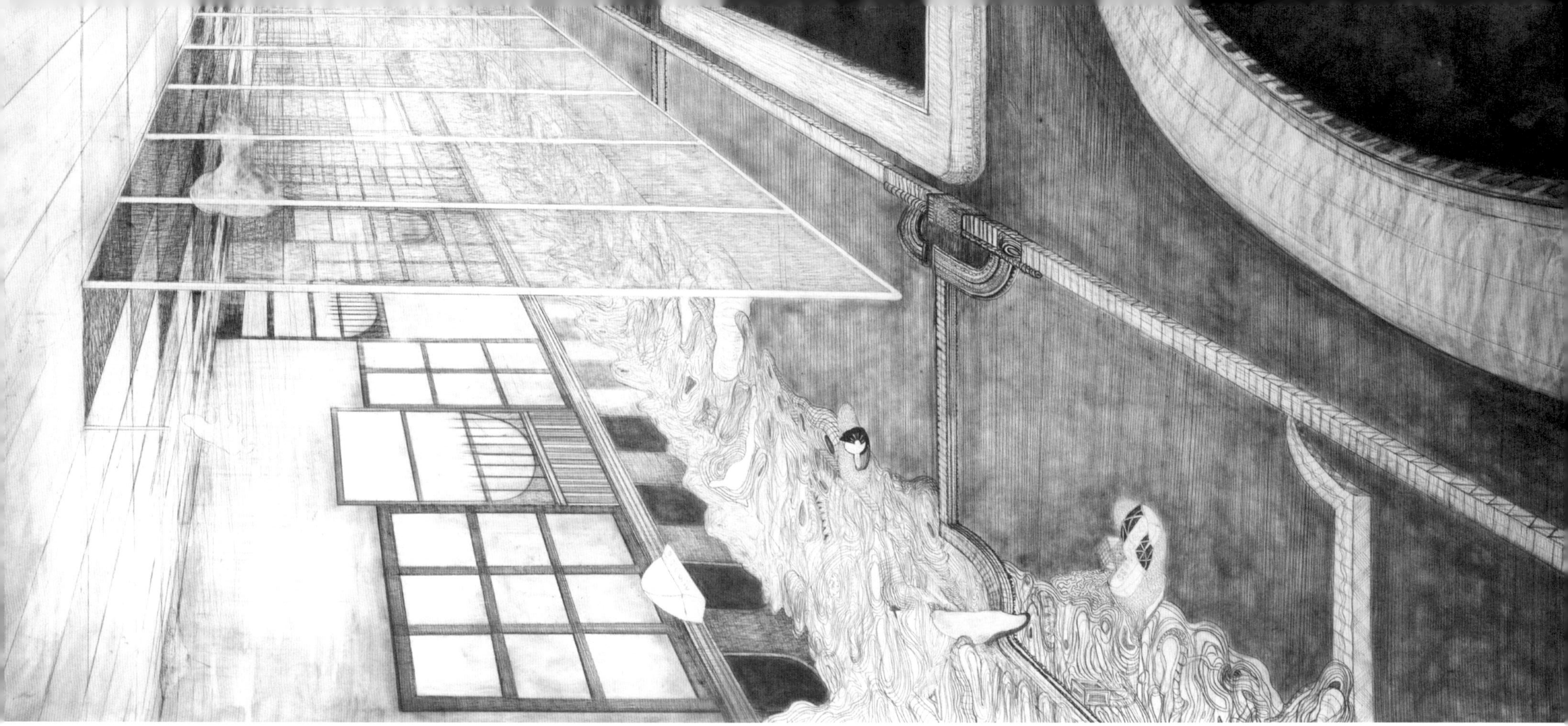

De Wachtkamer, 2004

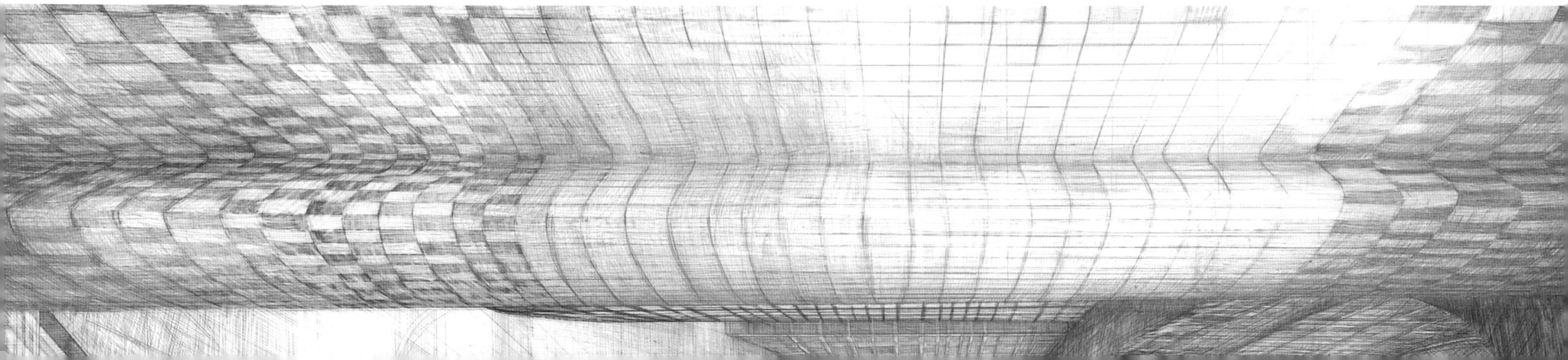

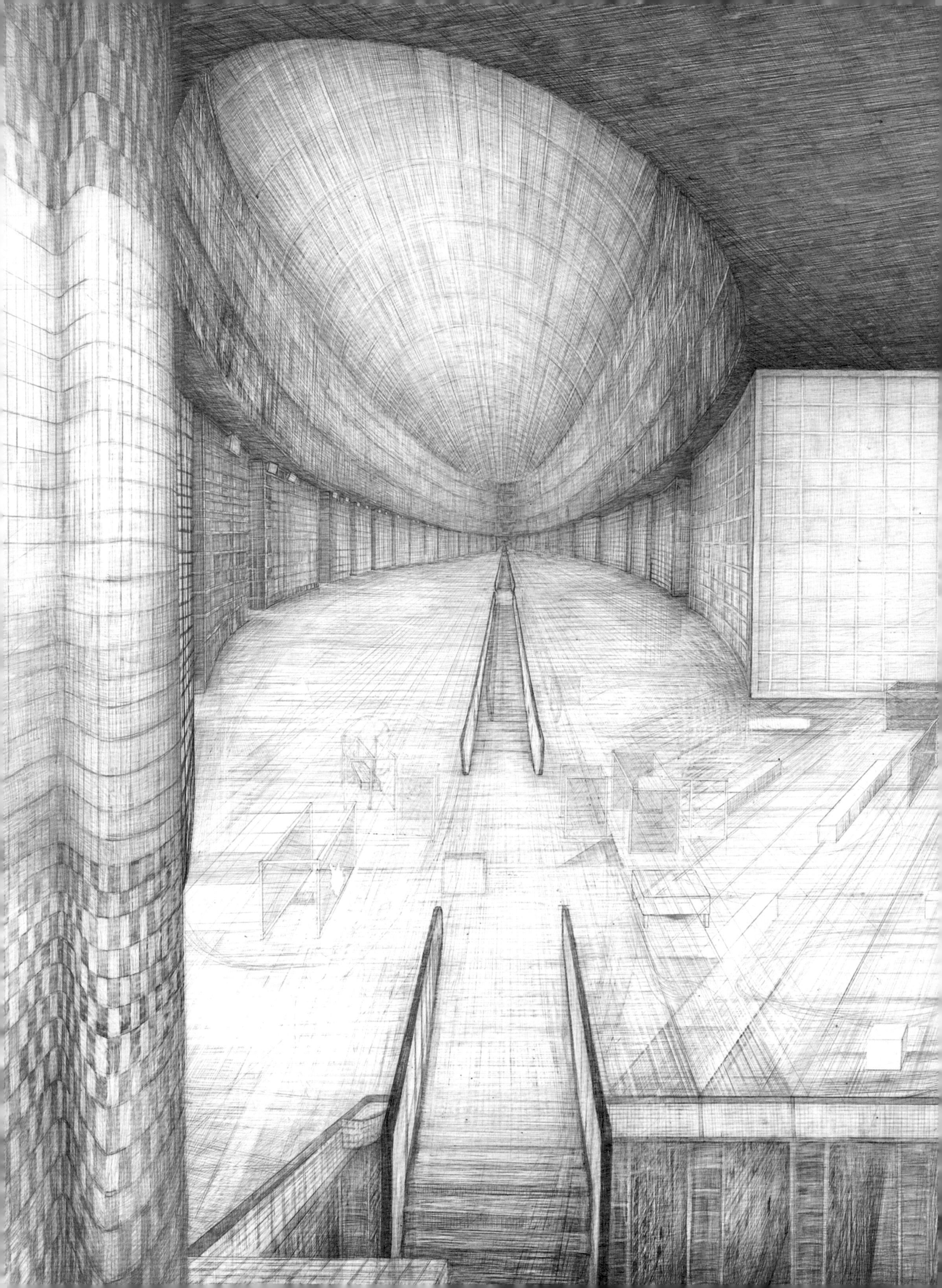

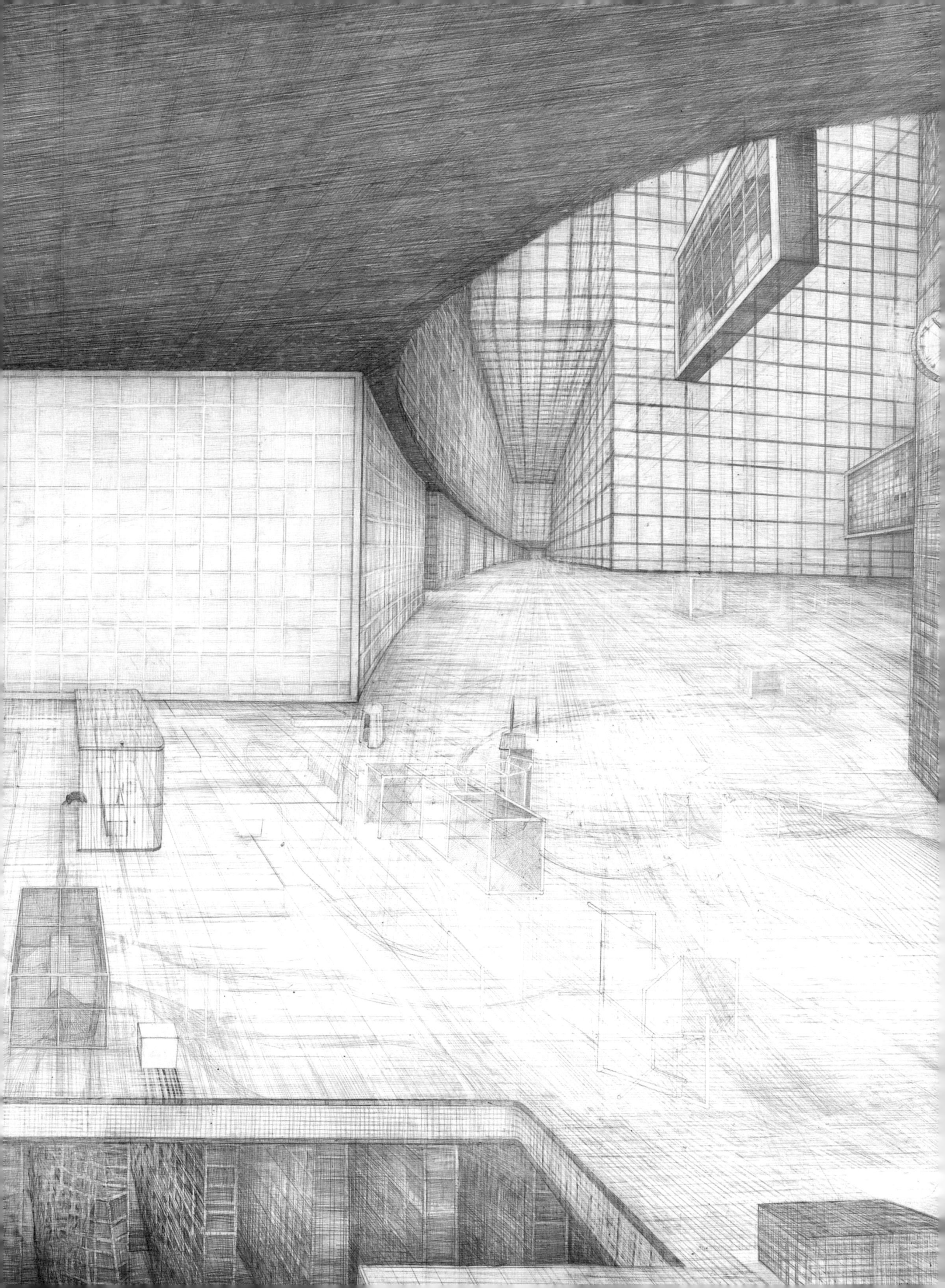

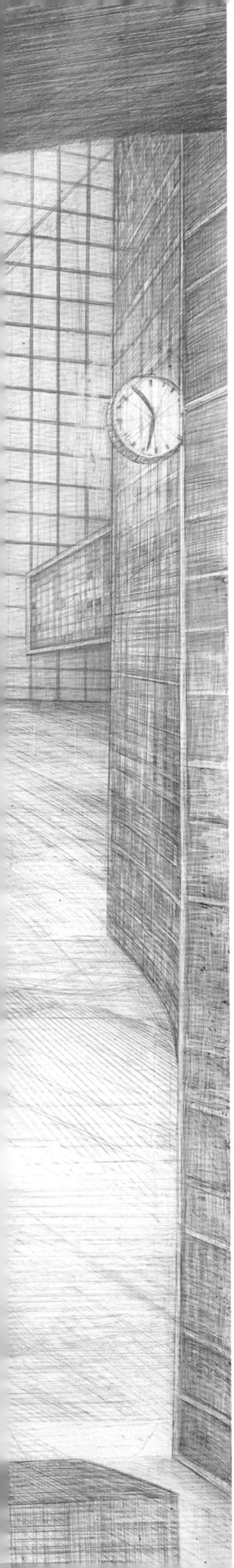

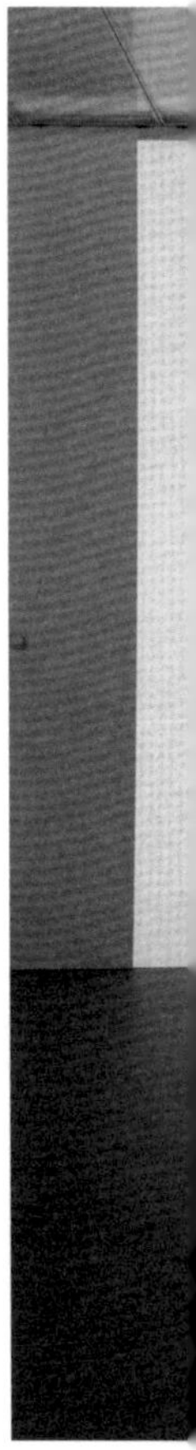

Numbers, 2011

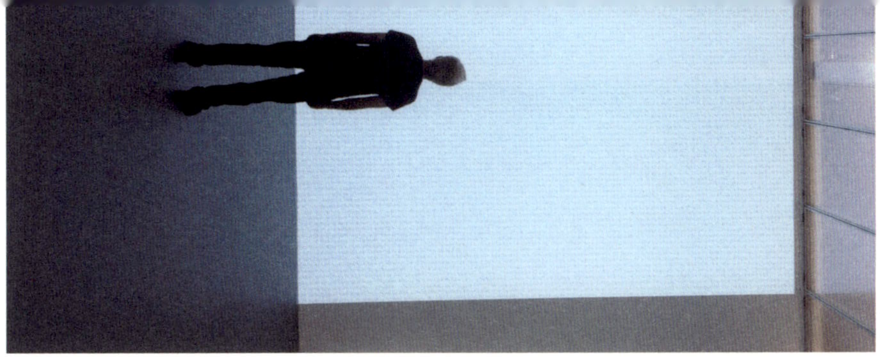

Het Grote Geheugen X, 2011

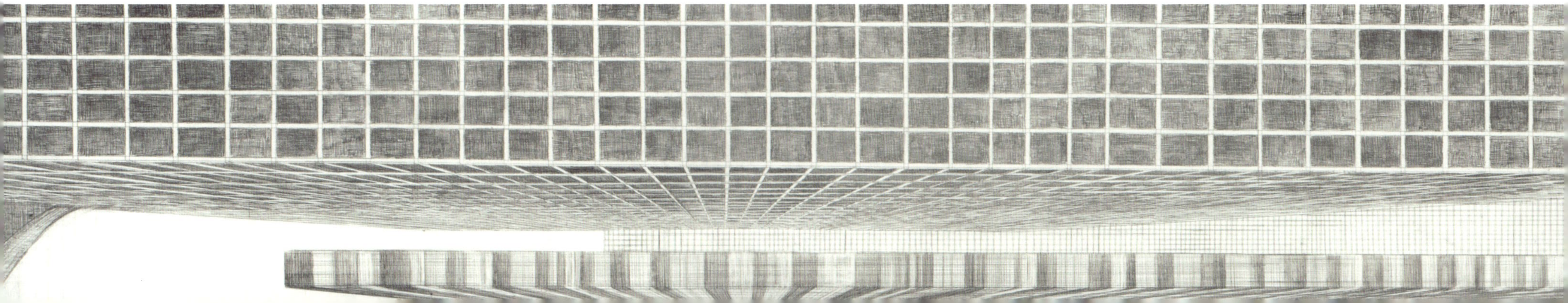

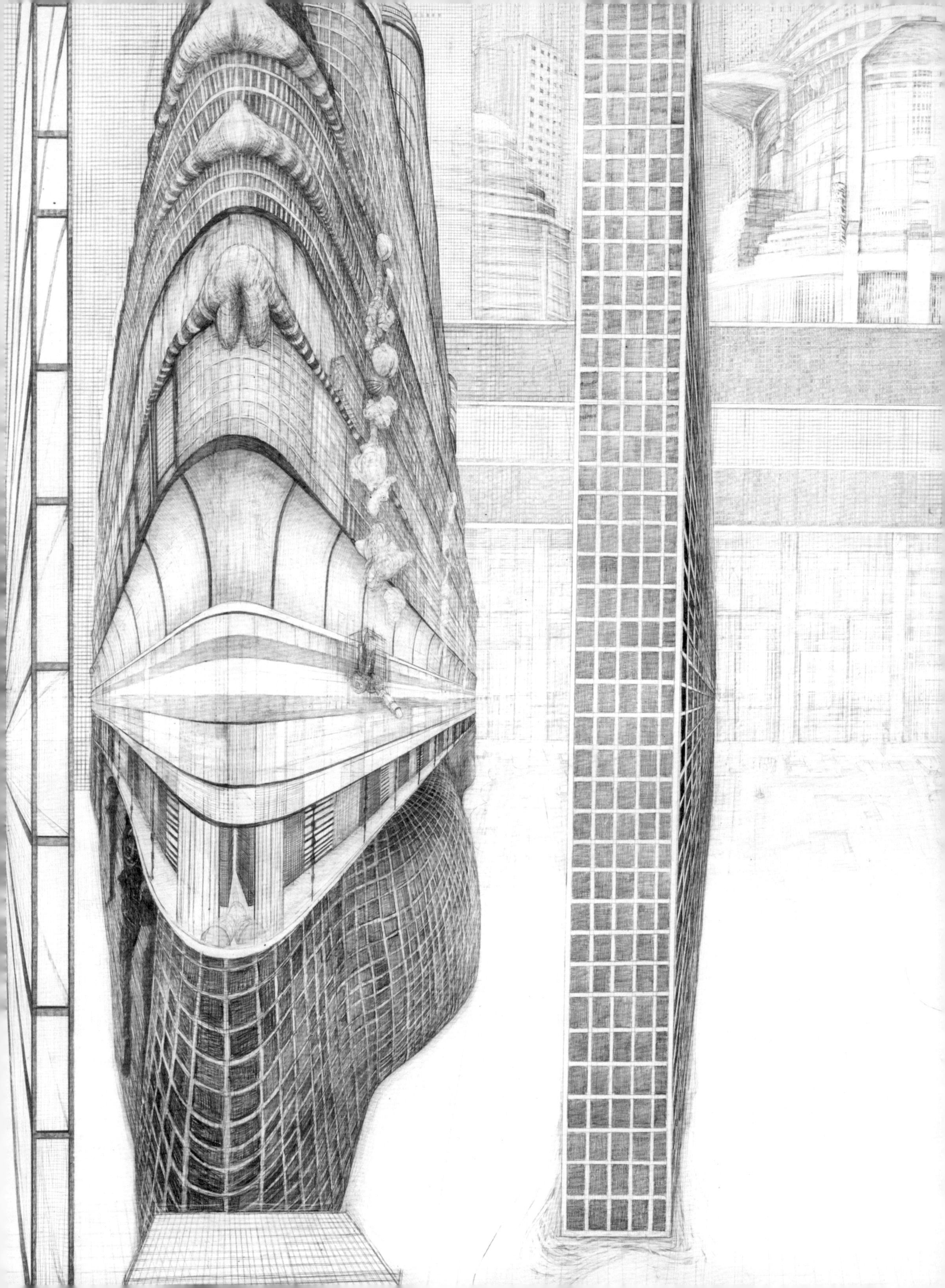

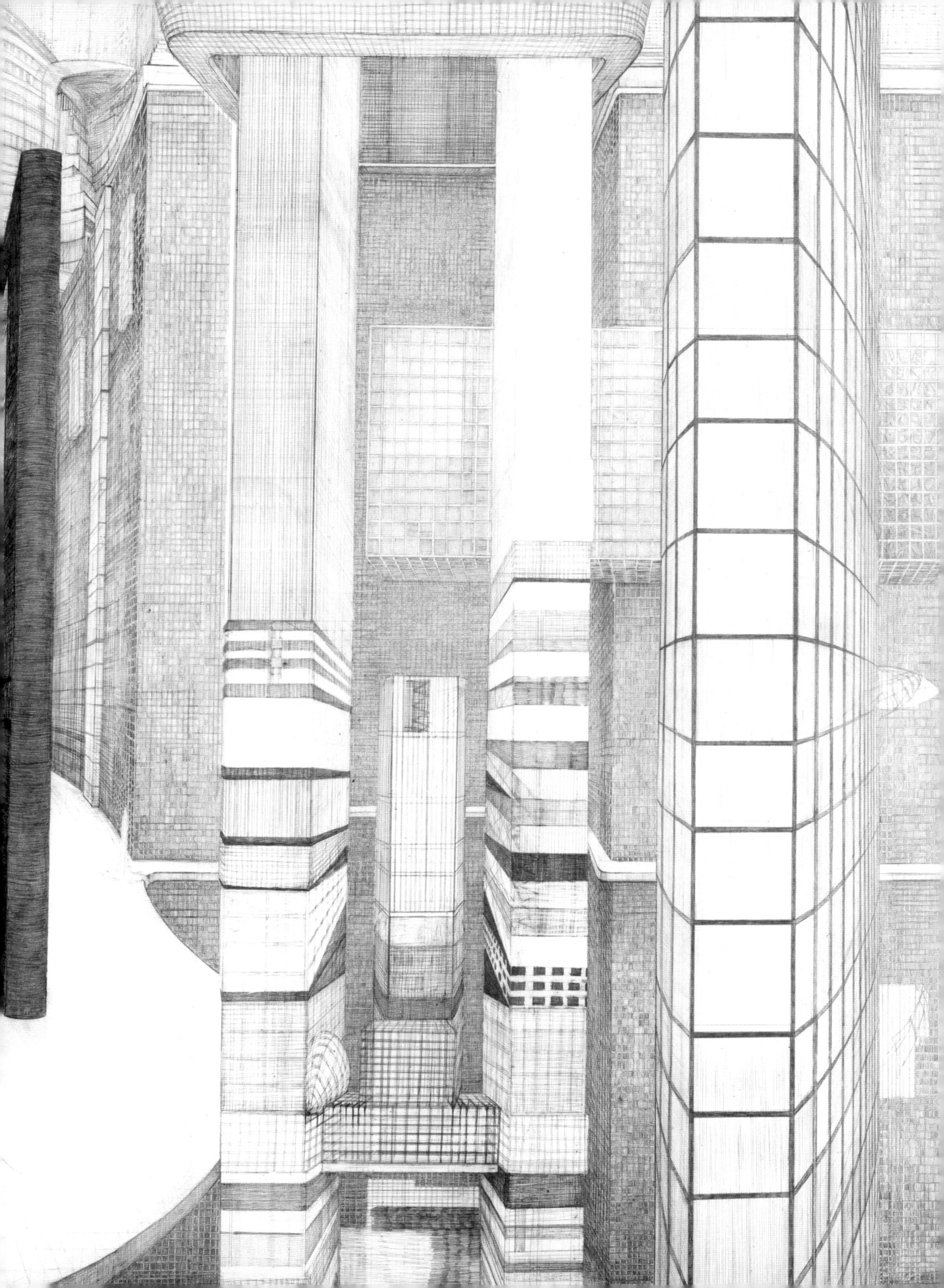

Het Grote Geheugen X, 2011

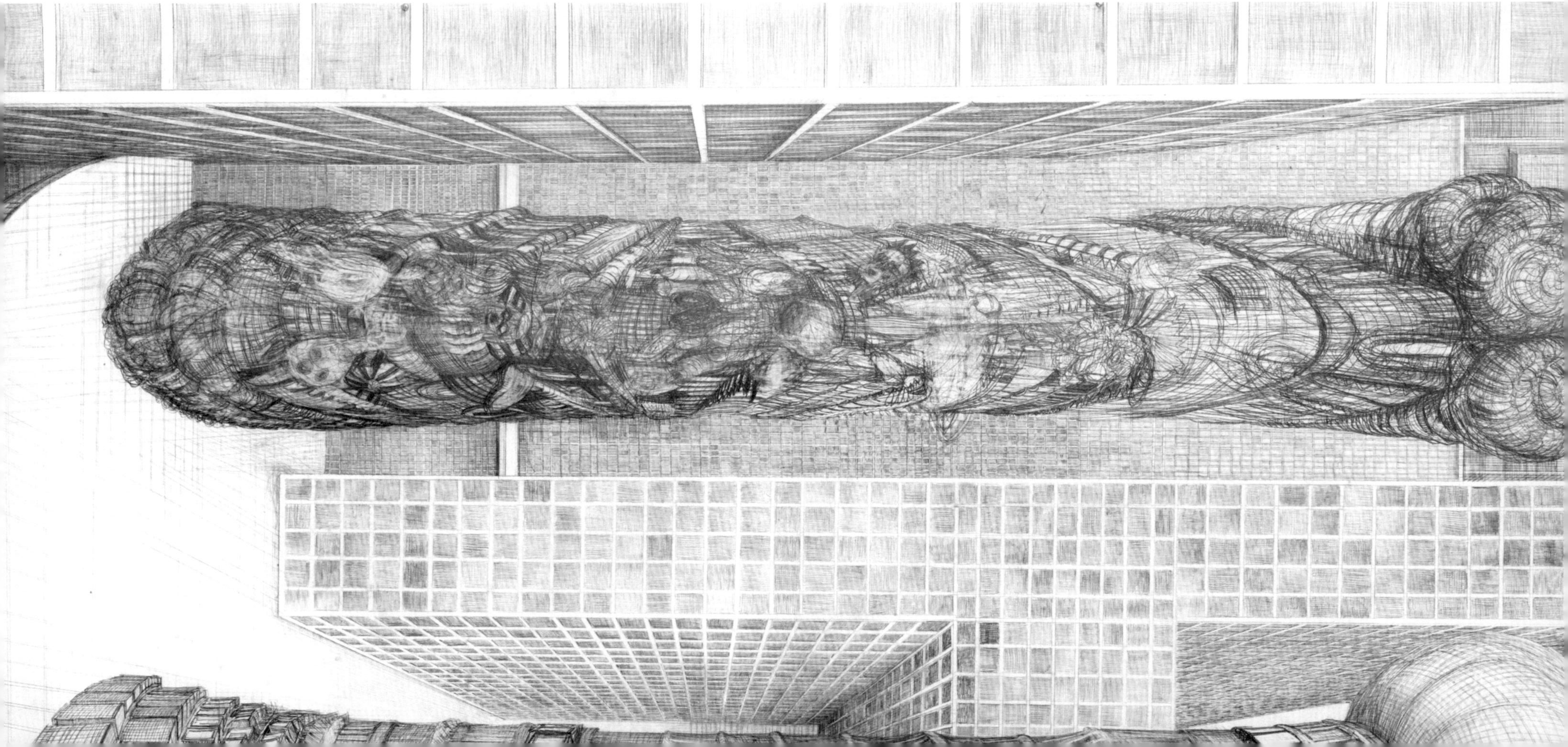

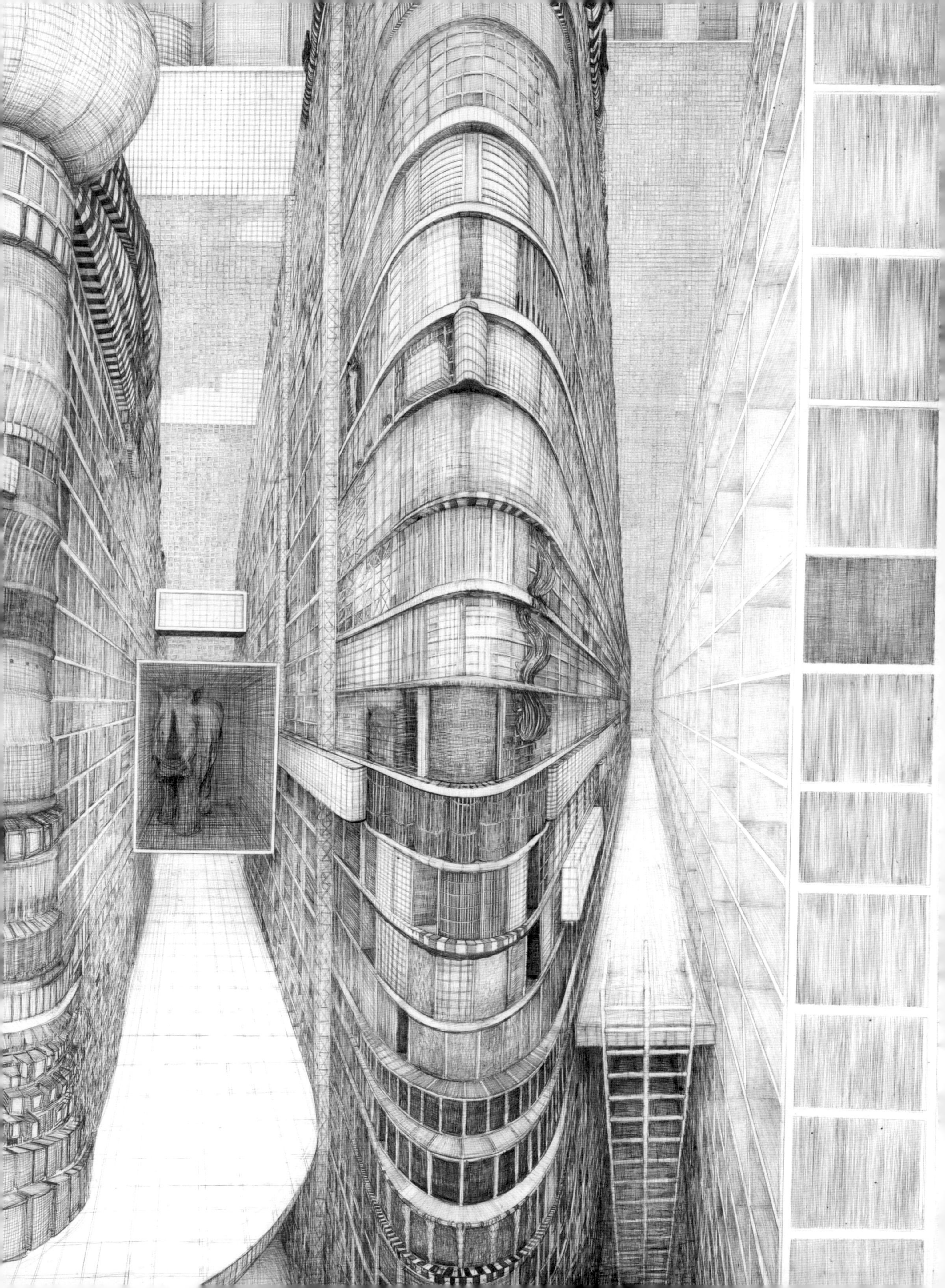

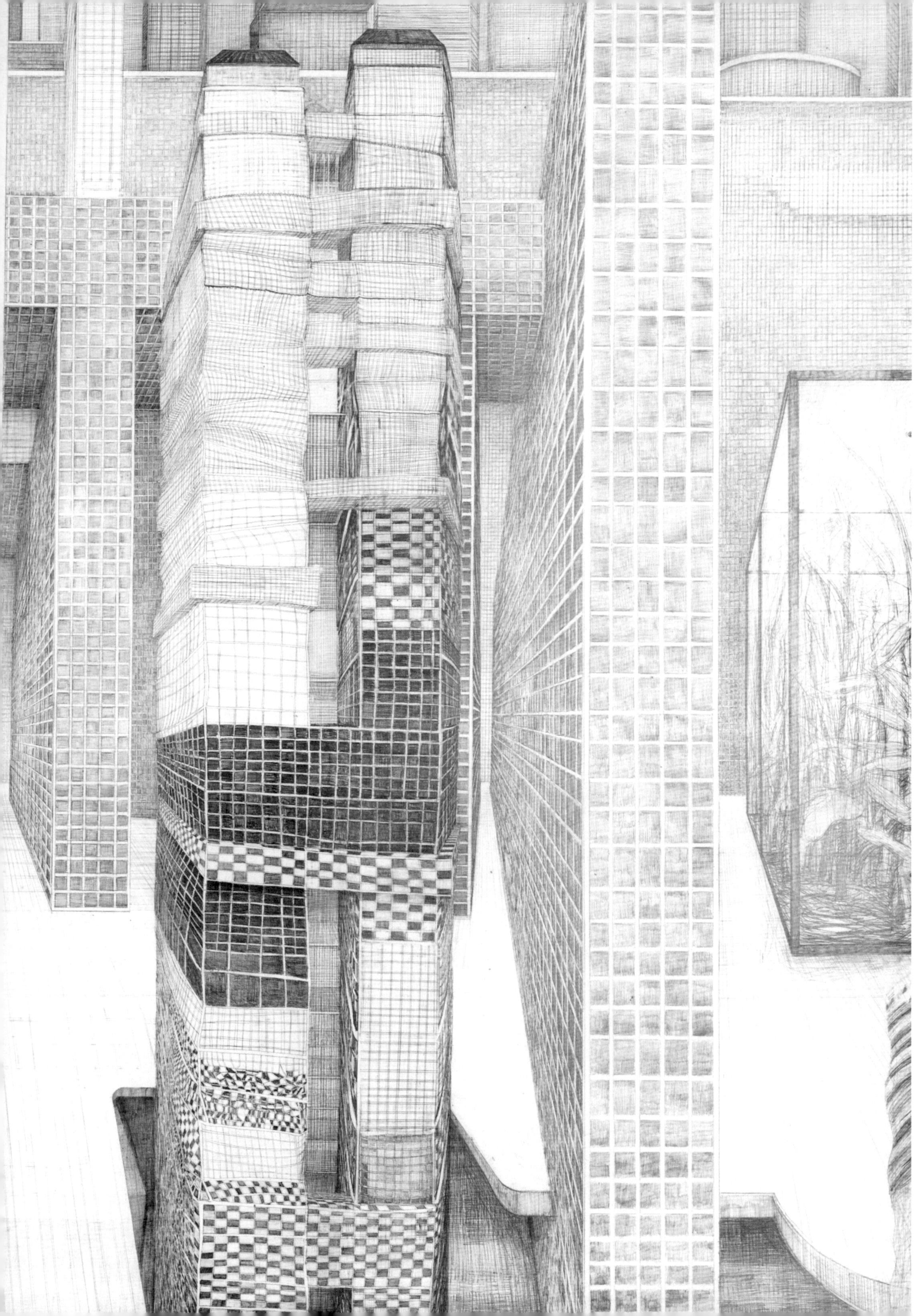

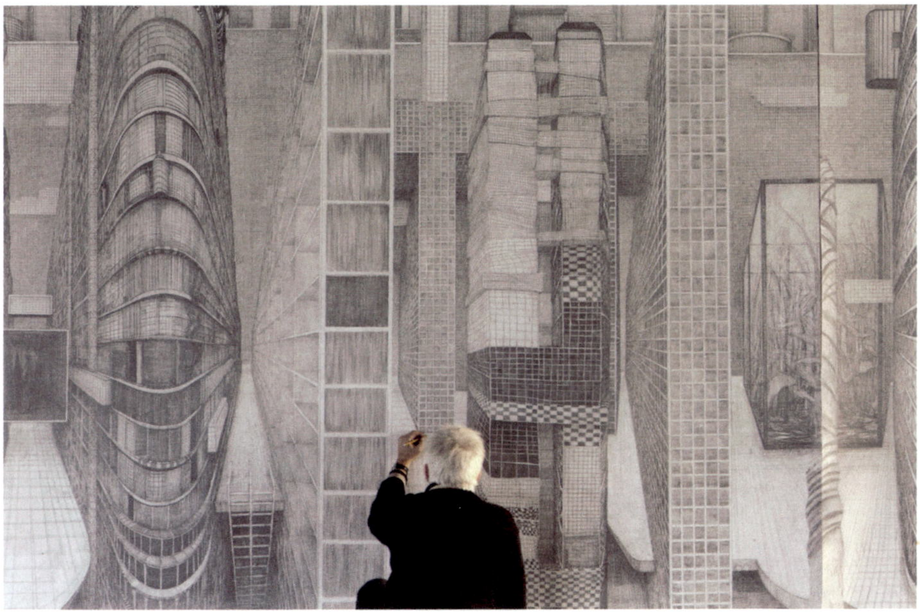

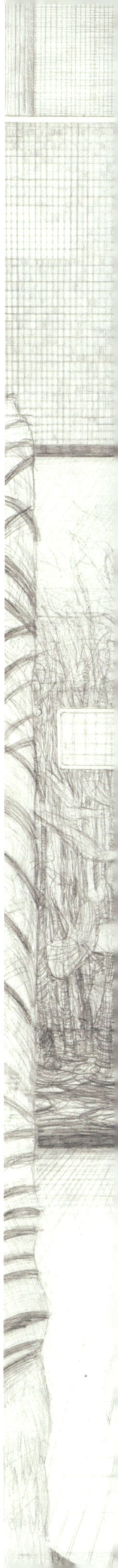

Het Grote Geheugen X, 2011

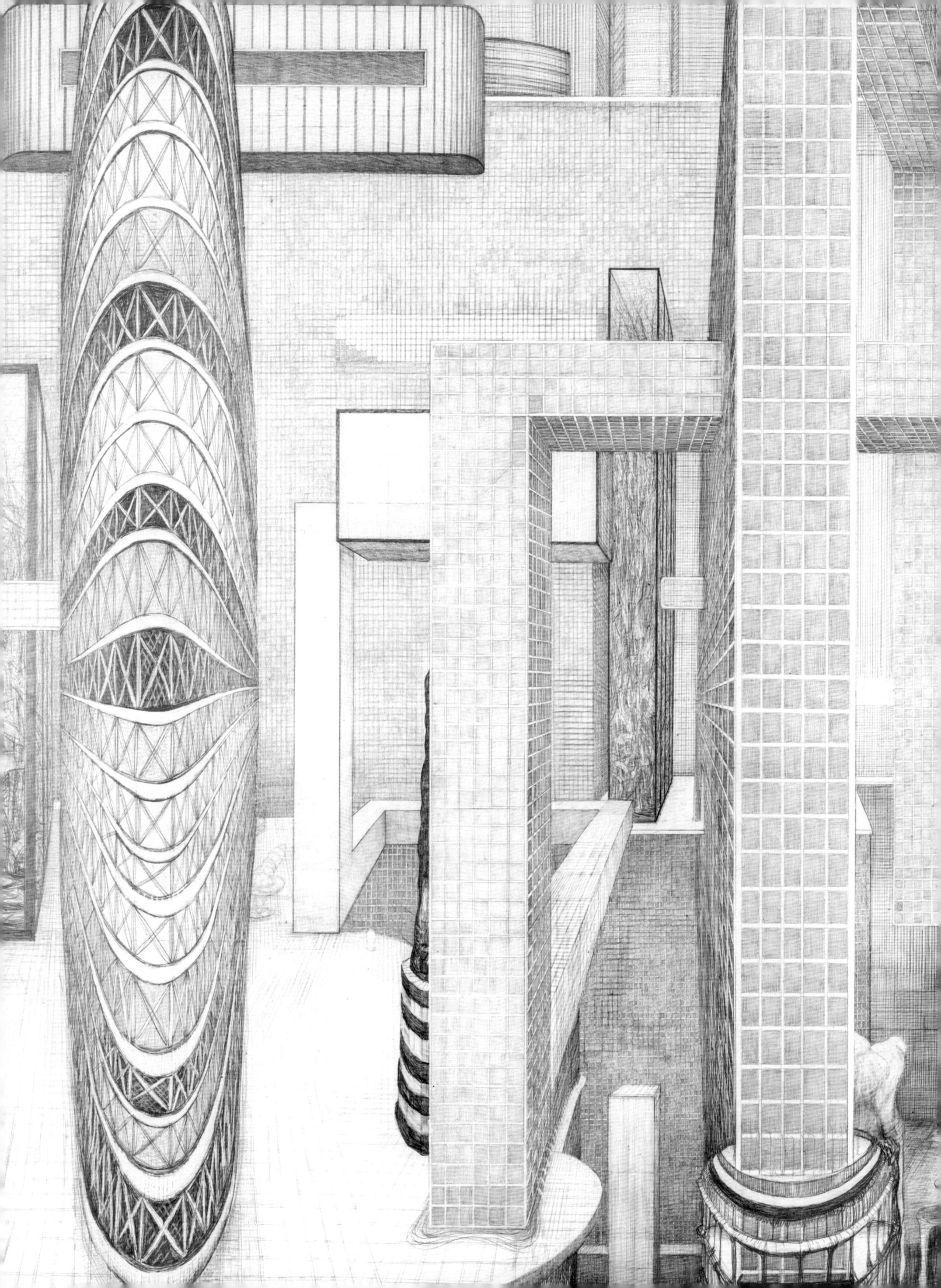

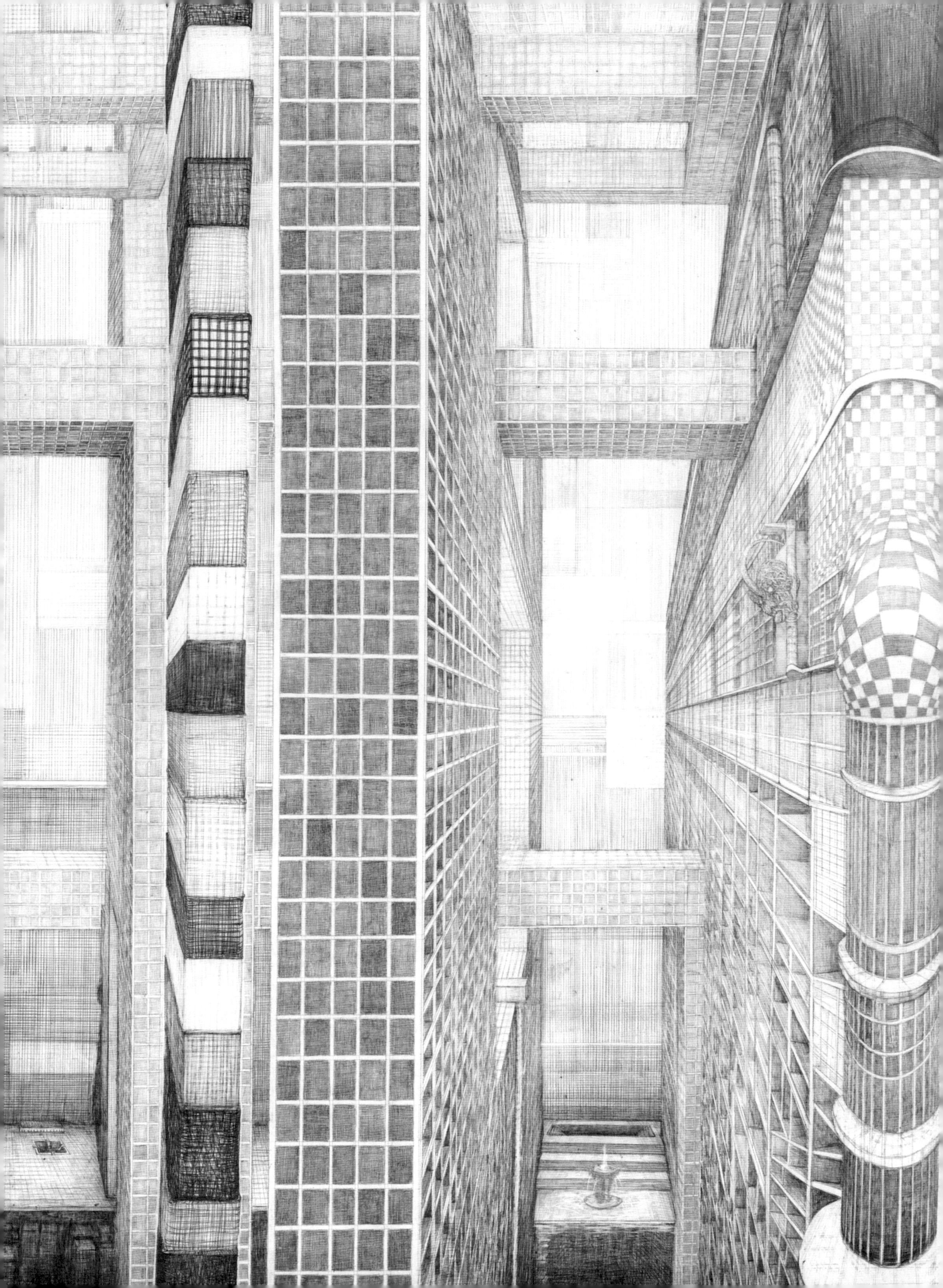

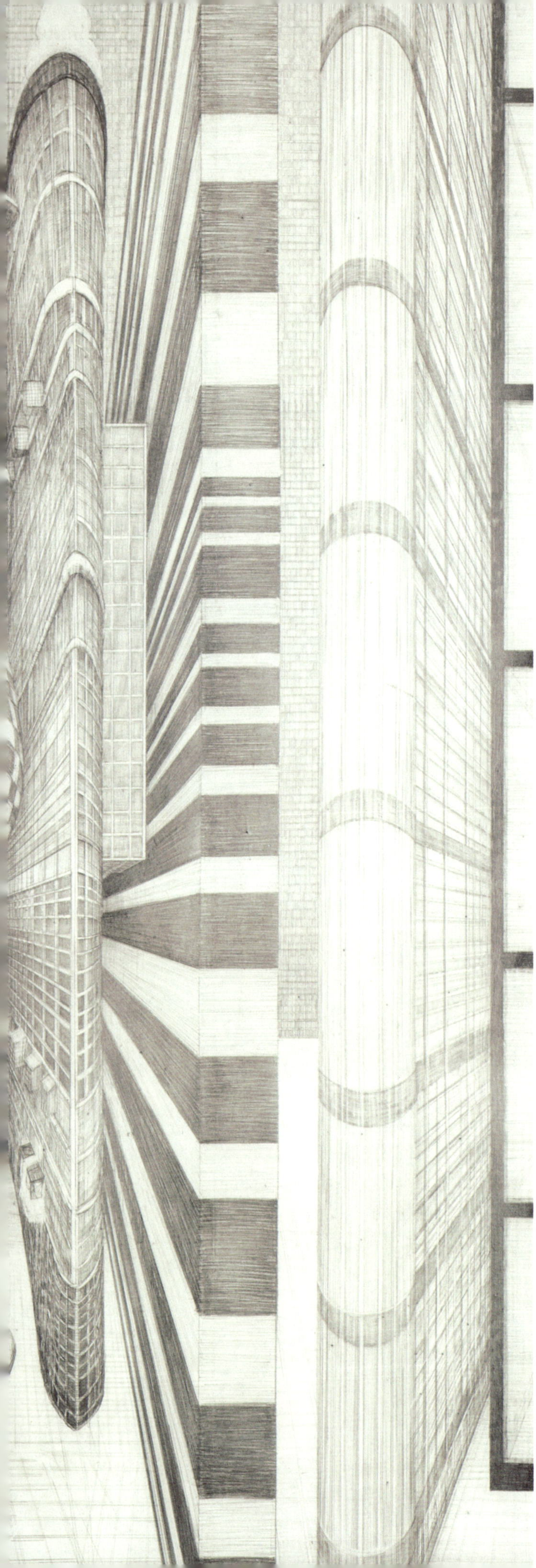

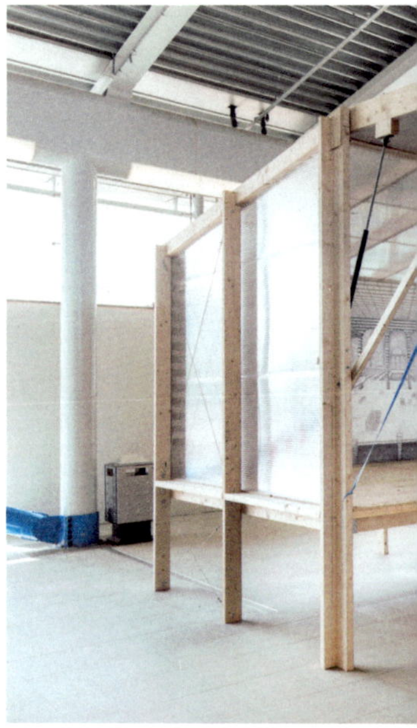

De Wachtkamer (Call of the Mall), 2013

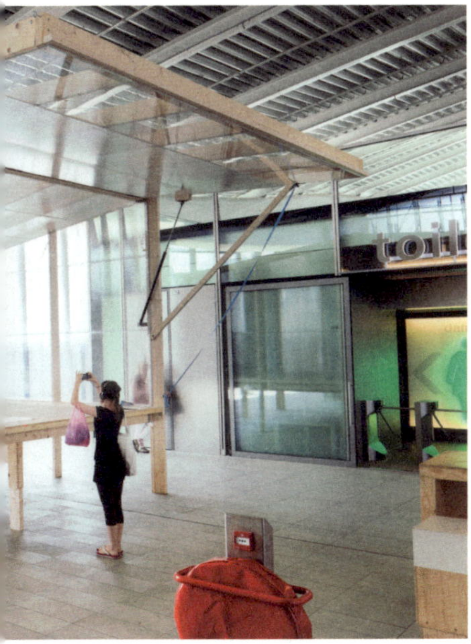

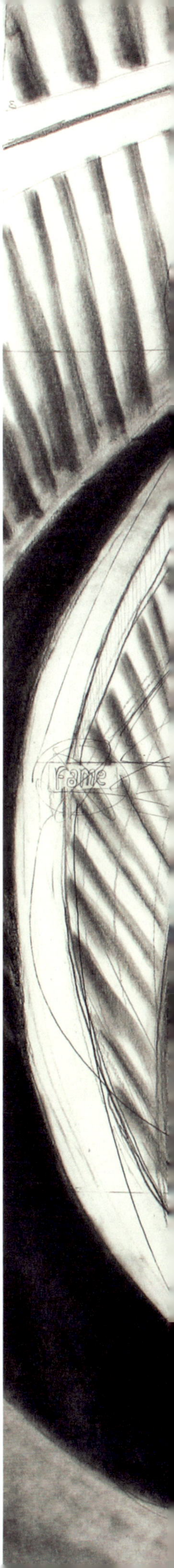

Teatro, 2016

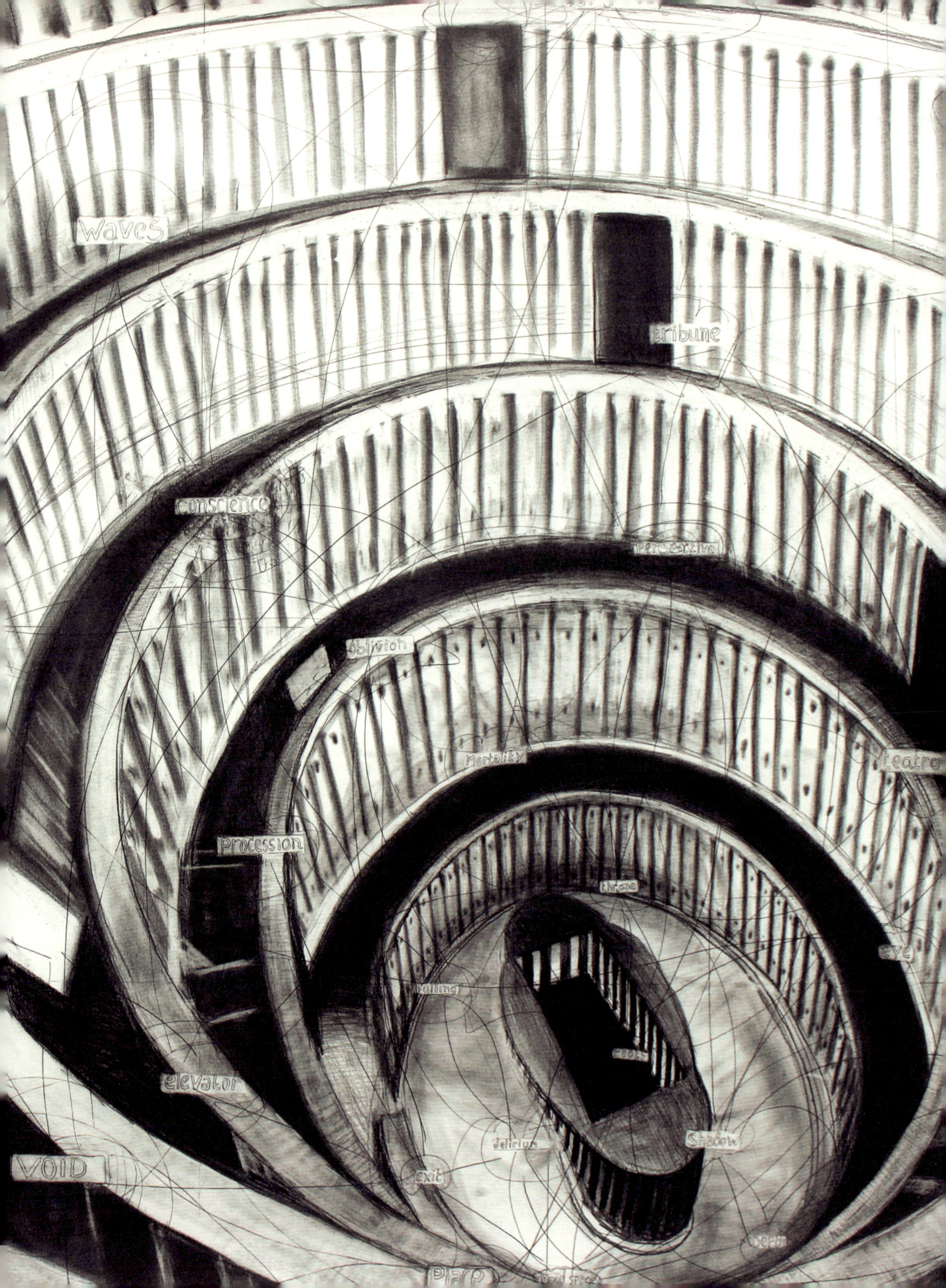

Waves
tribune
conscience
perspective
oblivion
mortality
teatro
procession
throne
eye
railing
elevator
Shadow
delirium
VOID
exit
Place

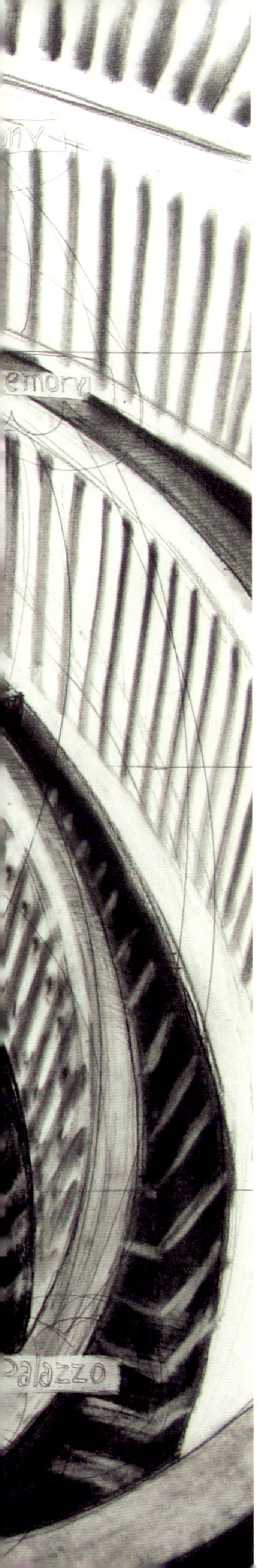

Vorwort / Preface

Johan Holten

Die Ausstellung *Terra Nova – Robbie Cornelissen* widmet sich dem Werk des niederländischen Künstlers, der sich seit Jahren mit den ästhetischen Möglichkeiten des künstlerischen Animationsfilms auseinandersetzt. Für die Idee, diese Ausstellung im Graphischen Kabinett der Kunsthalle Mannheim zu präsentieren, bin ich dem Kurator, Thomas Köllhofer, sehr dankbar, zumal das Thema – seit dem Ankauf der raumfüllenden Installation *The Refusal of Time* des südafrikanischen Künstlers William Kentridge (*1955) durch die Stiftung Kunsthalle Mannheim – von zentraler Bedeutung in der Sammlungspräsentation der Kunsthalle ist.

Cornelissens graphisches Werk besteht größtenteils aus monumentalen Zeichnungen, die nahezu ausschließlich aus Bleistift, Kohle oder Graphitstaub entstehen, also auf Farbe weitestgehend verzichten. Auch seine zahlreichen Animationsfilme sind durchweg – mit Ausnahme des Films *The Labyrinth Runner* – aus rein analogen Zeichnungen, also ohne die technische Unterstützung einer digitalen Computeranimation entwickelt worden. Vielmehr wird die Zeichnung, welche die älteste und spontanste aller künstlerischen Äußerungsformen verkörpert, mit einer modernen künstlerischen Technik, dem Film, kombiniert. In dieser Form ist der Animationsfilm die Verbindung zweier Medien, die in der Art ihrer Rezeption kaum gegensätzlicher sein könnten.

Während die Zeichnung als Medium eine eher kontemplative Form der Betrachtung ermöglicht oder geradezu verlangt, wird man durch einen Animationsfilm auf eine fremdbestimmte Reise in ein imaginäres Universum mitgenommen: Die Geschwindigkeit der Bildfolgen ist vorgegeben und die Betrachtenden sind dem Filmgeschehen wesentlich direkter ausgesetzt, wodurch ihre Emotionen stärker gelenkt werden.

Das komplexe Wechselspiel zwischen Zeichnung und Film steht auch im Zentrum der Ausstellung, die einen Höhepunkt des Programms in den Räumen des Graphischen Kabinetts in diesem Jahr bildet. Eigens für diese Ausstellung hat der Künstler in monatelanger Arbeit aus tausenden von mitunter nacheinander entstandenen Zeichnungen, größtenteils aber durch die permanente Überarbeitung ein und derselben Zeichnung mit *Terra Nova* einen neuen Film geschaffen, der hier zum ersten Mal präsentiert wird. Wie die meisten Zeichnungen des Künstlers setzt sich auch dieser Film – in einer Mischung aus futuristischen und fantastischen Bildern – mit dem Zustand unserer Welt auseinander. Er fragt nach der Verantwortung des Menschen für die Erde, nach den Möglichkeiten des Überlebens und nach der Suche nach einem anderen, neuen Lebensort für die Menschheit.

Allen, die am Zustandekommen dieses Projektes mitgewirkt haben, sei herzlich gedankt. Neben dem Kurator der Ausstellung, Thomas Köllhofer, der die Ausstellung in enger Absprache mit dem Künstler entwickelt hat, gilt dieser Dank insbesondere unserer wissenschaftlichen Volontärin Christina Bergemann, die vor allem die Katalogredaktion wesentlich unterstützt hat, Petra Neff für die konservatorische Betreuung, Reiner Haberstroh für seine ideenreichen Rahmenkonstruktionen sowie dem ganzen Team der Kunsthalle, das bei der Realisierung der Ausstellung mit großem Engagement geholfen hat. Ebenso danke ich Bart Rutten für seinen Textbeitrag, dem Grafiker Sybren Kuiper für die Gestaltung dieses schönen Buches sowie Uta Grosenick und Hans-Jörg Pochmann von DCV (Dr. Cantz'sche Verlagsgesellschaft) für die Mitarbeit bei der Umsetzung dieses Katalogs.

Ein Projekt, das weit über die üblichen Formate unserer Ausstellungen in den Räumen der Graphik hinausgeht, wäre nicht ohne maßgebliche finanzielle Unterstützung möglich. Vor allem dem Mondriaan Fonds sowie dem Königreich der Niederlande muss deshalb für die freundliche Förderung gedankt werden.

Nicht zuletzt möchte ich vor allem dem Künstler selbst danken, der keine Mühen gescheut hat. Er hat eine große, neue Arbeit für diese Ausstellung geschaffen und sie mit großem persönlichen Einsatz realisiert. Zudem hat er alle gezeigten Werke als Leihgabe für die Ausstellung zur Verfügung gestellt.

The exhibition *Terra Nova – Robbie Cornelissen* is dedicated to the work of the Dutch artist, who has been exploring the aesthetic possibilities of artistic animated film for many years now. I am very grateful to the curator Thomas Köllhofer for the idea of presenting this exhibition in the Graphisches Kabinett of the Kunsthalle Mannheim, especially because the subject–at the latest since the acquisition of the large-scale installation *The Refusal of Time* by the South African artist William Kentridge (b. 1955) by the Kunsthalle Mannheim Foundation–is of central importance in the Kunsthalle's collection presentation.

Cornelissen's graphic oeuvre consists largely of monumental drawings that are created almost exclusively from pencil, charcoal, or graphite dust and thus largely dispense with color. With the exception of *The Labyrinth Runner*, his numerous animated films are also developed from purely analog drawings–that is to say, without the technical support of digital computer animation. Instead, drawing, which embodies the oldest and most spontaneous of all forms of artistic expression, is combined with a modern artistic technique, namely film. The result is an animated film, the combination of two media that could hardly be more contrary in the way they are received.

Whereas drawing as a medium allows or even demands a more contemplative form of viewing, an animated film takes the viewer on a heteronomous journey into an imaginary universe: The speed of the image sequences is predetermined, and the viewers are exposed to the film events much more directly, which affects their emotions more strongly.

The complex interplay between drawing and film is also at the center of the exhibition, which is one of this year's highlights in the program conceived for the rooms dedicated to the museum's collection of prints and drawings. Especially for this exhibition and over months of work, the artist has created a new film, *Terra Nova*, from thousands of drawings –occasionally created one after the other, but for the most part through the permanent revision of one and the same drawing. The film is being presented here for the first time. Like most of the artist's drawings, this film–in a mixture of futuristic and fantastic images–deals with the state of our world. It poses questions regarding humankind's responsibility for the Earth, about the possibilities of survival, and the search for another, new living environment for humanity.

We would like to express our sincere gratitude to all those who have contributed to the realization of this project. In addition to the curator Thomas Köllhofer, who developed the exhibition in close consultation with the artist, this thanks goes in particular to our graduate trainee Christina Bergemann, who, above all, provided essential support for the editing of the catalog, Petra Neff for her conservational care, Reiner Haberstroh for his imaginative frame constructions, and the entire team of the Kunsthalle, who helped with great commitment in the realization of the exhibition. I would also like to thank Bart Rutten for his essay, the graphic artist Sybren Kuiper for the design of this beautiful book, and Uta Grosenick and Hans-Jörg Pochmann of DCV (Dr. Cantz'sche Verlagsgesellschaft) for their collaboration in the realization of this catalog.

A project that goes far beyond the usual formats of our exhibitions in the rooms of the collection of prints and drawings would not be possible without significant financial support. Above all, we therefore owe our sincere gratitude to both the Mondriaan Fonds and the Kingdom of the Netherlands for their kind support.

Last but not least, I would like to thank especially the artist himself, who has spared no effort. He has created a large, new work for this exhibition and realized it with great personal commitment. In addition, he has made all the works on display available on loan for the duration of the exhibition.

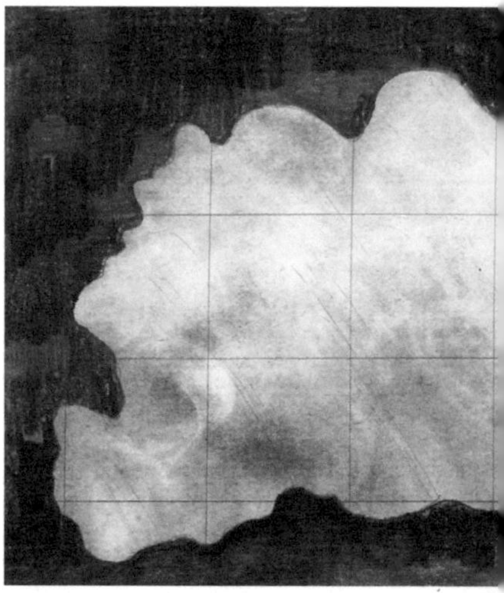

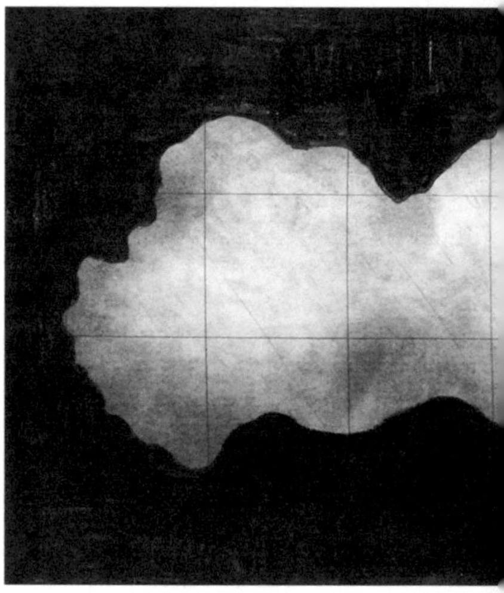

Four Clouds, 2021

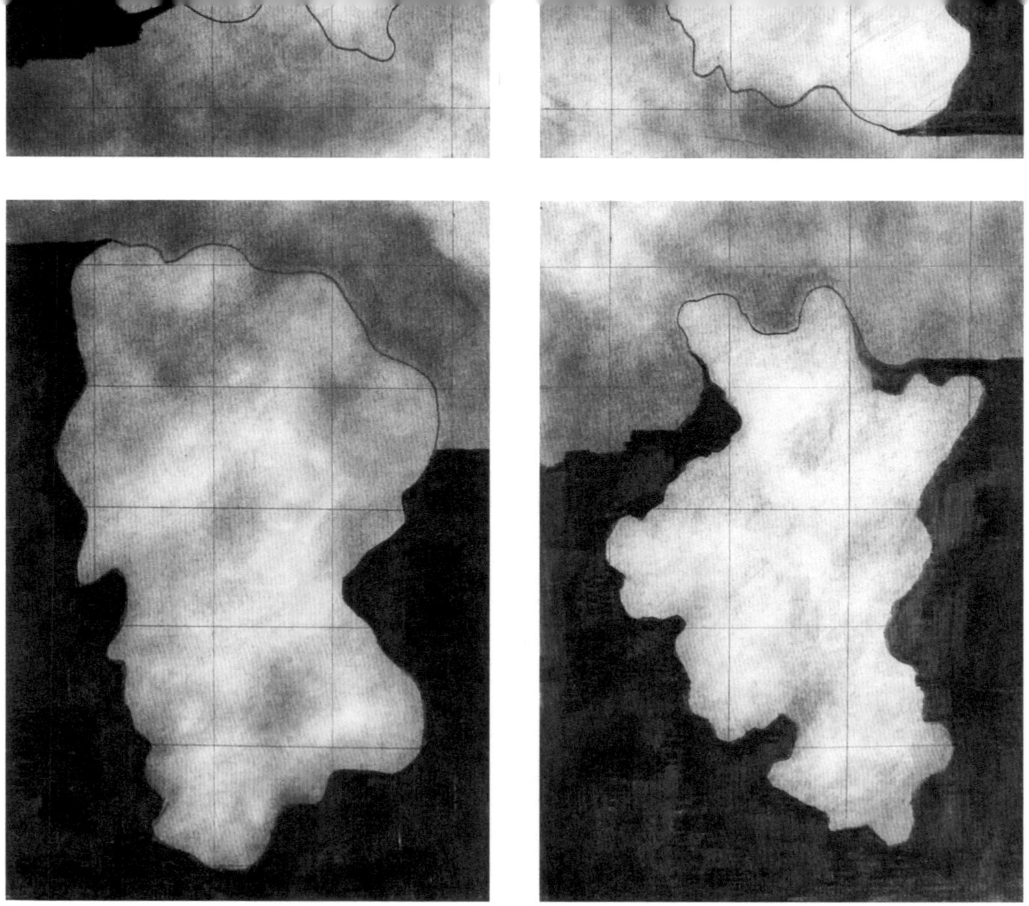

Major Tom, 2008

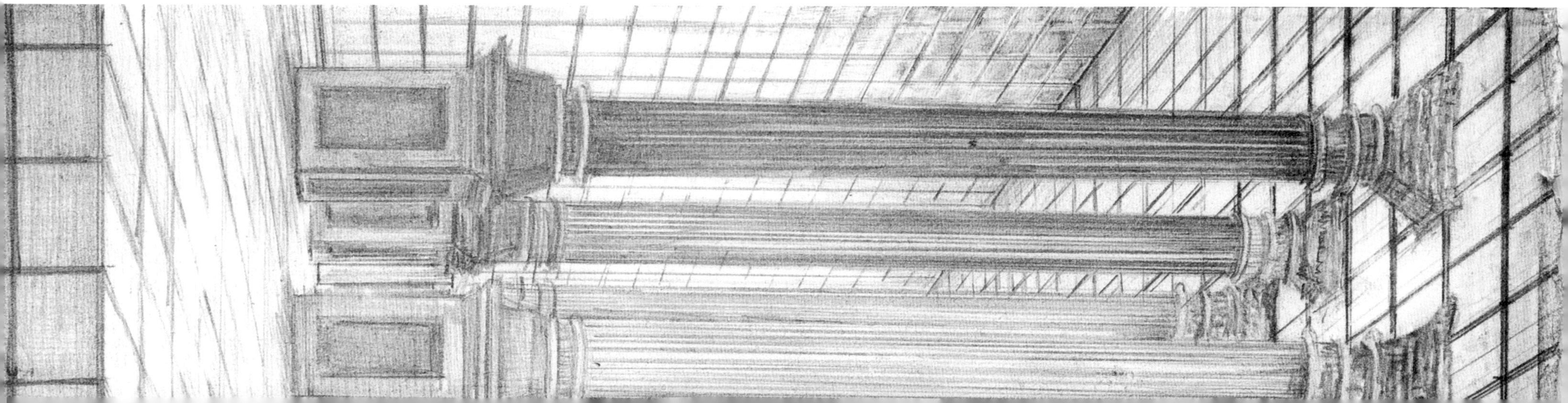

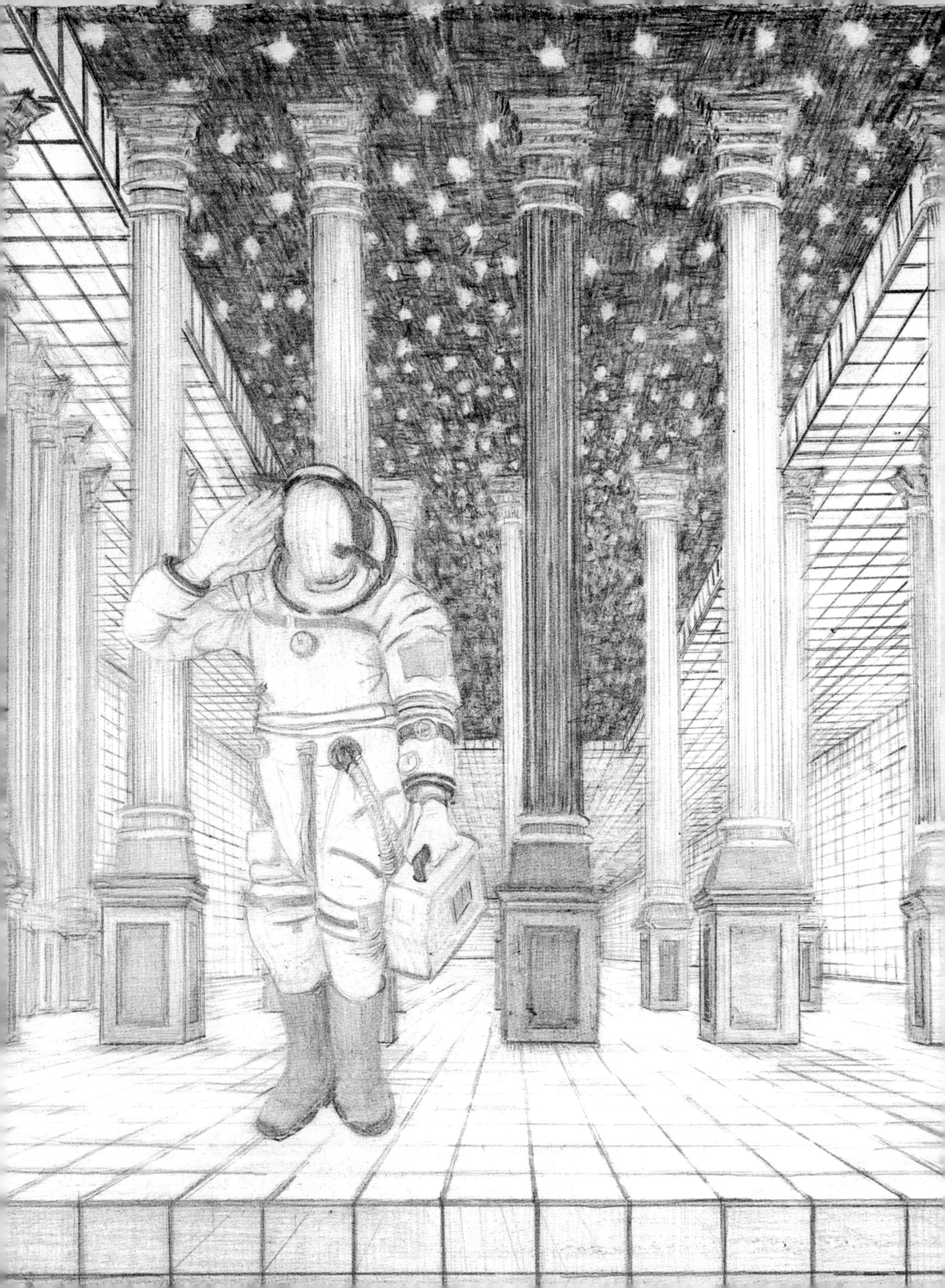

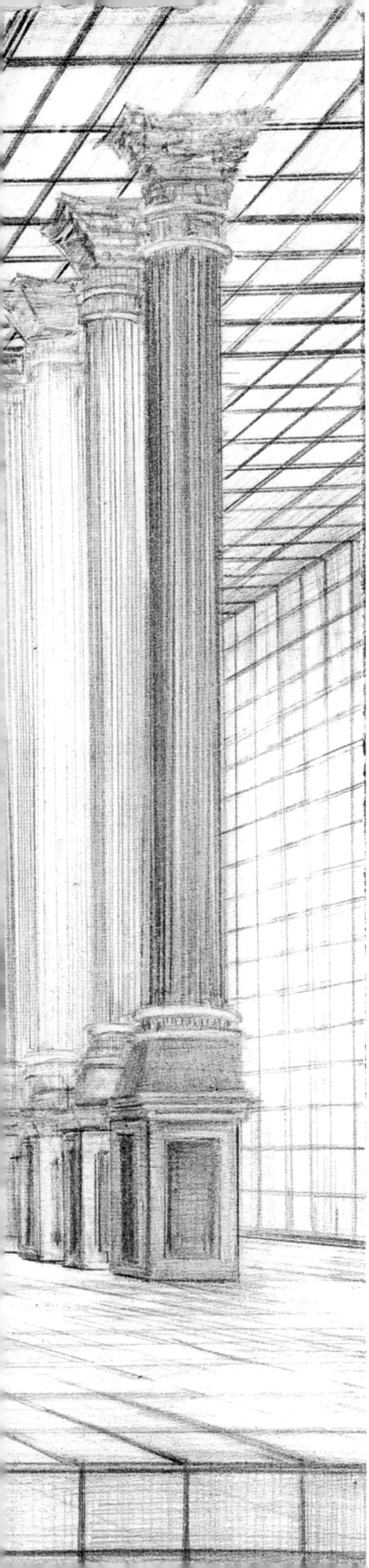

Major Tom

Bart Rutten

„Die Vorstellungskraft und Fähigkeit zum Tagträumen ist eine der wesentlichsten Fähigkeiten des Menschen", schrieb Robbie Cornelissen mit Verweis auf Gaston Bachelards *La poétique de l'espace* von 1956 über die Kunst.[1] Und: „Zeichnen ist vielleicht sogar die zugänglichste Kunstform, denn es gibt auf der Erde nur wenige Menschen, die noch nie eine Zeichnung gemacht haben."[2]

In diesen Aussagen zeigt sich die tiefgründige Motivation des Künstlers Robbie Cornelissen. Mit unermüdlichem Schöpfungsdrang wandert er durch die unbegrenzten Möglichkeiten des Zeichnens. Ich würde ihn allerdings niemals ausschließlich als Zeichner charakterisieren, denn dafür entzieht er sich einer zu engen Definition. Cornelissen ist ein Künstler, der sich auf wenige Materialien beschränkt: Bleistift, Graphit und ganz selten etwas Pigment – meistens verwendet er Schwarz und nur selten Farbe. Mit einfachen Mitteln gestaltet er ein gewaltiges Universum, in dem die menschliche Vorstellungskraft des Künstlers und der Betrachtenden bis an ihre Grenzen ausgelotet wird. Robbie Cornelissen ist ein freigiebiger Künstler. Er erfreut sein Publikum mit den schwindelerregenden Möglichkeiten des Betrachtens auf eine ebenso eingängige wie tiefsinnige Art. Durch den Einsatz des Films, der auf Grundlage seiner Zeichnungen entsteht, nutzt er ein kraftvolles Medium, das diese „wesentlichste Fähigkeit des Menschen" [die Phantasie] unterstützt.

Cornelissen ist vor allem durch seine monumentalen Zeichnungen architektonischer Räume bekannt geworden, die sowohl in der Vergangenheit als auch in der Zukunft (hätten) existieren können. Archaische, futuristische und sakrale Räume: Er lässt die Betrachtenden sich durch diese Räume bewegen, um ihnen vor einer als Wand fungierenden, massiven Fläche unvermittelt Einhalt zu gebieten. Er regt die Phantasie an und gibt dabei Hinweise, wie man selbst eine Erzählung in seine Räume hineinprojizieren könnte. Er nimmt die Betrachtenden auf einen Rundgang durch ihre eigenen Visionen mit. Die architektonischen Zeichnungen sind wie Wanderungen für den Geist. Es kommt nicht von ungefähr, dass er vor allem Bibliotheken als Wissensspeicher zeichnet. Nach zahlreichen Lockdowns und der globalen Pandemie erscheinen diese Arbeiten aktueller denn je.

Gleichzeitig ist dieses Spiel der Verführung nur vorübergehend. Man kann – dem Fokus einer Kamera ähnlich – den Blick auch auf das Wesentliche der Zeichnung richten, auf die spezifischen Merkmale des Papiers, auf seine oft weiche, leicht raue Oberfläche und auf die große Vielfalt der Linien; wie sie gezogen wurden, wie sehr sie sich bezüglich ihrer Intensität und Härte voneinander unterscheiden und wie sich verschiedenste Flächen aus einem reichen Spektrum von Grautönen verdichten. Denn gerade wenn der Geist durch die scheinbar unendlichen Räumlichkeiten mäandert, führt die Technik uns die physischen Merkmale seiner Arbeit vor Augen. Cornelissen ist nicht nur der Schöpfer des Bühnenbilds unserer Phantasie – hier ist auch der Prozess des Zeichnens selbst vordergründig zu erkennen.

Wie wichtig dieser für ihn ist, geht aus seinen eher darstellenden Werken hervor, die bereits in zwei Ausstellungen unter dem Titel *The Line* (2011 und 2018) im Centraal Museum in Utrecht gezeigt wurden. Im Rahmen seines Konzepts lud er die Besucher*innen dazu ein, mit einem Bleistift beim Ziehen einer überdimensional großen Linie durch den Ausstellungsraum mitzuhelfen. Diese Art der Partizipation versetzt die Besucher*innen unvermittelt in eine besondere Stimmung auch für die Rezeption der ausgestellten Zeichnungen. Wer selbst einen Bleistift in der Hand gehalten hat, schaut mit einem anderen Blick auf das, was der Künstler geschaffen hat. Hier betont Cornelissen gegenüber den Betrachtenden erneut den „handwerklichen" Charakter des Zeichnens. Einige Male zeichnete er auch live vor Publikum.

Die eigentlich Abwesenden in den räumlichen Zeichnungen der vergangenen zehn Jahre sind die Menschen. Es scheint, als ob Cornelissen von dem niederländischen Maler und Zeichner Pieter Saenredam (1597–1665) beeinflusst wurde, welcher häufig in Utrecht arbeitete und für seine naturgetreue Wiedergabe von Innenräumen bekannt ist. Aber ebenso beeindruckt scheint er von Giovanni Battista Piranesi (1720–1778) gewesen zu sein, der Mitte des 18. Jahrhunderts Radierungen von imaginären Kerkerräumen fertigte, die sich sowohl in der Vergangenheit als auch in einer dystopischen Zukunft befinden könnten. Die Ähnlichkeit ergibt sich nicht nur aus der Leere der architektonischen Räume, sondern auch aus der ausgeprägten Perspektive, die die Betrachtenden einnehmen. Mit der Frosch- oder Vogelperspektive wird bereits die Erfindung der Kamera vorweggenommen. Wer die Arbeiten von Cornelissen genauer betrachtet, wird entdecken, dass er sich – wie ein Omnivore – von der Kunst der Vergangenheit, aber sicherlich auch von der Bildsprache der Gegenwart, nährt. Kenner*innen von Cartoons und Comics können in seinen Zeichnungen viele weitere Querverweise entdecken.

In seinen filmischen Animationen spiegelt sich der Einfluss von William Kentridge (*1955) wider, der seit den 90er Jahren die Welt mit Videoinstallationen, die Kohlezeichnungen als Ausgangsmaterial verwenden, erobert. Mit diesem Künstler teilt Cornelissen die Liebe zur Offenlegung des Entstehens und der Handlung eines Films aus der Zeichnung – eines auch bei den frühesten Formen der Animation in der ersten Hälfte des 20. Jahrhunderts beliebten Themas. Von einem leeren Blatt zu einer Linie, einer Fläche, einem Raum: Wie sich vor den Augen, aus dem Nichts eine Vorstellung entfaltet.

Nach dieser Einführung lohnt es sich, das neue Werk, den Film *Terra Nova*, zu betrachten, den Cornelissen eigens für diese Ausstellung geschaffen hat. Es ist womöglich sein ambitioniertester Film, in dem er sich Freiheiten gestattet, die er sich in seinen bisherigen Filmprojekten noch nicht gewährte. Explizit integriert er seine früheren Arbeiten auf Papier, was dem Film eine persönlichere Note verleiht. Gleichzeitig wird der Film zu einer Art Stellungnahme, in der er sich selbst erlaubt, existentielle Fragen zu stellen. Dazu setzt er die Verletzlichkeit des Zeichnens ein: Die schmalen Linien, die nie völlig gerade sind, die Verwischungen des Graphits oder der Holzkohle (für die Animationen erweitert er seine Palette um diese Materialien, um das Zeichenverfahren zu beschleunigen). Die Hand des Künstlers ist jederzeit im Bild spürbar. Er führt mit der Leere des Papiers eine Welt vor, die unser Bewusstsein für das schärft, was sich hinter seinen Vorstellungen verbirgt. Daraufhin füllt er die Leere vor unseren Augen, macht alles anschließend wieder rückgängig und lässt uns als Zuschauer*in in die Leere zurückkehren. Hierdurch gelingt es ihm, uns für existenzielle Fragen des Lebens zu sensibilisieren.

Der Film beginnt mit einer Aufnahme, bei der man aus der Vogelperspektive auf die Erde, die mit Hunderten von Zeichnungen bedeckt ist, hinunterblickt. Der große Unterschied zwischen der Betrachtung von Zeichnungen auf Papier und gescannten Zeichnungen in einem Video besteht darin, dass man als Zuschauer*in dem Format der Projektion ausgeliefert ist. Die Zeichnung, die diesem Filmbild zugrunde liegt, hat ein Format überschaubarer Größe und wird nun in großer Monumentalität vorgeführt. Das Raster der Zeichnungen erstreckt sich bis zum Horizont. Es gleicht einem „Flickenteppich", der sich wiederum aus Rasterzeichnungen zusammensetzt.

2019 arbeitete Cornelissen in Japan. Dort platzierte er schwarze, mit Graphit eingeriebene Papierbögen in Rastern im öffentlichen Raum und fotografierte diese Gelegenheitsinstallationen. Das Tiefschwarze reflektiert die Umgebung und die näherliegenden Gebäude. Dieses Vorgehen bezieht sich auf die Experimente von Konzeptkünstler*innen der 60er und 70er Jahre, wie Stanley Brouwn (1935–2017) und David Hammons (*1943), die sich die Fußabdrücke von Passant*innen auf ihrem Papier als ihre eigenen Werke aneigneten. Dies sind eindrückliche Beispiele für ein dem Zufall überlassenes „Bildermachen". Anschließend schuf Cornelissen eine große Arbeit aus Zeichnungen mit dem Titel *The Spac of Absence*, 2019 (S. 41) bestehend aus 100 DIN-A4-Bögen, die im Querformat von 10 x 10 Böger eine wandfüllende Installation bilden. Es sind dieselben Bögen, die er für die Interventionen im öffentlichen Raum verwendete. Der starre Rhythmus des Rasters bändigt die turbulenten Kompositionen der individuellen Zeichnunge in schwarzem Graphit. Hier herrscht die gleich Spannung, die man in der Wandinstallation vor findet, – zwischen Zufall und Ordnung, zwische einer scheinbar willkürlichen Zeichensammlung und der die Anfangsbilder des Filmes bestimmenden Animation.

Dann erscheinen die Wörter „Absence" und „Presence". Sie erhalten Raum, indem in der schwarzen Landschaft mit einem Radiergummi Licht geschaffen wird. Die beiden Begriffe, die in der Bedeutung diametral entgegengesetzt, jedoch nur um drei Buchstaben verschieden sind, leuchten in der Finsternis auf wie eine schwach blinkende Leuchtreklame. Die Wolke in der Mitte stellt hiermit das wichtigste Motiv des Filmes dar: Das Spiel von An- und Abwesenhei vom Schaffen und Ausradieren. Denn gerade in dieser Betonung des Schöpfens und Auslöschens bietet die Animationstechnik viele Möglichkeite Durch die Wandlungsfähigkeit der Zeichnung und durch das ständige Weiterarbeiten an den gleichen Basiszeichnungen unterstützt diese Manier die Vorstellung von Entwicklung und stetiger Neugestaltung.

Zahlreiche Werke von Cornelissen regen die menschliche Vorstellungskraft an. Wenn man beispielsweise seine Architekturzeichnungen betrachtet, entdeckt man das fortwährende Spiel zwischen An- und Abwesenheit. Wie lee sind die architektonischen Räume überhaupt? Durch die Integration stetiger Verweise auf unser menschliches Maß (erkennbare Möbel und Türen) sehen sie aus wie Filmsets, die immer wieder eine menschliche Anwesenheit „triggerr Wir werden als Zuschauer*innen dazu eingelade unsere eigene Geschichte in die vorgestellte We zu projizieren. Wir werden dazu eingeladen, unseren eigenen Film in diesen Welten zu inszenierer Aber auch die An- und Abwesenheit der Linie der Fläche und des Raumes ist ein wesentliche Thema seiner Arbeit. Mit großer Virtuosität werden wir bei diesem abstrakten Spiel von Dunke und Hell, Schwarz und Weiß, Bewegung und Stillstand mitgerissen. Nach Kundtun des Erstaunen über die Verbundenheit dieser entgegengesetzter Begriffe entfaltet sich genau dieses Spiel vom Schöpfen und Ausradieren. Nach zwei Minuter Film mit Schwarz versus Weiß auf Papier bzw. Hell und Dunkel in der Projektion steigen wir bi über die Wolken hinauf und starten unseren Flu ins Unendliche. Der Fluchtpunkt, das perspektivische Ende der Zeichnung selbst, ist das Zie

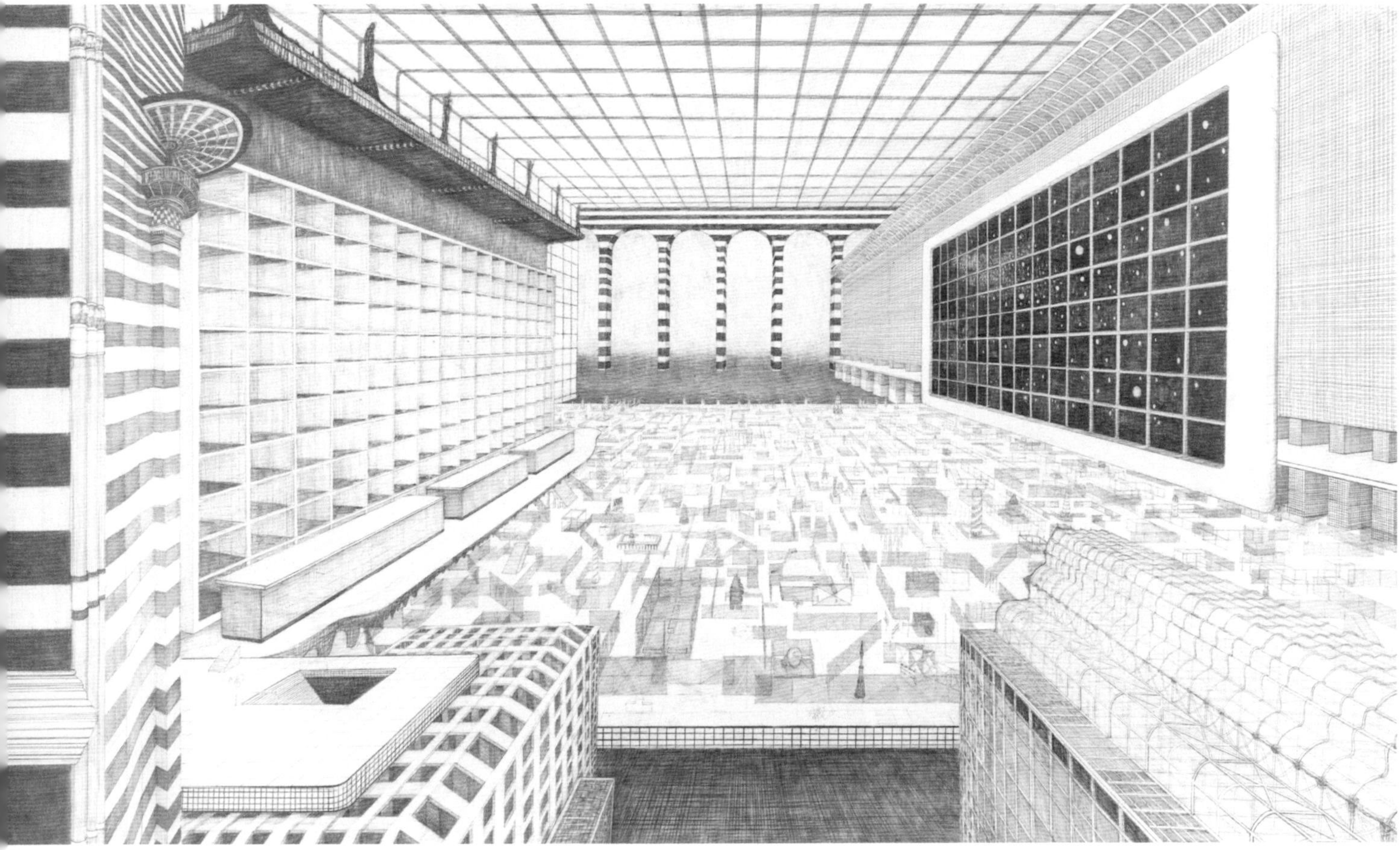

achtkamer Europa, 2015

ls ich mit Cornelissen während der Dreharbeiten prach, fragte ich ihn, ob Science-Fiction-Filme hn schon länger inspirierten. Denn auch in einen Architekturzeichnungen könnte man end-ose Innenräume großer Raumschiffe erkennen, ie wie von Hollywood zum Klischeebild einer ukünftigen Architektur erhoben werden. Er rzählte mir jedoch, dass gerade das Drehen ieses Filmes ihn dazu motiviert hätte, sich diese nzuschauen. Die metaphysischen Ambitionen us *2001: A Space Odyssey* (1968) von Stanley ubrick scheinen im zweiten Teil von *Terra Nova* ieder aufzutauchen. Ein heiliger Berg, isoliert uf einer großen Fläche stehend, wie Mount Fuji oder ist es eine drohende Rauchwolke, wie in einen *Cloud*-Zeichnungen aus dem Jahr 2019? – ungiert als Sockel für eine mysteriöse Schachtel, ie zur klassischen fliegenden Untertasse mutiert. Vie in einem fast kindlichen Tagtraum schwebt ie weg in die Unendlichkeit, uns dabei mit einer irbelnden Energie zurücklassend, einer „Dream actory“ gleich.

in weiterer Teil des Filmes basiert auf seiner eichnung *Waiting Room Tokyo* (2019) und damit uch auf *Wachtkamer Europa* (2015), indem er nit Hilfe von Animationstechniken die Wände n Bewegung versetzt, Elemente hinzufügt oder ben verschwinden lässt. In dieser schwebenden rchitektur befindet sich auf der rechten Seite ein Raster mit gezeichneten Sternen, die in der Finsternis leuchten. Es ist ein Beispiel dafür, wie Cornelissen in einem Werk immer wieder auf frühere Arbeiten verweist. Im Film *Terra Nova* wird aus dem abgegrenzten Innenraum eine Verbindung mit dem Unendlichen hergestellt. Was folgt, könnte man als eine Metapher für seinen Sprung in die Tiefe betrachten. Gewagt ist vor allem die letzte Szene, in der plötzlich eine menschliche Figur erscheint. Auch hier greift Cornelissen auf Bilder aus seinen früheren Werken zurück, als ob *Major Tom* (2008) in die *Waiting Rooms* eingezogen sei. Zunächst späht er in die Finsternis, danach steht er auf und läuft auf einen Ausgang zu, um wie im High-Tech-Science-Fiction-Film *Gravity* (2013) von Alfonso Cuarón ins Außerirdische zu verschwinden.

Wer Cornelissens *Terra Nova* nicht gesehen hat, könnte aufgrund dieser Beschreibung denken, dass dem Drehbuch ein eindeutiges Narrativ zugrunde liegt. Das Gegenteil ist der Fall. Die einzelnen Szenen scheinen assoziativ aufeinander zu folgen, wobei hier ein weites Feld für eigene Visionen eröffnet wird. In dem Sinne verfügt die filmische Konstruktion über genauso viel Interpretationsspielraum wie die von Wand zu Wand reichenden Zeichnungen. Er gibt Anlass zum Staunen und zur Imagination, denn – wie ich schon zu Beginn dieses Textes Cornelissen zitiert habe – gerade in der Erzeugung von Tagträumen sieht er eine wichtige Aufgabe des Künstlers bzw. der Künstlerin. Mit lo fi-Mitteln katapultiert er uns in sci fi-Träume.

---

1 Geschrieben 2012 anlässlich einer Rede für die Vernissage der Künstlerkollegin Karin Kortenhorst.

2 Aussage während der Vorbereitung von *De Line Up*, einer Ausstellung im Centraal Museum, die ich gemeinsam mit Cornelissen kuratierte und die als Motto im Begleittext der Ausstellung verwendet wurde.

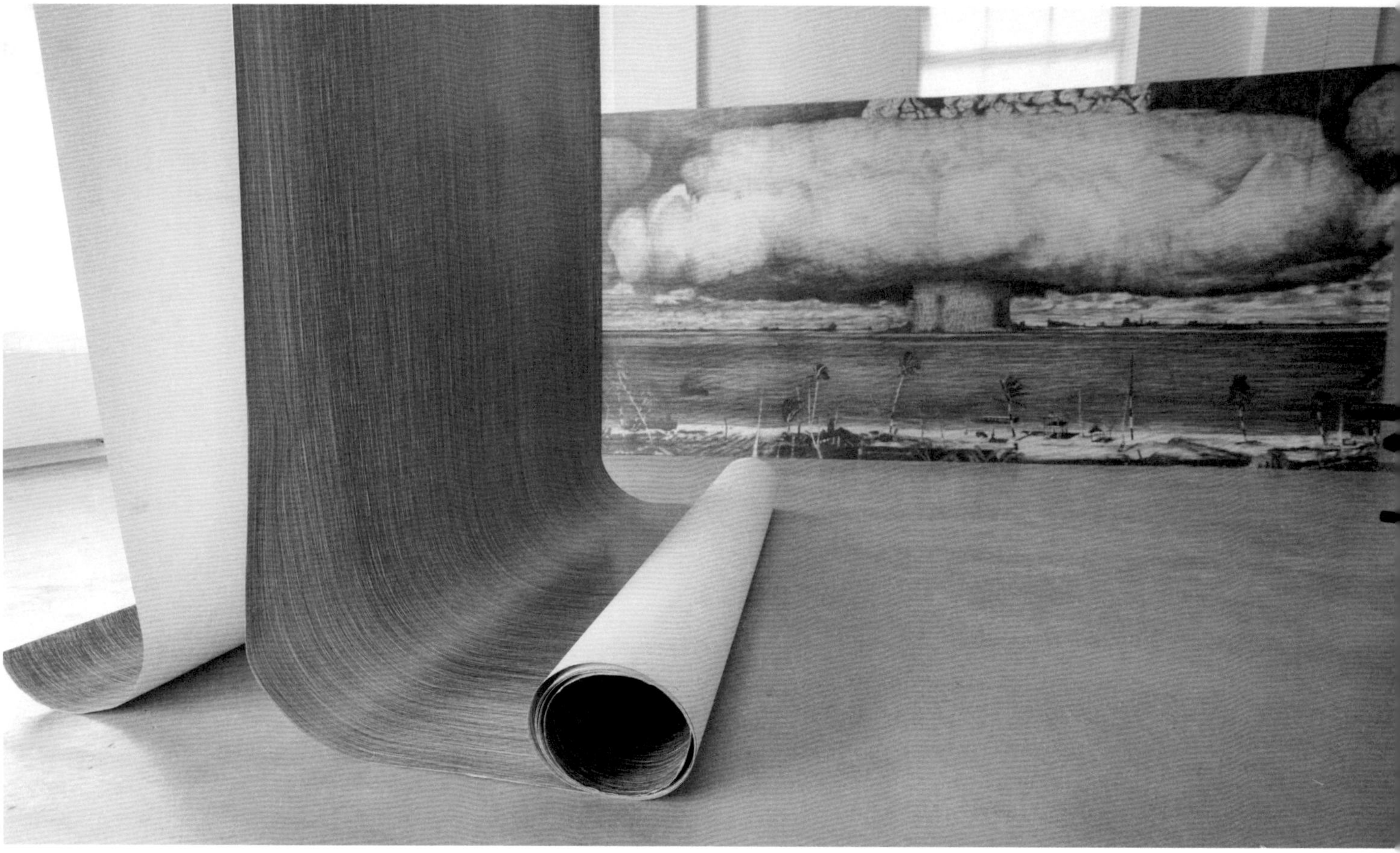

Kantelpunt 1 + Cloud, 2017

"The powers of imagination and the ability to daydream should be considered among the most vital of human capabilities", Robbie Cornelissen himself wrote about art, in reference to Gaston Bachelard's *La poétique de l'éspace* from 1956.[1] And: "Drawing may well be the most accessible form of art, for there are but few people on earth who haven't ever made a drawing."[2]

These clear characterizations reveal a profound motivation of the artist Robbie Cornelissen. With an indefatigable urge to create he drifts through the infinite possibilities of drawing. Yet, I myself would never classify him as a mere draughtsman, too elusive to be pigeonholed as he is. Cornelissen is an artist who restricts his materials to a minimum: pencil, graphite and on rare occasions some pigment – usually black; only once in a while with the addition of a color. With these sober means he is constructing an immense universe, in which human imaginative faculties – the artist's as well as the spectator's – are taken to the hilt. Robbie Cornelissen is a generous artist. He treats his audience to the dizzying possibilities of seeing, in ways that are as accessible as they are profound. And by incorporating video as a means to create installations based on his drawings, he has added a powerful medium to help us with these "most vital of human capabilities" [the imagination].

Cornelissen is best known for his monumental drawings of architectural spaces that might belong either in the past or the future. He creates archaic spaces, futuristic spaces and sacral spaces and allows the viewer to drift through these adjoining spaces, then causing a sudden halt with a wall that is a closed plane. He activates your imagination, suggests ways to project your own story into the work. He takes his viewers by the hand on a tour through their own imagination. The architectural drawings are like walks through the mind. It is not without reason that he mainly draws libraries as repositories of knowledge. After a period of lockdowns as a result of the worldwide pandemic, these works seem more relevant now than ever.

At the same time this game of seduction is of a temporary nature. It is also possible to adjust your gaze, like a camera, and focus on the work's materiality, on the specific qualities of the paper itself, its soft and often somewhat bumpy skin and the great variety of lines, how they are drawn, the ways they differ in intensity and hardness. The ways in which the planes vary and make their appearance in a wide range of grays. Just as your mind wanders through the seemingly infinite spaciousness, the means of execution constantly re-engage you with the physical qualities of his work. Cornelissen is not just a set designer for your imagination, he always meticulously emphasizes the process of drawing itself as well. The importance he attaches to this is also apparent in his more performative works, such as *The Line* which was realized twice at the Centraal Museum (in 2011 and in 2018). In this concept, spectators are invited to assist with the drawing of a long pencil line throughout the exhibition space. This type of participation instantly puts the visitor in a mood favorable to viewing the drawings in the exhibition. Holding a pencil yourself changes the way you look at what the artist has done with it. Here too, Cornelissen makes the viewer appreciate the "artisanal" quality of drawing. Occasionally he has also made drawings for a live audience.

The main absentee in his spatial drawings of the past decade is the human being. It's as if Cornelissen has received nourishment from a previous Dutch Master who often worked in Utrecht: 17th-century painter and draughtsman Pieter Saenredam (1597–1665), which was famous for his strict depictions of interiors. And Giovanni Battista Piranesi (1720–1778) also comes to mind who, mid-18th-century, produced engravings of imaginary dungeons that could be situated in the past as well as in a dystopian future. It's not just the emptiness of the architectural spaces that forces the comparison, the viewer's perspective is also fixed. The choice of either frog or bird's eye view anticipates the arrival of the camera.

close look at Cornelissen's work reveals that he s an omnivorous consumer of art from the past, ut also of contemporary imagery. Cartoon depts will recognize wholly different referenc- s in his drawings.

ı his animated video installations, Cornelissen s clearly influenced by William Kentridge (b. 1955), vhose video installations based on his own char- oal drawings have received worldwide acclaim ince the 1990s. Cornelissen shares a preference vith this artist to show the process of creation ı the act of drawing, which was also a favored ubject in many animated films in the first half of ne 20th century. From a blank sheet to a line, a lane, a space: an image that unfolds out of thin ir, right in front of your eyes.

fter this introduction to Cornelissen's work, it's a ood idea to take a look at his recent work *Terra Iova*, a film he produced for this exhibition. It might ery well be his most ambitious film to date, in which e has taken liberties he didn't allow himself in revious film projects. He also seems to have ıcorporated works on paper of recent years more mphatically. This gives the film a personal atmos- here as a narrative in which he bravely presents is existential self. Here the vulnerable nature of rawing is again brought into play: The thin lines hat are never entirely straight, the smudges of raphite and charcoal (for the purpose of film nimation he has added the latter to speed up ne drawing process). The artist's hand can be elt everywhere in the image. He conjures a world ı which you are made aware of the blankness f the paper behind the images, as they come ıto being in front of your eyes, only to be taken ack again, returning the viewer to blankness. He mploys these techniques to suggest existential uestions in the viewer's mind.

he film's opening shot shows a bird's eye view f the earth, which is covered with hundreds of rawings. One striking difference between looking t drawings on paper or scanned drawings in a ideo is, of course, that in the latter case one is at ne mercy of the scale of projection. The drawing n which this sequence is based is of a rather ıodest size, and here it appears in an imperious ıonumentality. The grid of drawings sprawls eyond the horizon. And this patchwork of draw- ıgs is itself made up of drawings of grids.

ı 2019, Cornelissen spent time working in Japan, vhere he experimented with sheets of paper lackened with graphite, which were placed in ublic spaces in grid formation as temporary instal- tions, and then photographed. In the deep black, uildings and other elements of its direct surround- gs are reflected. This act has a connection with ne experiments of the conceptual pioneers in the ixties and Seventies, such as Stanley Brouwn (1935–2017) and David Hammons (b. 1943) (who appropriated the paper-imprints of passers-by as their works of art) – wonderful examples of leaving the creation of images to chance. Subsequently, Cornelissen presented a large installation of drawings, *The Space of Absence* (2019) (p. 41): A wall-sized grid of 10 x 10 sheets of A4-sized paper in landscape position, the same sheets of paper he used for the interventions in public space. The grid's rigid rhythm holds the turbulent compositions of the individual black graphite drawings in a tight grip. It is the same tension between contingency and order, so apparent in this installation, that determines the opening sequence of the film: from seemingly random collection of drawings to tightly edited sequence.

Then the words "Absence" and "Presence" appear, by using an eraser to create light in the black landscape. The two words, diametrically opposed in meaning but with a mere three-letter difference, flicker in the darkness like faltering neon signs. The cloud in the middle introduces the film's central theme: the play of presence and absence, of creation and removal. It is specifically this emphasis on the joined acts of creation and destruction for which the stop-motion film technique offers many possibilities. By altering the drawing, and recording the ongoing additions to one and the same basic drawing, this becomes an act of drawing at the service of the imagination: a changeable imagination, always looking for new perspectives.

Stimulation of the human imagination is a noticeable aim in a large part of Cornelissen's oeuvre. The architectural drawings, for instance, are all about the play of presence and absence. How deserted are these architectural spaces really? The insistent integration of references to our human scale (recognizable furniture and doors) gives them the appearance of film sets that continually "trigger" human presence. As viewers we are invited to project our own stories into the world that's depicted. We are invited to create our own movie within these worlds.

Likewise, the presence and absence of line, plane and space are central themes in his work. With great virtuosity we are drawn into this abstract play of darkness and light, black and white, movement and stasis. After explicitly naming this sense of wonder about the reciprocality of this oppositional pair presence and absence, it is precisely this play of creating and taking away that unfolds. After two minutes of film of black versus white, and thus light and dark in projection, we pass above the clouds and set off on a flight toward infinity. The vanishing point, the limit of the drawing's perspective, is our destination.

In a conversation I had with Cornelissen while he was making the film, I asked him whether science fiction has been an ongoing source of inspiration for him, since in his architectural drawings it is also possible to discern the endless interiors of spaceships such as were promoted by Hollywood into generic images of futuristic architecture. But he told me that not until the making of this film had he felt inclined to watch science fiction movies. The metaphysical ambitions of Stanley Kubrick's *2001: A Space Odyssey* (1968) seem to return in the second part of *Terra Nova*. A holy mountain, isolated on a vast plain like Mount Fuji – or is it a menacing cloud of smoke, as in his *Cloud* drawings from 2019? – serves as a pedestal for a mysterious box that then transforms into a classic flying saucer. As if in an almost childish daydream, it floats off into infinity, leaving us behind with a surging mass of energy out of which a "Dream Factory" unfolds.

Another part of the film is based on his drawings *The Waiting Room Tokyo* (2019) and *Waiting Room Europe* (2015) (p. 67), where he employs the stop-motion technique to set walls in motion, to add elements or rather make them disappear. In this floating architecture, to the right, there's a grid of drawings of stars that light up in the dark. It's an example of the way Cornelissen continually incorporates references to previous works in his current art. In *Terra Nova,* however, the connection with the infinite is made from a demarcated interior space. What follows could be seen as a metaphor for his leap into the depths.

The final scene is daring. Suddenly a human figure appears. Here too, Cornelissen seems to be referring to images from his earlier oeuvre, as if *Major Tom* (2008) has taken residence in the *Waiting Rooms*. First he peers into the darkness, then he stands up and walks toward an exit, to disappear, just like in the high-tech science fiction film *Gravity* (Alfonso Cuarón, 2013), into the extra-terrestrial.

If you haven't seen Cornelissen's *Terra Nova*, this description might lead you to suppose that the film follows a distinctly narrative screenplay. Nothing is further from the truth. Individual scenes appear to follow one another in an associative way, leaving space for the viewer's own connections. In this sense, the film's structure is just as open to interpretation as the wall-sized spatial drawings are. It's a call to amazement and imagination. Because, just as I quoted him at the beginning of this writing: The artist's main task is to generate daydreams, according to Cornelissen. With lo-fi means he catapults us into sci-fi dreams.

---

1 Written in 2012 for the opening speech on occasion of an exhibition by fellow artist Karin Kortenhorst.

2 A statement made in conversation during the preparations for *De Line Up*, an exhibition that Cornelissen and I curated together – and which served as a motto for the catalog essay.

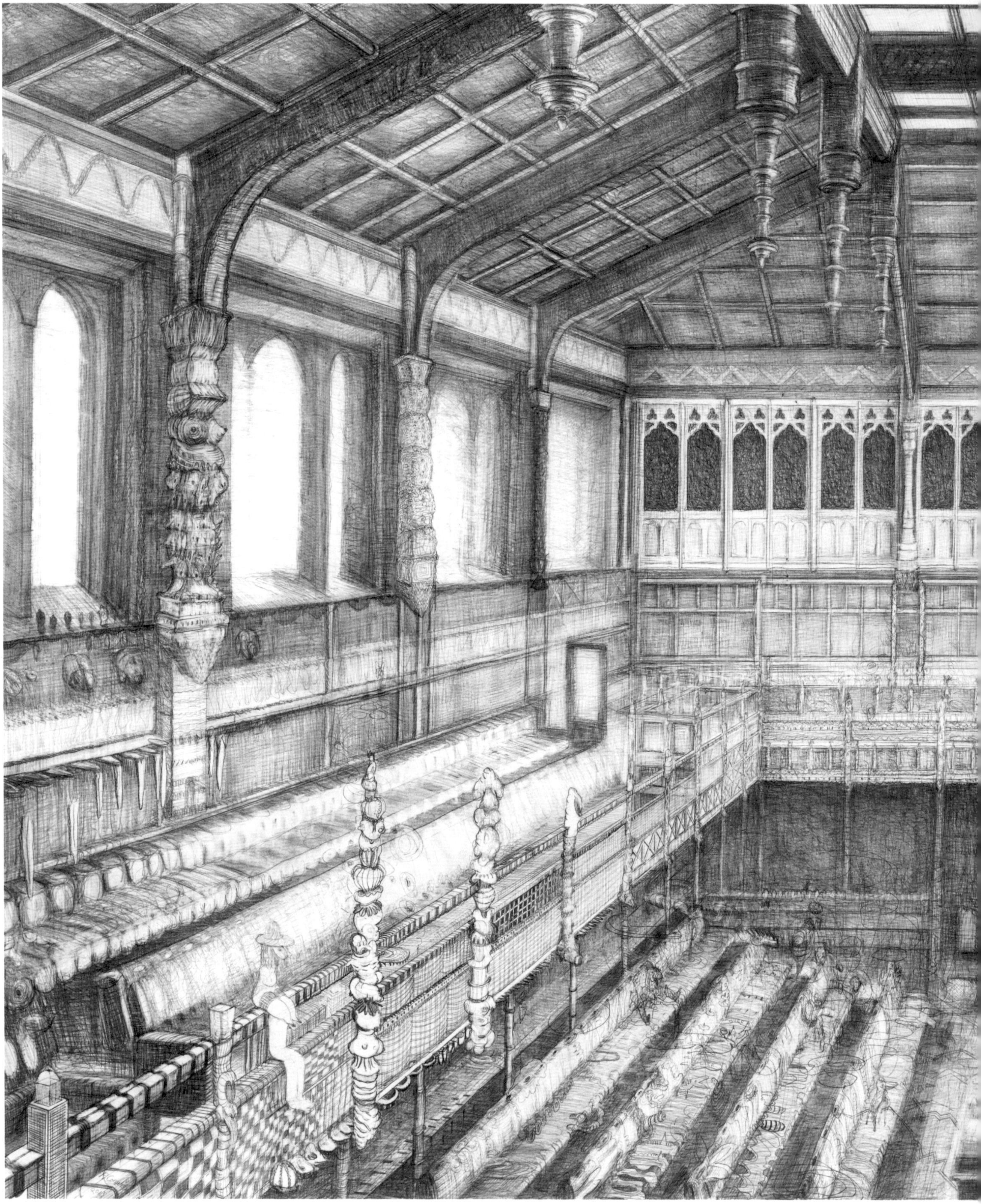

Underworld I, 2013

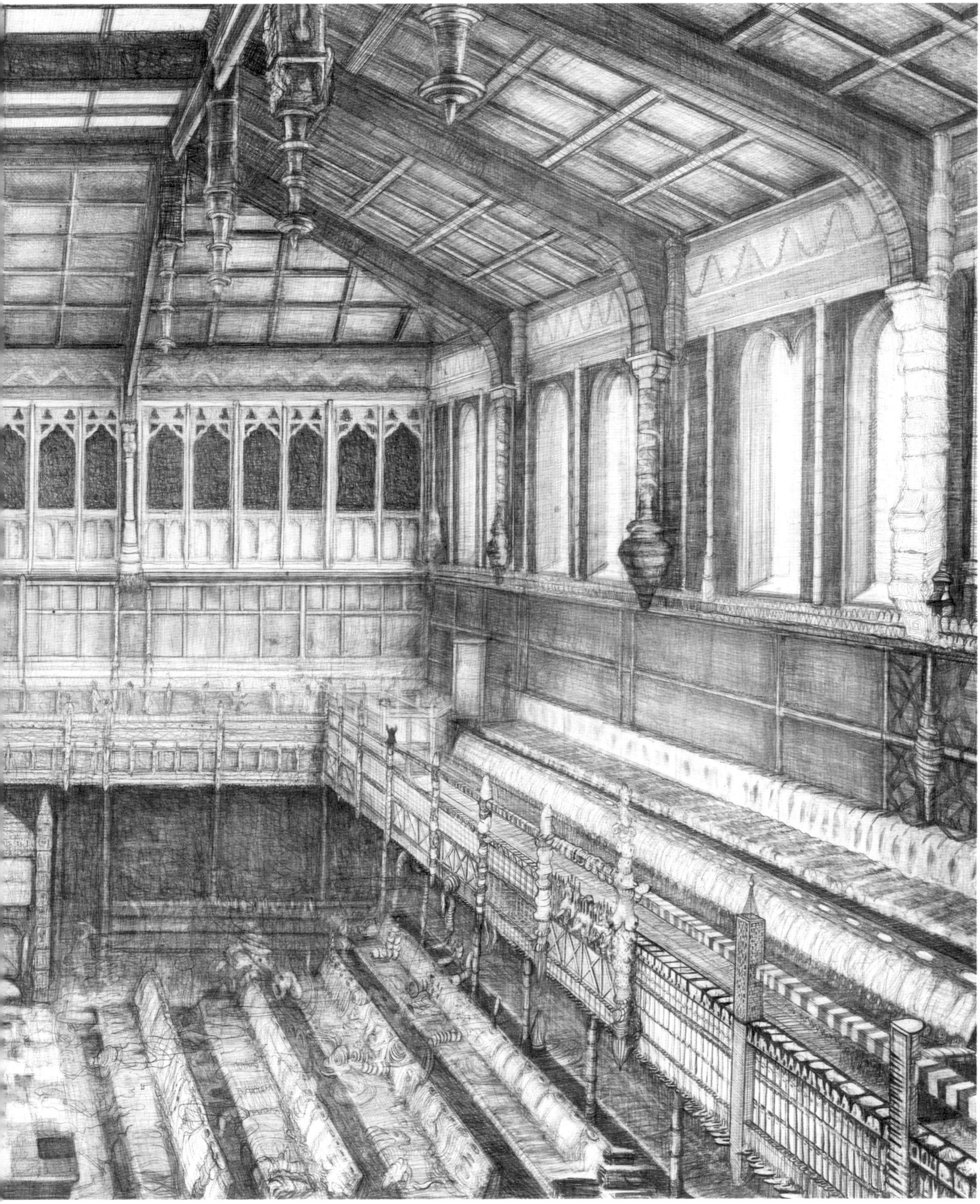

Zwischen Nichtort und schönem Ort

Thomas Köllhofer

Robbie Cornelissen produziert Bilder mit dem Stift und mit der Kamera. Als Zeichner arbeitet er in ausgesprochen großen Formaten und setzt auch als Schöpfer bewegter Bilder auf die Zeichnung im Großformat, obwohl für seine Animationsfilme der Einsatz digitaler Zeichenprogramme durchaus naheläge. Im Folgenden werden einige der formalen Besonderheiten im Werk Cornelissens charakterisiert und inhaltliche Schwerpunkte skizziert. Außerdem wird es um das komplexe Wechselspiel zwischen analoger und animierter Zeichnung gehen. Denn mit der erweiterten Verwendung des zeichnerischen Mediums im Film verändert sich Wahrnehmung und Wirkung des Gezeichneten.

Robbie Cornelissens großflächige Zeichnungen zeigen architektonische Räume und endlose Weiten. Sie entstehen mit Bleistiften unterschiedlichster Stärke, mit Graphit oder Kohle, bisweilen auch aus der Kombination aller Techniken. Je nachdem haben die in Grau- und Schwarztönen gehaltenen Blätter eine geradezu entgegengesetzte, teils (primär) lineare, teils (primär) malerische Wirkung. Farbe taucht in den Zeichnungen, von wenigen Ausnahmen abgesehen, nicht auf.

Auf den Zeichnungen des Künstlers führen feingliedrige Liniengewebe oft nicht nur zu einem, sondern zu mehreren Fluchtpunkten. Da man sich deshalb mit jedem Blickwechsel perspektivisch neu ausrichten muss, hat man als Betrachtende Mühe, sich in der eigenwilligen Raumarchitektur zurechtzufinden. Die sich in langgestreckte Tiefen ausdehnenden Architekturen wirken wie mit dem Weitwinkel aufgenommen. Die Entwürfe der meist quadratischen oder rechteckigen Möblierung wird dabei direkt in die fluchtenden Linien eingebunden. Zugleich sind die saalartigen Raumstrukturen ausgesprochen erzählerisch und lassen an klassische Repräsentationsräume, moderne Abfertigungshallen, einst prachtvolle Wartesäle in Bahnhöfen oder alte Bibliotheken denken. Dennoch fällt es nicht leicht, die gezeichnete Architektur historisch eindeutig zuzuordnen. Denn selbst dort, wo sie „barock" anmutet, sind zeitgenössische und futuristische Elemente gleichermaßen präsent. Auch wo Architekturen wie Raumschiffe im Nirgendwo schweben, erscheinen sie nicht wirklich fremd, sondern erinnern an Phantasiebauten, die man aus Science-Fiction-Filmen wie Fritz Langs *Metropolis* oder Stanley Kubricks *2001 - Odyssee im Weltall* zu kennen glaubt. Tatsächlich greift Cornelissen immer wieder auf historische Bauwerke wie etwa den Ratssaal des Dogenpalasts in Venedig für *Naked II,* 2021 (S. 45) oder die Chamber Hall der Houses of Parliament für *Underworld I,* 2013 (S. 71) zurück. Zahlreiche seiner konstruktionsartigen Zeichnungen erinnern zudem an zeitgenössische Gebäude, wie etwa den Lütticher Hauptbahnhof oder den neuen Flughafen von Peking. Jedoch wird keiner dieser zeichnerischen Bezugspunkte zum Vorbild im eigentlichen Sinn. Cornelissen überarbeitet und überformt jegliches Realitätsfragment so stark, dass es in seiner Verfremdung gerade noch bekannt vorkommt, aber nicht präzise zu fassen ist. Das Gesehene ahnungsweise auf konkret Gebautes rückzuführen, hilft deshalb kaum weiter, sondern dient vor allem dazu, sich beim Betrachten von Cornelissens fremdartigen, zugleich doch vertraut wirkenden Räumen orientieren und ansatzweise abgesichert in ihnen bewegen zu können.

Dabei erweisen sich die architektonisch definierten Räume im Werk von Cornelissen wie etwa *De Wachtkamer*, 2004 (S. 47), *Underworld II*, 2014 (S. 85) oder *Waiting Room Utrecht*, 2020 (S. 35) als durchaus ambivalent. Einerseits strahlen sie in ihrer Nüchternheit, ihrer fast klinischen Kälte etwas ausgesprochen Auf-, fast Leergeräumtes, im Grunde Unbewohntes aus und ihre nachdrücklich betonte Symmetrie suggeriert Präzision und Stabilität, andererseits aber erzeugen die stark fluchtenden Perspektiven einen dynamischen Tiefensog, in dem die großformatigen Zeichnungen ihre volle Wirkung entfalten. Als betrachtendes Gegenüber meint man vor einer Architektur zu stehen, die man unmittelbar betreten kann und hat dabei zugleich das Gefühl, den Boden unter den Füßen zu verlieren, denn aufgrund eines Standpunkts mit starker Aufsicht erfährt man sich als Betrachter*in in eigentümlicher Höhe über sich raumtief erstreckenden Konstruktionen, denen etwas Numinoses anhaftet. Man scheint hoch über allem zu schweben und doch – dem eigenen Blick hinterher – in die Tiefe gezogen zu werden.

Die Bildwelten von Cornelissen wirken, obgleich sie mit Treppen, Wänden, Regalen, Uhren ausgestattet sind, leergeräumt und unbewohnt, weil der Mensch in ihnen abwesend ist. In einer Welt, die sich als ausschließlich von Menschenhand geschaffen präsentiert, bleibt eben dieser explizit ausgespart. Wo sind all diejenigen, denen das Erbaute zu verdanken ist, die es zu verantworten haben? War diese Welt je belebt, ist sie es noch? Anwesend sind allein die Betrachtenden, die mit ihren Blicken, Gedanken und Empfindungen Cornelissens gezeichnete Räume – verlassenen Gebäuden gleich – durchwandern.

Cornelissen ist in die lange Tradition realer, fiktiver, phantastischer und utopischer Architekturdarstellung einzureihen, weshalb Bart Rutten in seinem Text in diesem Katalog zurecht auf Giovanni Battista Piranesi (1720–1778) verweist, der in seinen *Vedute di Roma* und vor allem den *Carceri* immer wieder mit einer Verschiebung der Fluchtpunkte die Eindeutigkeit räumlicher Grenzen unterläuft. Ein wesentlicher Unterschied – nicht nur zu Piranesi – besteht jedoch darin, dass dort letztlich immer irgendwo Menschen zu finden sind. Cornelissens Bildwelten wirken

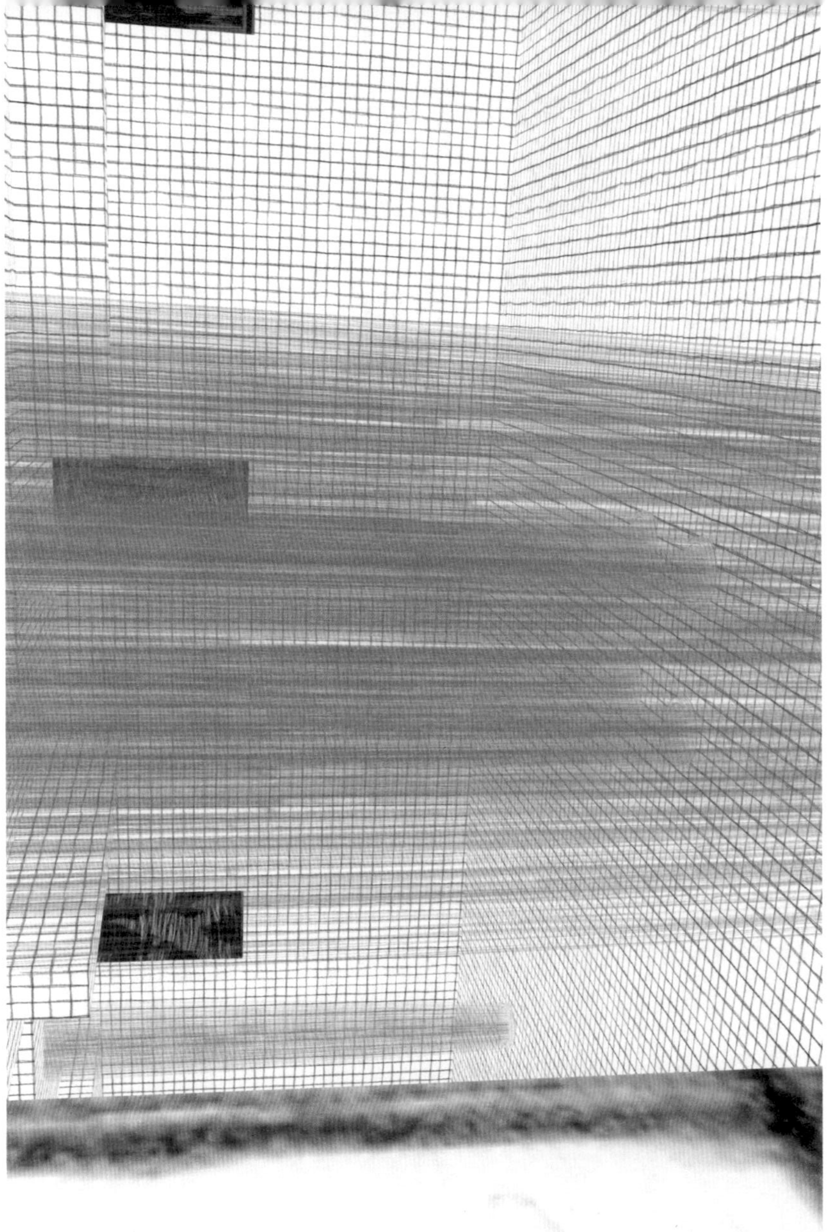

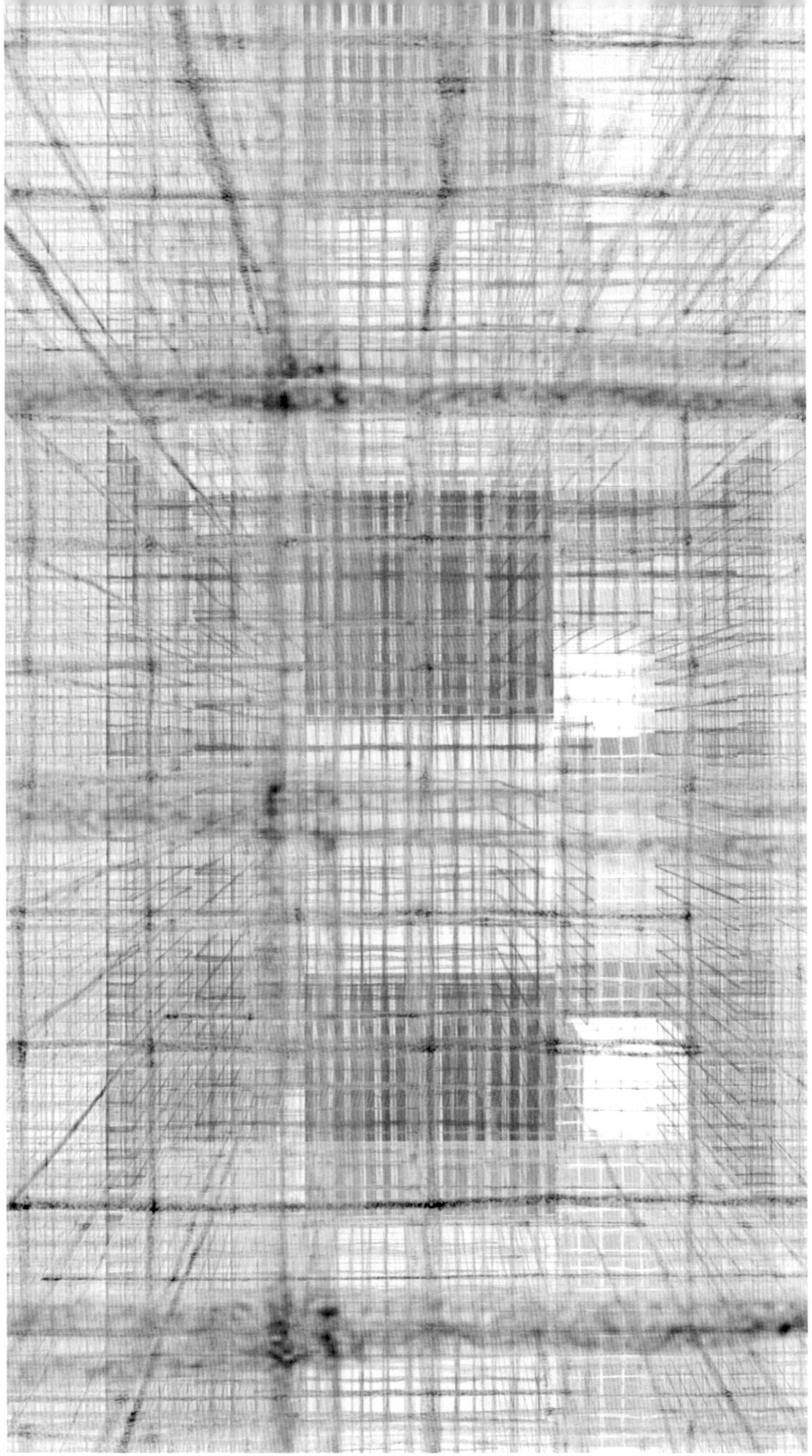

Film Stills: *The Labyrinth Runner*, 2009

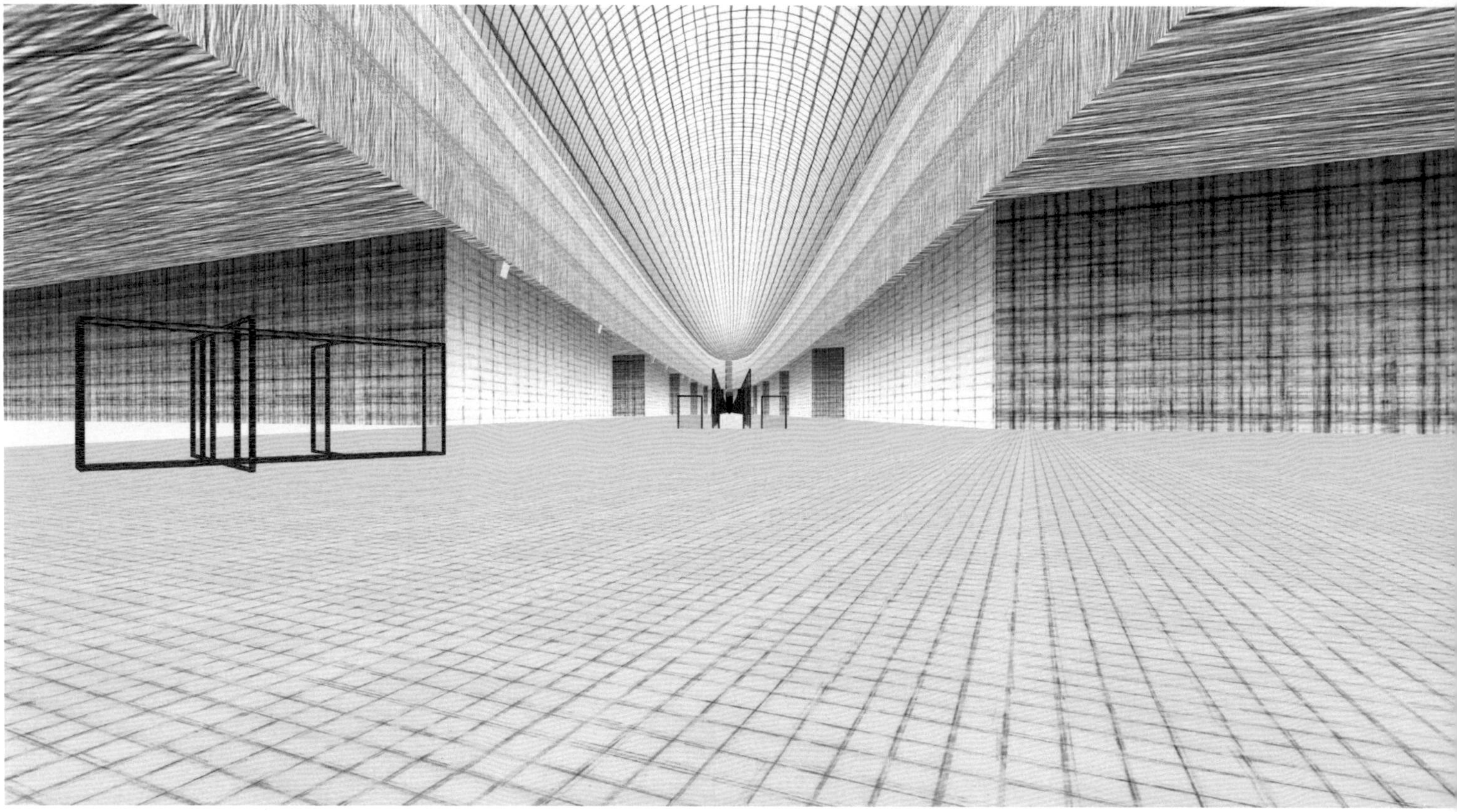

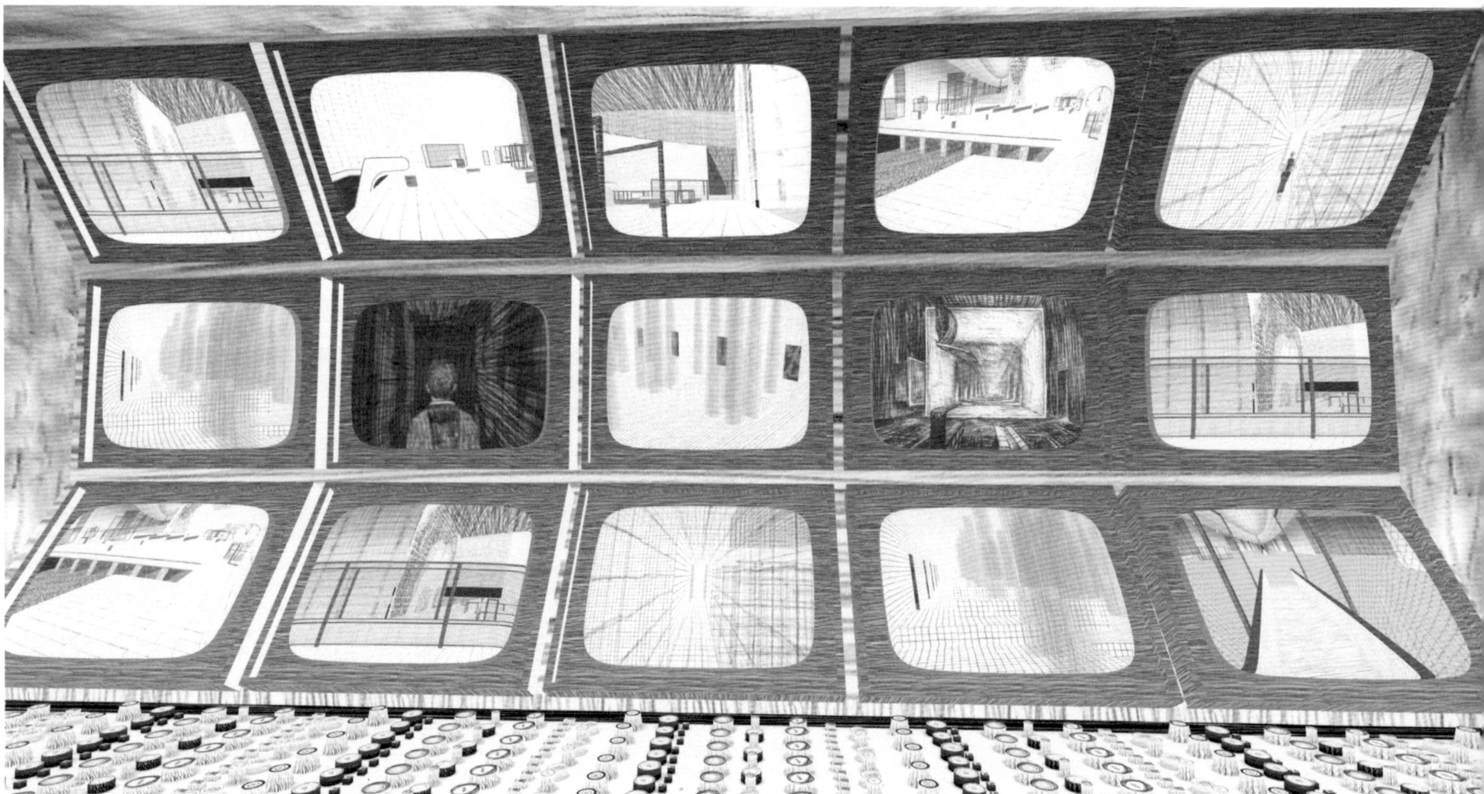

Film Stills: *The Labyrinth Runner*, 2009

agegen wie ein architektonisches Zustandspro- tokoll der Menschheitsgeschichte ohne Menschen. 'ielfach wird darin auf Bibliotheken als Sinn- ilder für Wissensspeicher, Orte der Phantasie nd des Forschens angespielt, wie das in den ufnahmen unterschiedlichster Bibliotheks- äume bei Candida Höfer (*1944) zu beobachten t, die ebenfalls menschenleer sind. Mit Höfers aumporträts, aber etwa auch mit den monumen- alen Fotografien von Andreas Gursky (*1955) der Thomas Struth (*1954) verbindet die Zeich- ungen Cornelissens das unauflösliche Sowohl- ls-auch der großen Faszination durch architek- onische Schönheit, von nahezu ehrfürchtigem taunen über Menschenmögliches und dem ugleich tiefen Erschrecken angesichts (nicht ur) gebauter Hybris.

llerdings blicken die Betrachter*innen bei Cornelissen nicht in fotografierte Welten, sondern n Räume der Phantasie. Aufgrund der großen lattformate können die dargestellten Räume – nsbesondere bei einer Zeichnung wie *Het Grote Geheugen X, 2011* (S. 49–57) – jedoch nicht auf inen Blick erfasst, sondern müssen optisch re- elrecht erwandert werden. Da diese Innenräume n weit entfernte Tiefen mit zudem vielfach unter- chiedlichen Perspektiven fluchten, gelingt es nicht, ine distanziert betrachtende Position außerhalb er Räumlichkeiten aufrechtzuerhalten. Um zu egreifen, was man sieht, müssen wechselnde tandpunkte eingenommen werden. Doch gerade adurch, dass sich der einzig richtige Betrach- er*innenstandpunkt nicht finden und somit der igene Standpunkt nicht genau bestimmen lässt, erliert die zunächst so nachvollziehbare Begeh- arkeit der gerasterten Räume ihre Sicherheit erbürgende Klarheit, so wie die scheinpräzise inearität bei näherer Betrachtung hier und dort erschwimmt. Deutlich wird dies in der Zeich- ung *Wachtkamer Utrecht*, 2021 (S. 34 ff.), die sich n Umfang der zusammengefügten Blätter immer em Ausstellungsort anpasst und deren raum- chiffartige Architektur in der zweiten Hälfte des igens für die Mannheimer Ausstellung geschaf- enen Animationsfilms *Terra Nova* größtenteils vieder aufgegriffen wird. Die Dimensionen dieses ebildes können ebenso wenig in verifizierbare elationen gesetzt werden, wie die sich offensicht- ch auf der Bodenfläche ausbreitende stadtarti- e Landschaft. Die Zeichnung setzt sich zudem us zahlreichen DIN A3-Blättern zusammen, die icht auf Abstand gehängt sind. Zwar werden ie einzelnen Elemente automatisch als ein ver- undenes Ganzes wahrgenommen, doch drängen ch gleichzeitig die hellen linearen Zwischen- äume, ähnlich wie bei der Zeichnung *Space of bsence*, 2019 (S. 41), optisch in den Vorder- rund. Sie scheinen der Gesamtdarstellung als itterstruktur vorgeblendet und bewirken, dass nan wie durch die feinen Streben eines großen ensters auf die Stadtlandschaft blickt. Diese scheint in die Weite des gezeichneten Raums hineinzufliegen, der als ein ungewisses Draußen durch die imaginären Gitter von einem gesicherten Innen, dem Standort der Betrachter*innen, getrennt ist.

Solche formal wie inhaltlich fremdkörperhaft wirkenden Gebilde charakterisieren viele der architektonisierenden Zeichnungen von Robbie Cornelissen. Im Gegensatz zu den kristallin gestalteten Raumarchitekturen lassen diese kleineren und größeren Elemente eher an verwitterte Skulpturen oder amorph Wucherndes denken, das sich in Ecken oder an einzelnen Baukörpern festsetzt und diese Bereiche entschieden verunklärt. Besonders anschaulich zeigt sich das in Cornelissens Arbeit *Naked II* (S. 45). Eine organoide Masse scheint in den oberen Ecken des Raumes so etwas wie Rocaillen hervorzubringen, jedoch entsteht hier keine Form, die sich mit der Rocaillenkunst des 18. Jahrhunderts vergleichen ließe, stattdessen lösen sich Objekte, die man als fliegende Untertassen umschreiben könnte aus diesem trägen, urschlammartigen Brei. Zudem sind dort, wo Deckengemälde zu erwarten wären, nur dunkle Flächen gezeichnet. Ist hier der Nachthimmel zu sehen oder öffnet sich die Architektur dem endlosen Raum, um das Flugobjekt ins All entschwinden zu lassen?

Architektur, die sich ins Ungewisse auftut, steht hier beispielhaft für ein zentrales Thema im Werk von Robbie Cornelissen, das um das Transitorische kreist, das nach der Bedeutung von Standort- und Perspektivwechsel fragt, nach Bewusstseinsebenen und Lebenswelten, nach dem Woher und Wohin, nach dem, was bleibt, was wird. Daher die Anklänge an Wartesäle, die jede*r als Räume des Übergangs kennt oder auch die Hallen, die auf Bibliotheken als Orte der geistigen Bewegung verweisen, als Orte der Erinnerung einerseits, aber auch Orte der Phantasie. Eine ähnliche Bedeutung kommt den vielfach sich ins Unterirdische öffnenden Geschossen zu, die den Blick der Betrachter*innen auf tiefer liegende Ebenen lenken, in Welten des Unbewussten oder, wie etwa bei *The Labyrinth Runner*, auch in das physische wie psychische Innenleben eines Menschen.

Eindrücklich wird das Transitorische als existentielle Notwendigkeit in Cornelissens Zeichnung *De Andere Ruimte (naar Sugimoto)*, 2016 (S. 39) thematisiert. Das Zentrum bildet die Leinwand eines Filmtheaters, die allerdings keine Bilder zeigt, sondern hell in reinstem Weiß erstrahlt und den Eindruck erweckt, man könne durch ihr Leuchten hindurch in einen dahinterliegenden Raum gelangen. Über der Bühne sind als rahmendes Deckendekor – entsprechend der Fotografie von Hiroshi Sugimoto, die als Vorlage diente – Filmrollen zu erkennen, die zugleich den außerirdischen Flugobjekten in anderen Arbeiten des Künstlers ähneln und so als Bildträger und Transportmittel einem den Weg zu neuen (Bild-) Welten zu weisen scheinen.

Hier wird der Film als künstlerische Ausdrucksform präsentiert, die es ermöglicht, in andere Sphären vorzudringen. *Traumfabrik* – alias Hollywood – wird denn auch wortwörtlich in Cornelissens Film *Terra Nova* als Verweis auf die Welt von Traum und Phantasie zitiert, die ihrerseits Grundlage und Ausgangs-, vielleicht mitunter auch Zielpunkt für schöpferisches Tun ist.

Terra Nova, Robbie Cornelissens für die Ausstellung in der Mannheimer Kunsthalle geschaffener, animierter Kunstfilm, gehört zum zweiten großen Werkkomplex des Niederländers, der seit Jahrzehnten im Dialog zum graphischen Œuvre entsteht. Im Unterschied zur menschenleeren Architektur der Zeichnungen tauchen in diesen Filmen auch Figuren auf.

So läuft im bereits 2009 entstandenen *The Labyrinth Runner* ein ausgesprochen vitaler Jugendlicher durch eine Landschaft – ungewöhnlich und ausnahmsweise bei Cornelissen tatsächlich ein echter Mensch in realer Natur. Dicht herangekommen und sozusagen kurz davor, aus dem Film herauszulaufen, löst sich dessen Gesicht sukzessive in Zahlenpixel auf. In der nächsten Einstellung ist der jugendliche Läufer nur als gepixeltes Bild in Schwarz-Weiß zu sehen. Nachdem man im Verlauf des Films – auch akustisch – in das Innere seiner Körper- und Empfindungswelt eintauchen konnte, läuft *The Labyrinth Runner* schließlich als gezeichnete Figur in eine endlose Weite, deren gleißendes Licht über die Projektionsfläche in den Museumsraum ausstrahlt und den Läufer zu umfangen beginnt. Als er endgültig verschwunden ist, bleibt nur ein helles, laut- und bewegungsloses Nichts übrig.

In *Terra Nova* wiederum ist ein Astronaut zu beobachten, der vor Schaltknöpfen in einem Raumschiff sitzt, dann aufsteht und zu einer torartigen Öffnung geht, um von dort schwerelos in den Raum zu gleiten. Für einen kurzen Augenblick schiebt sich noch formatfüllend der behelmte Kopf ins Bild, so dass man schemenhaft die Züge seines Gesichtes hinter dem Visier zu erkennen vermag. Danach verliert sich die Gestalt im All, wobei ihre taumelnde Rotation fast körperlich mitempfunden wird, da man in den letzten Filmsequenzen selbst durch das Helmvisier in die nachtdunkle Weite des Alls zu schauen meint.

Cornelissens Filme zeigen Menschen, die verschwinden und sind damit weit entfernt von der bildlichen Vermittlung eines konstruktiv gestaltenden Daseins oder gar eines zukunftsgewissen Aufbruchs. Selbst der an sich hoffnungsvolle Titel *Terra Nova* wird als mögliche Perspektive im Filmverlauf zusehends in Frage gestellt. Denn auch hier – wie schon in den Zeichnungen – ist der Mensch nur durch das von ihm Erbaute gegenwärtig. Insofern erinnern all die Raumschiffe, fliegenden Untertassen und komplexen Architekturen mit ihren historistischen wie futuristischen Verweisen an ein längst versunkenes Anthropozän.

Dennoch beharrt der Künstler just auf der schöpferischen (Überlebens-)Kraft des Menschen, die er als zeichnender Filmemacher in mehrfacher Hinsicht nachvollziehbar macht. Robbie Cornelissens filmisch animiertes Werk lässt Grundbedingungen und Gestaltungsregeln der Zeichnung unmittelbar anschaulich werden: Der Punkt als der Beginn für jegliches Zeichnen markiert einen Ort und den Augenblick seiner Entstehung. Die Linie dagegen ist bereits das Ergebnis einer Bewegung und somit die Versinnbildlichung von Zeit – sie bezeichnet die Verlaufszeit ihrer Entstehung vom Anfangs- bis zum Endpunkt. Jede Linie definiert eine bestimmte Strecke und kann schon als solche einen vagen Eindruck von Räumlichkeit erwecken. Eindeutig dreidimensionales Raumempfinden entsteht jedoch erst, wenn mehrere Linien sich kreuzen oder in unterschiedlichen Winkel- und Größenverhältnissen zueinander stehen. Fluchtende, d.h. auf einen Punkt hin ausgerichtete Linien evozieren eine optisch nachvollziehbare, klar definierte Raumtiefe.

Im Unterschied zur Zeichnung, die „nur" das Endprodukt des kreativen Vorgangs zeigt, vermag der Film den Verlauf ihrer Entstehung vom Punkt zur Linie, von der Linie zum umrisshaft Körperlichen oder zur Raumdefinition vermitteln. Anders jedoch als beim Dokumentarfilm, der Künstler*in und künstlerischen Entstehungsprozess gleichermaßen protokolliert, konzentriert sich der animierte Kunstfilm allein auf das Werk. Da für ihn die unterschiedlichen Entwicklungsstadien einer Zeichnung nacheinander aufgenommen und so dann auch wiedergegeben werden, erhalten die Betrachter*innen einer solchen Bildfolge eine Vorstellung vom kreativen Prozess an sich. Sie können die Entstehung einzelner Bildelemente ebenso beobachten wie inhaltliche Sprünge zwischen aufeinanderfolgenden Filmsequenzen und dabei erkennen, dass hier nicht streng ein roter Faden verfolgt, sondern auch assoziativ aus Halb- und Unbewusstem geschöpft wird.

Indem man eine formale Entwicklung verfolgt, eine durch Bewegung sich in der Zeit entwickelnde Veränderung beobachtet, ist man in gewisser Weise bereits Teil eines lebendigen Prozesses, der narrative Züge hat. Dabei löst jegliche Form von Bewegung erhöhte Wachsamkeit aus, da zunächst einmal Gefahr lauern kann, und dementsprechend wird jede wahrgenommene Veränderung instinkthaft mit einem bereits vorhandenen Erfahrungshorizont abgeglichen. Im Vergleich zur Zeichnung gelingt es dem Film leichter, die Aufmerksamkeit seiner Betrachter*innen in den Bann zu ziehen und – insbesondere auch emotional – zu beeinflussen. Langen Einstellungen folgt man gelassen, unerwartete Bildwechsel steigern das Interesse, während blitzschnelle Schnitte, waghalsige Perspektiven oder eine tollkühne Kameraführung die Grenzen des Erträglichen erreichen können. Dazu kommt, dass ausschließlich im Film Bildsequenzen auch in umgekehrter Reihenfolge gezeigt werden können. Genauso, wie etwas auf der leeren Fläche eines Blatt Papiers Form gewinnt, kann es auch wieder spurlos verschwinden – während also Zeichnen ein irreversibler Vorgang ist, in den selbst ein Ausradieren als kreativer Moment eingeschrieben bleibt, kann der Film jeden Entstehungsprozess rückgängig und letztlich ungeschehen machen.

Robbie Cornelissen variiert dieses Werden und Vergehen – und damit die eigene Suche nach dem gültigen Werk zwischen Ent- und Verwerfen – in seinen Filmen unaufhörlich. Kaum dass etwas vorhanden ist, wird es schon wieder entfernt, an Ausradiertem wird weitergezeichnet, Schraffuren wachsen und schwinden, wie zeitgerafft entsteht und zerlegt sich Objekthaftes und Architektur. Dafür verwendet der Künstler auf dem jeweiligen Blatt teils nur den Bleistift, teils nur Kohle, die er mit Stoffballen aufträgt und verwischt, arbeitet aber auch mit beiden Techniken zugleich, so dass innerhalb der nuancierten Hell-Dunkel-Effekte immer wieder Unschärfen mit ausgesprochen malerischer Wirkung entstehen. Aus solchen „Graubereichen" kann dann tatsächlich eine Untertasse abheben, Staub aufwirbeln und rasch, eine Rauchfahne hinter sich herziehend, ins All entschwinden.

Dieser bisweilen sprunghafte Wechsel zwischen linear (Bleistift) und malerisch (Kohle) entspricht in gewisser Weise der sprunghaften Narration in *Terra Nova*. Denn auch hier fehlt ein folgerichtiger, Orientierung und Verständnis gewährleistender Erzählstrang und geht es darum, sich mitunter geradezu additiven Bildsequenzen und ihren Assoziationsräumen zu öffnen. Gleichwohl ist eine inhaltliche Ausrichtung zu erkennen.

Zu Beginn des Films erscheinen von Lichtpunkten durchsetzte Rasterstrukturen, die an eine nächtlich erleuchtete Großstadt denken lassen, an die Vielzahl ihrer Bewohner*innen, an Einzelschicksale und Lebensrhythmen. Dann wächst aus der Bildtiefe eine dunkle Wolke hervor, die sich über die flackernden Lichter schiebt und die häuserartigen Gebilde allmählich gänzlich verschluckt. Später sind unvermittelt die Worte *Terra Nova* auf einem planetenartigen Etwas zu lesen und aus undefinierbarem Dunkel taucht ein Käfig auf, unter dem sich ein Berg zu erheben beginnt, der bald von einem aus der Ferne heranflutenden Meer umspült wird. Der Käfig verwandelt sich in eine Untertasse, die im leeren Raum verschwindet. Die Szene erinnert an die biblische Sintflut und die göttliche Rettung von Tier und Mensch in Noahs Arche. In *Terra Nova* steht das Bild für eine Welt, die zusehends von ihren menschlichen Bewohner*innen zerstört wird und die Suche nach einer Terra Nova, einem neuen Land oder einer neuen Erde. Gibt es einen Ausweg oder Ersatz und wenn ja, wo? Diese längst virulente Frage hat der britische Künstler David Shrigley (*1968) mit seiner Installation *One World, Two World* von 2010, die zwei identische Kugeln übereinander in einer Vitrine liegend zeigt, ganz ähnlich gestellt. Auf beiden steht schlicht „THE WORLD", so als gäbe es eine Reserve, die jederzeit als Ersatz griffbereit zur Verfügung stünde. Keine Fragen stellen, sondern Antworten geben Multimilliardäre wie Jeff Bezos oder Elon Musk, die die Raumfahrt privatisieren und Länder wie China, die in die andere Seite des Monds als künftigen Standort für Server investieren. Fest steht, dass die Suche nach einem Fluchtpunkt, auf den in Robbie Cornelissens Zeichnungen alles zuläuft, begonnen hat. Nur gibt es in den Arbeiten dieses Künstlers nie den zentralperspektivisch gesicherten einen, sondern verwirrend viele Fluchtpunkte zugleich und führt der Weg dorthin dann auch noch ins Verschwinden.

Vielleicht ist Cornelissens letztlich melancholischer Film *Terra Nova* als Kommentar zu Denis Diderot zu verstehen, der 1755 in seinem Artikel *Encyclopedia* zusammenfasste: „Wenn man den Menschen oder das denkende, die Erdoberfläche von oben betrachtende Wesen ausschließt, dann ist das erhabene und ergreifende Schauspiel der Natur nur noch eine traurige und stumme Szene. Das Weltall verstummt, Schweigen und Dunkelheit überwältigen es; alles verwandelt sich in eine ungeheure Einöde, in der sich die Erscheinungen [...] dunkel und dumpf abspielen."[1]

Vorerst stellt der Zeichner und der Zeichnung verfilmende Künstler sein Werk dem Verschwinden entgegen und lässt offen, wohin der Weg des Astronauten führt. Immerhin steckt in Thomas Morus' „Utopia" beides – der Nichtort (Outopia) ebenso wie der glückliche Ort (Eutopia).

---

1 Denis Diderot, Artikel „Encyclopedia" [1755], in: ders., *Philosophische Schriften* (Berlin 1961), Bd. 1, 186 f.

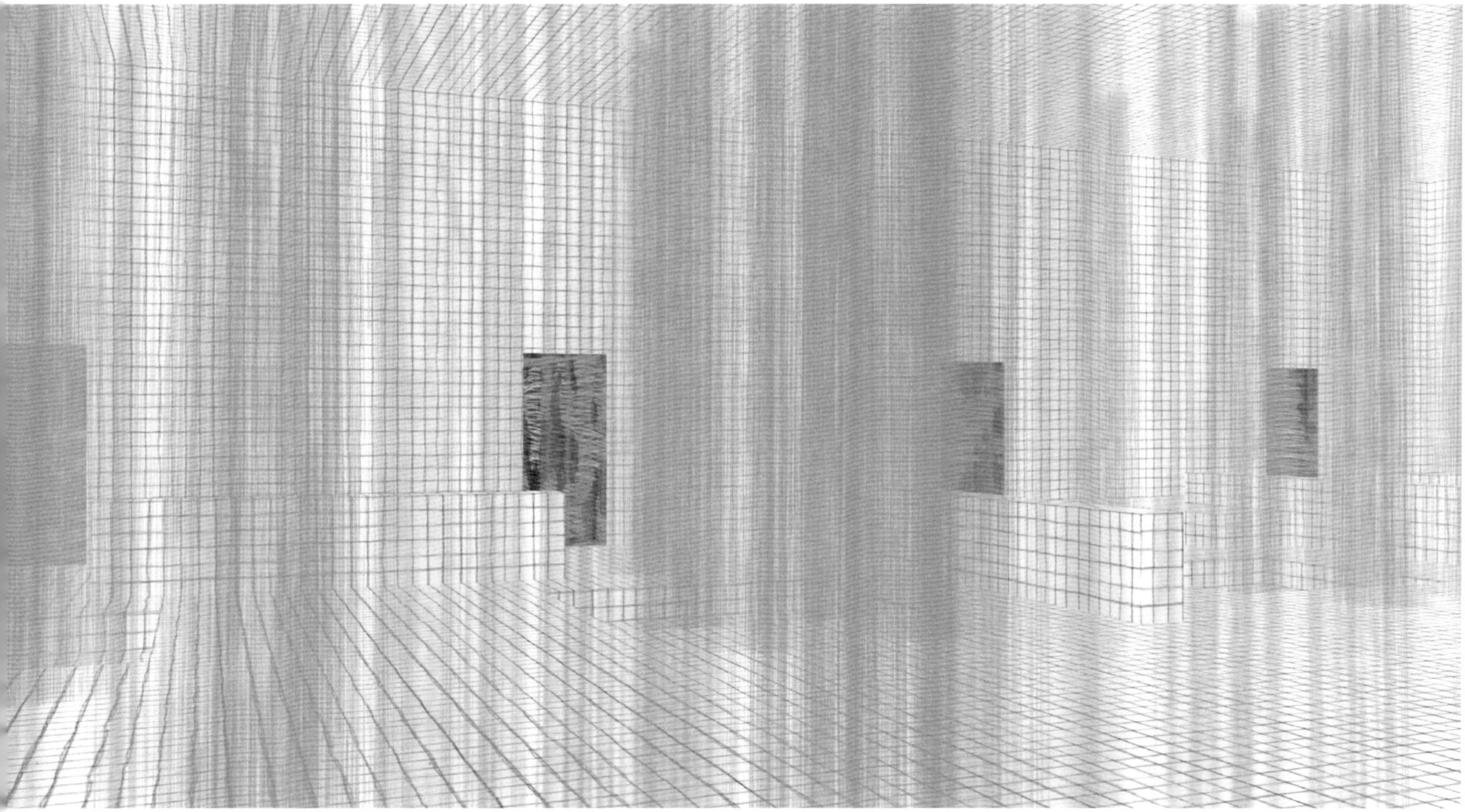

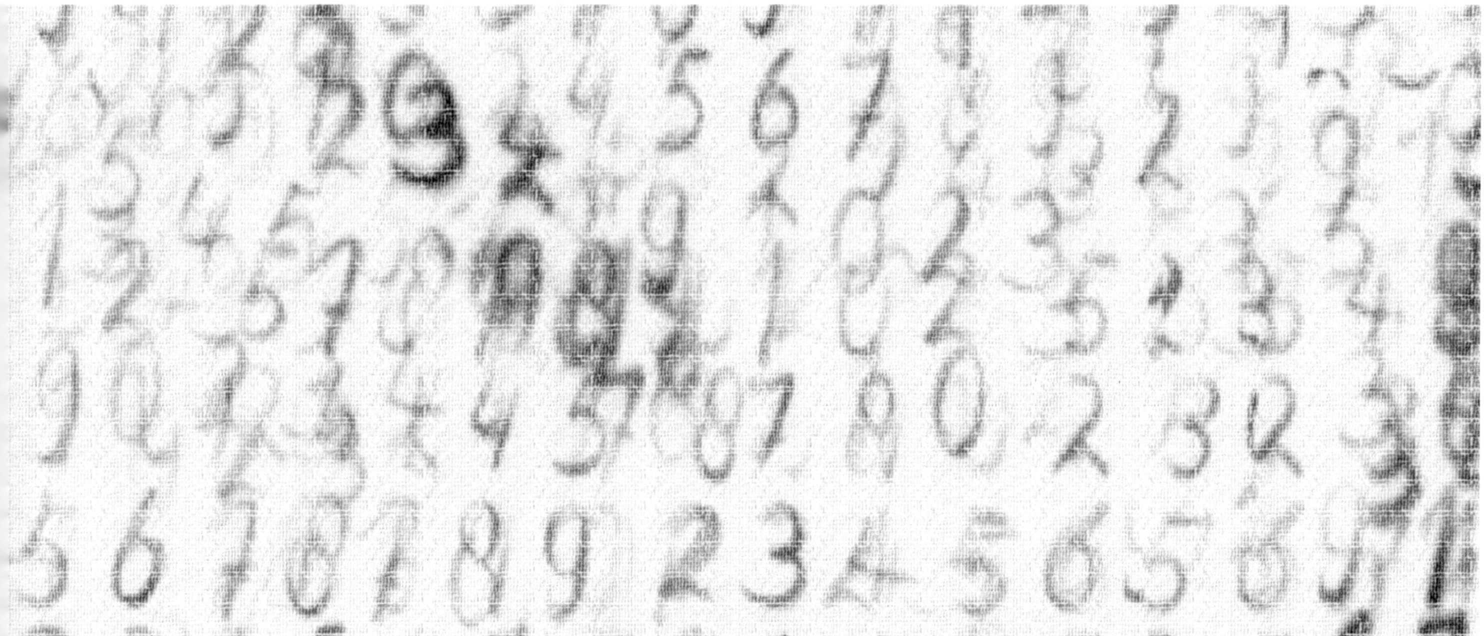

Film Stills: *The Labyrinth Runner*, 2009

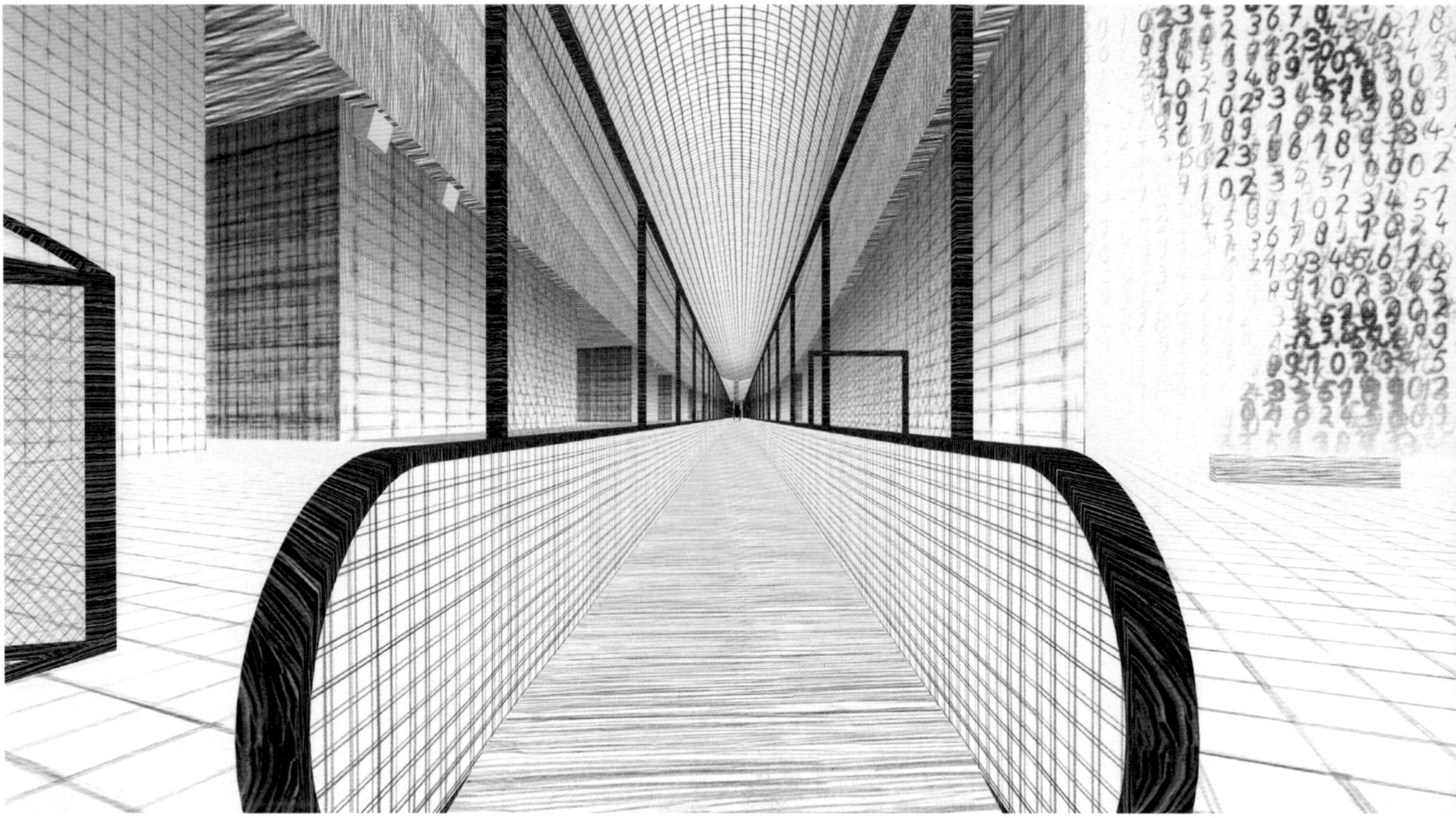

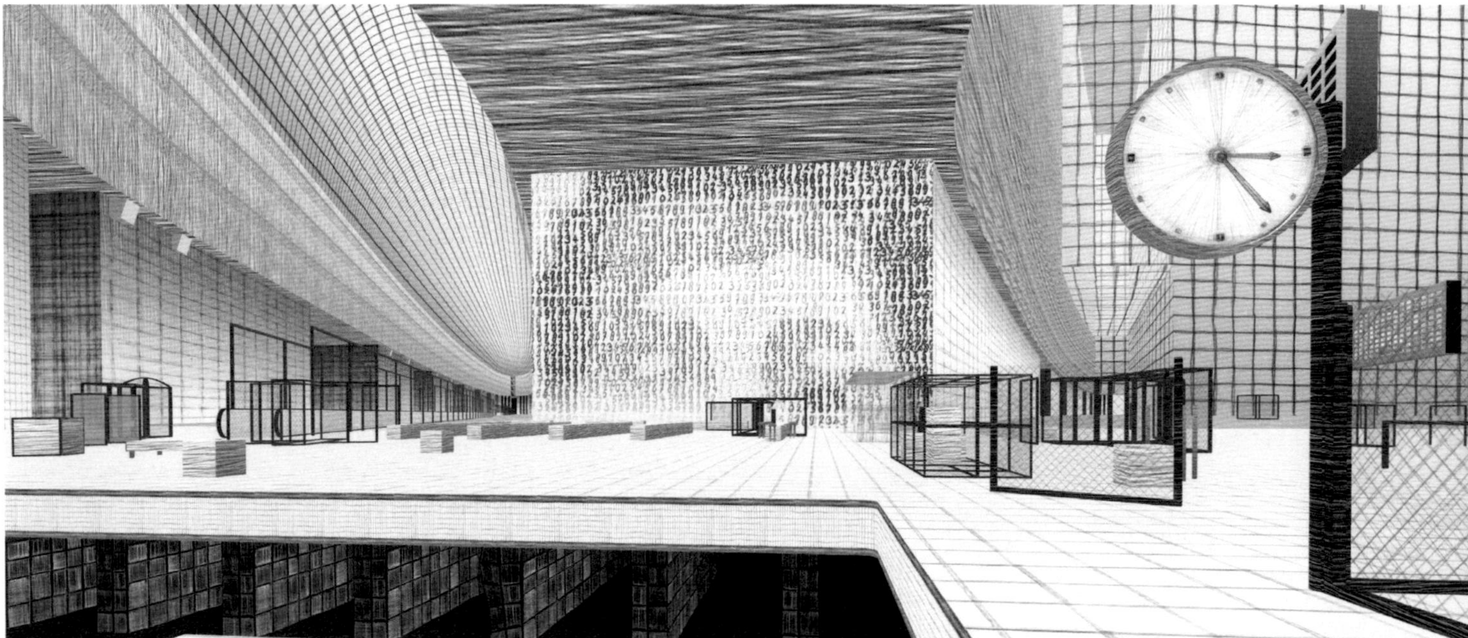

Film Stills: *The Labyrinth Runner*, 2009

Between a Non-Place and a Beautiful Place

Thomas Köllhofer

Robbie Cornelissen produces images with both the pencil and the camera. As a draftsman, he works in exceptionally large formats, and as a creator of moving images, he also relies on drawings in large formats—despite the fact that the use of digital drawing programs would be entirely appropriate for his animated films. In the following passages, some of the formal peculiarities in Cornelissen's work will be characterized and thematic focal points outlined. In addition, the complex interplay between analog and animated drawing will also be discussed—for the expanded use of the medium of drawing in film alters the perception and effect of what has been drawn.

Robbie Cornelissen's large-scale drawings depict architectural spaces and endless expanses. They are created with pencils of various thicknesses, or with charcoal, occasionally also with a combination of all. Depending on the technique, the drawings in shades of gray and black have a downright contrary, partly (primarily) linear and partly (primarily) painterly effect. With few exceptions, color plays no role in the drawings.

In the artist's drawings, delicate webs of lines often lead to not just one, but several vanishing points. Since the viewers must therefore realign their perspective with each change of view, they have difficulty finding their way through the idiosyncratic spatial architecture. The architectural structures, which extend into elongated depths, appear as if they were photographed with a wide-angle lens. The designs of the mostly square or rectangular furnishings are directly integrated into the aligned lines. At the same time, the hall-like spatial structures are distinctly narrative and call to mind classical state rooms, modern terminal buildings, once magnificent waiting rooms in train stations, or old libraries. Nevertheless, it is not easy to unambiguously assign the drawn architecture to a specific historical period. For even where it appears "baroque", contemporary and futuristic elements are equally present. And even where architectural structures float like spaceships in the middle of nowhere, they do not actually appear alien, but are rather reminiscent of fantasy buildings one thinks one knows from science fiction films such as Fritz Lang's *Metropolis* or Stanley Kubrick's *2001: A Space Odyssey*. In fact, Cornelissen repeatedly refers to historical buildings such as the Hall of the Great Council of the Doge's Palace in Venice for *Naked II*, 2021 (p. 45) or the Chamber Hall of the Houses of Parliament in London for *Underworld I*, 2013 (p. 71). Many of his construction-drawing-like works are also reminiscent of contemporary buildings, such as Liège Central Station or Beijing's new airport. Nevertheless, none of these graphic points of reference becomes a model in the proper sense. Cornelissen reworks and reshapes each fragment of reality to such an extent that it just barely seems familiar in its alienation but cannot be precisely grasped. To trace what is seen, by way of suggestion, back to what concretely exists as an actual building is therefore of little help but rather serves above all to orient oneself when viewing Cornelissen's strange, yet at the same time familiar-looking spaces and to be able to move within them with at least a rudimentary sense of security.

At the same time, the architecturally defined spaces in Cornelissen's work, such as *De Wachtkamer*, 2004 (p. 47), *Underworld II*, 2014 (p. 85), and *Waiting Room Utrecht*, 2020 (p. 35), prove to be thoroughly ambivalent. On the one hand, in their sobriety, their almost clinical coldness, they radiate something decidedly tidy, almost emptied, basically uninhabited; and their emphatically emphasized symmetry suggests precision and stability. On the other hand, however, the strongly aligned perspectives create a dynamic undertow in which the large-format drawings unfold their full effect. As a viewer vis-à-vis the work, one feels as if one were standing in front of an architectural structure that can be entered directly; at the same time, however, one also has the feeling of losing the ground under one's feet, because, due to a viewpoint with a strong top view, one experiences oneself as a viewer at a peculiar height above constructions that extend deep into the space, to which something numinous adheres. One seems to float high above everything and yet—following one's own gaze—to be drawn into the depths.

Although they are equipped with stairs, walls, shelves, and clocks, Robbie Cornelissen's pictorial worlds seem emptied and uninhabited due to the lack of a human presence. In a world that presents itself as having been created exclusively by human activity, the said human is explicitly left out. Where are all those to whom that, which has been built owes its very existence, who are responsible for it? Was this world ever alive? Is it still alive? Only the viewers are present, who wander through Cornelissen's drawn spaces—like abandoned buildings—with their gazes, thoughts, and emotions.

Robbie Cornelissen takes up the long tradition of real, fictional, fantastic, and utopian architectural depictions, which is why Bart Rutten, in his text in this catalog, rightly refers to Giovanni Battista Piranesi (1720–1778), who, in his *Vedute di Roma* and especially the *Carceri*, repeatedly undermined the unambiguity of spatial boundaries by shifting the vanishing points. An essential difference—not only to Piranesi—is, however, that in the latter's works, there are ultimately always people to be found somewhere. In contrast, Cornelissen's pictorial worlds seem like an architectural record of the state of human history without people. In many cases, libraries are alluded to here as symbols of repositories of knowledge, places of imagination and research, as can also be observed in Candida

Höfer's (b. 1944) photographs of a wide variety of library rooms, which are just as devoid of people. What connects Höfer's spatial portraits, as well as the monumental photographs by Andreas Gursky (b. 1955) and Thomas Struth (b. 1954), for example, to Cornelissen's drawings is the indissoluble "this as well as that" of the great fascination with architectural beauty, of almost reverent amazement at what is humanly possible, and at the same time of deep shock in the face of (not only) built hubris.

With regard to the works of Cornelissen, however, the viewer does not gaze into photographed worlds, but rather into spaces of the imagination. Due to the large sheet sizes, the spaces depicted –especially in a drawing such as *Het Grote Geheugen X*, 2011 (pp. 50–57)–cannot be registered at a single glance but must literally be optically traversed. Since these interiors are aligned in far-off depths with, moreover, many different perspectives, it is not possible to maintain a distanced viewing position outside the spaces. In order to comprehend what one sees, changing standpoints must be adopted. But precisely because the sole correct viewer standpoint cannot be found, and thus one's own standpoint cannot be precisely determined, the initially so comprehensible accessibility of the gridded spaces loses its clarity that guarantees security, just as the seemingly precise linearity blurs here and there upon closer inspection. This becomes clear in the drawing *Waiting Room Utrecht* (p. 35), which always adapts to the exhibition site in terms of the scale of the assembled sheets, and the spaceship-like architecture of which is largely taken up again in the second half of the animated film *Terra Nova*, created especially for the exhibition in Mannheim. The dimensions of this structure can no more be placed in verifiable relations than the city-like landscape obviously spreading out over the floor space. Moreover, the drawing is composed of numerous sheets in A3 format that are hung slightly apart from one another. Although the individual elements are automatically perceived as a connected whole, the bright linear spaces in between–similar to the drawing *Space of Absence*, 2019 (p. 41)–simultaneously push themselves visually into the foreground. They seem to be superimposed on the overall representation as a grid structure and have the effect that one seems to be gazing at the cityscape as if through the fine struts of a large window. This seems to fly into the vastness of the drawn space, which is separated as an uncertain outside by the imaginary grids from a secure inside, the viewer's location.

Such structures, which seem alien in terms of both form and content, are characteristic of many of Robbie Cornelissen's architectural drawings. In contrast to the crystalline architectural spaces, these smaller and larger elements are more reminiscent of weathered sculptures or amorphous growths that take hold in corners or on individual building structures and decisively obscure these areas. This is particularly vivid in Cornelissen's work *Naked II* (p. 45), in which an organoid mass seems to produce something like rocailles in the upper corners of the room. Nevertheless, no form emerges here that could be compared to eighteenth-century rocaille art; instead, objects that could be paraphrased as flying saucers detach themselves from this inert, primordial sludge-like dough. Moreover, where ceiling paintings would be expected, only dark areas are drawn. Is the nocturnal sky to be seen here, or is the architecture opening up to endless space to let the flying object disappear into outer space?

Here, architecture that opens up into the unknown exemplifies a central theme in Robbie Cornelissen's oeuvre, which revolves around the transitory and poses questions about the significance of changes of location and perspective, about levels of consciousness and living environments, about the "where from" and "where to," about what remains and what the future will bring. Hence the echoes of waiting rooms, which everyone knows as spaces of transition, or the halls that refer to libraries as places of mental agility, as places of memory on the one hand, but also places of imagination on the other. A similar significance is attached to the floors that often open up into the subterranean, directing the viewer's gaze to deeper levels, into worlds of the unconscious or, as in *The Labyrinth Runner*, also into the physical and psychological inner life of an individual.

The transitory as an existential necessity is impressively thematized in Cornelissen's drawing *De Andere Ruimte (naar Sugimoto)* 2016 (p. 39). The center is taken up by the screen of a movie theater, which, however, does not show any images, but rather shines brightly in purest white and gives the impression that one could pass through its glow into a room behind it. Above the stage, film reels can be seen as framing ceiling décor–corresponding to the photograph by Hiroshi Sugimoto that served as a model–which at the same time resemble the extraterrestrial flying objects in other works by the artist and thus seem to point the way to new (pictorial) worlds as image carriers and means of transportation in one.

Here, film is presented as a form of artistic expression that facilitates penetration into other spheres. The Dream Factory–aka Hollywood–is cited literally in Cornelissen's film *Terra Nova* as a reference to the world of dreams and fantasy, which in turn is the basis and starting point, perhaps even the goal, of creative activity.

Terra Nova, Robbie Cornelissen's animated art film created especially for the exhibition in the Kunsthalle Mannheim, is part of the Dutch artist's second major body of work, which he has developed over the course of decades in dialog with his graphic oeuvre. In these films, in contrast to the deserted architecture of the drawings, figures also appear.

For example, in *The Labyrinth Runner*, produced in 2009, an extremely vital youth runs through a landscape–unusually and by way of exception in Cornelissen's work, actually a real person in genuine nature. Up close and, as it were, about to run out of the film, his face successively dissolves into pixel-like numbers. In the next shot, the youthful runner can only be seen as a pixelated image in black-and-white. After, in the course of the film, the viewer has been able to immerse him or herself–also acoustically–into the interior of his physical and emotional world, the titular "labyrinth runner" finally runs as a drawn figure into an endless expanse, the glistening light of which radiates across the projection screen into the museum space and begins to envelop the runner. When he finally disappears, all that remains is a bright, soundless, motionless nothingness.

In contrast, in the film *Terra Nova*, an astronaut can be observed sitting in front of control buttons in a spaceship. He then stands up and walks to a gate-like opening, from where he glides weightlessly into space. For a short moment, the helmeted head fills the screen, so that the schematic features of his face can be made out behind the visor. After that, the figure is lost in space, whereby his tumbling rotation is almost physically felt, since, in the last film sequences, one has the impression of looking through the helmet visor oneself into the night-dark expanse of space.

Cornelissen's films show people who disappear and are thus far removed from the visual mediation of a constructively formative existence or even of a new departure with the promise of a future. In the course of the film, even the title, *Terra Nova*, which is hopeful in itself, is increasingly called into question as a possible perspective. For here as well–as in the drawings–humans are present only through what they have built. In this respect all the spaceships, flying saucers, and complex architectural spaces with their historicist and futuristic references are reminiscent of a long-lost Anthropocene.

Nevertheless, the artist insists on the creative (survival) power of humankind, which he makes tangible in a number of ways as a drawing filmmaker. Robbie Cornelissen's filmically animated work makes the basic preconditions and design rules of drawing directly perceptible: On the one hand, the point as the beginning for all drawing marks a place and the moment of its creation. On the other hand, the line is already the result of a movement and thus the symbolization of tim

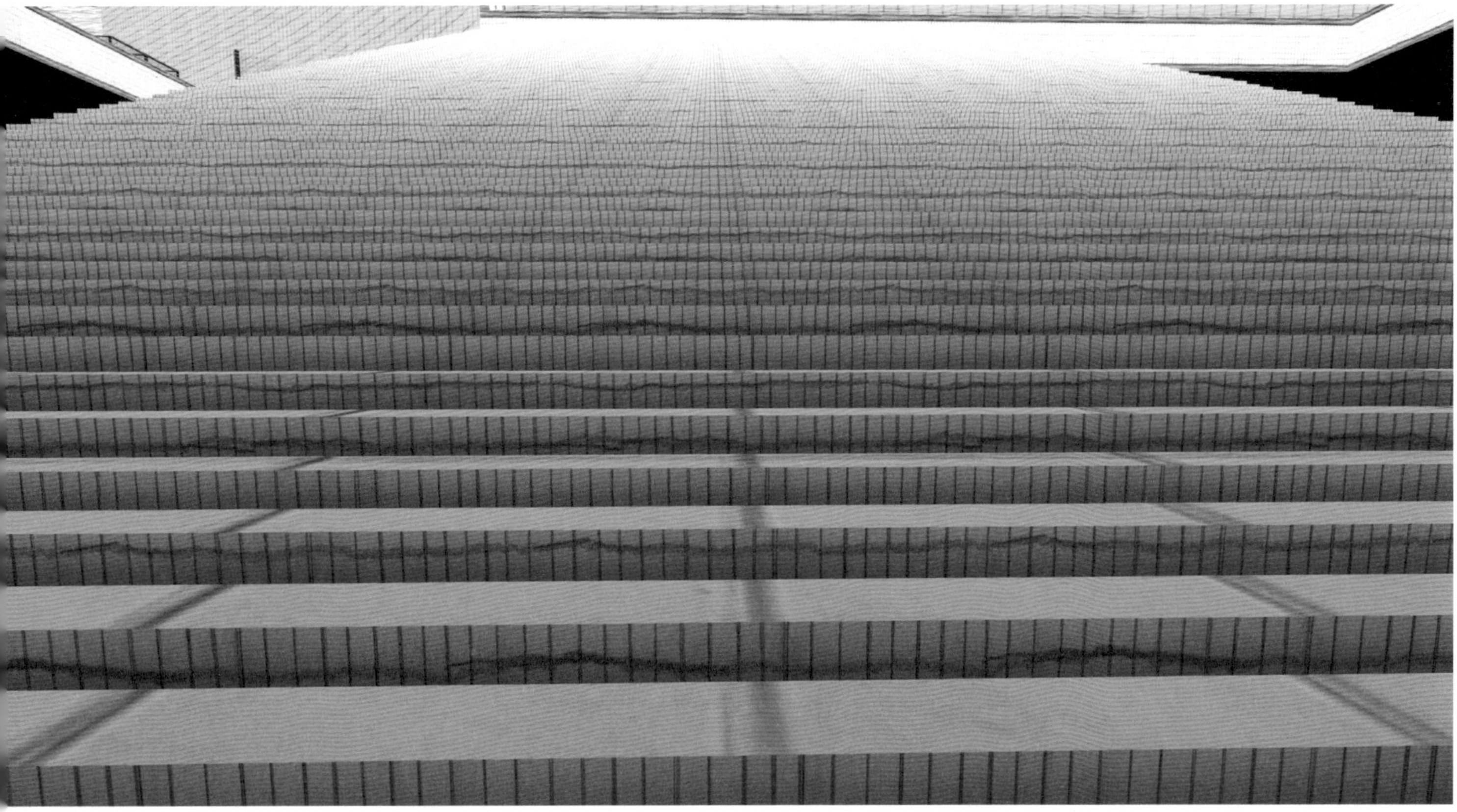

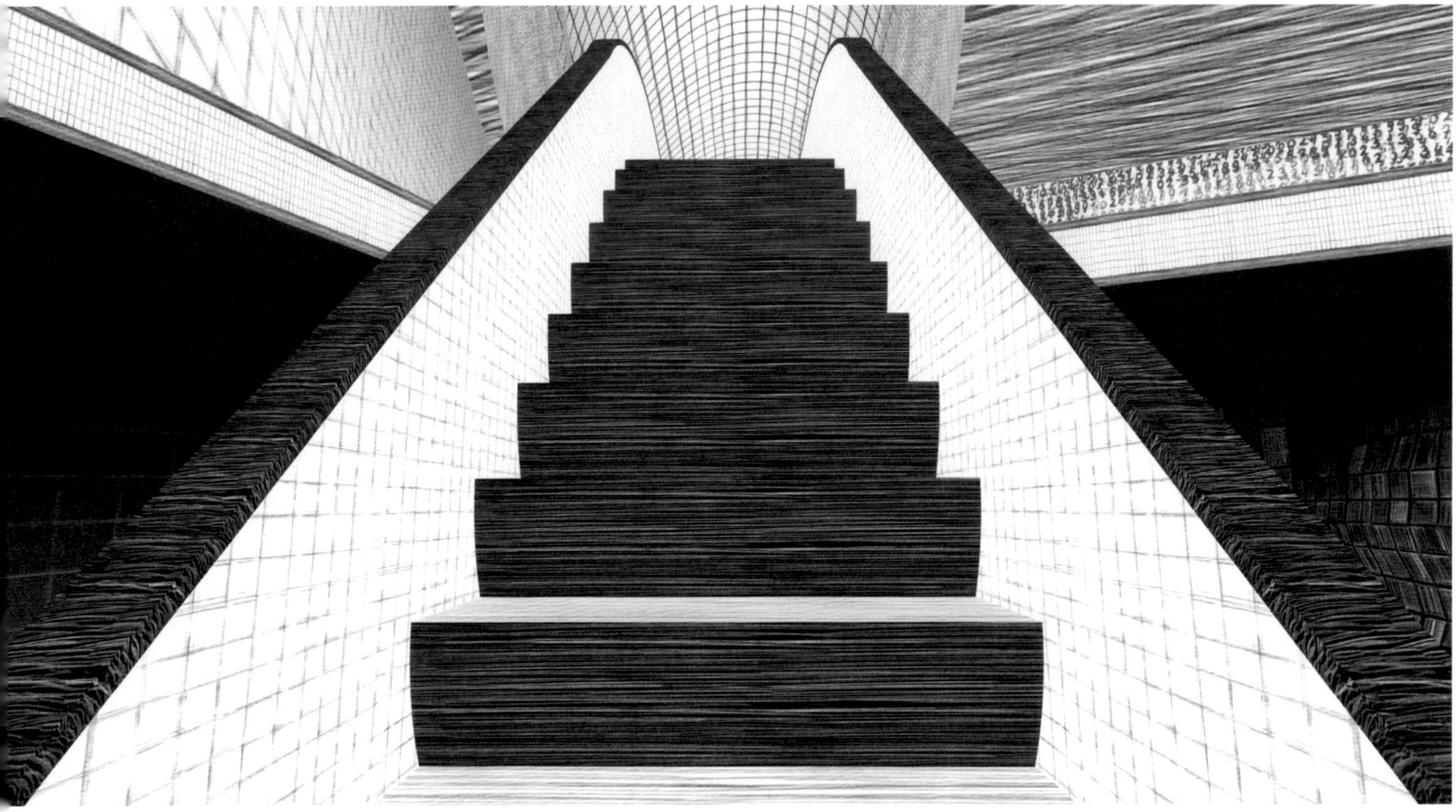

Film Stills: *The Labyrinth Runner*, 2009

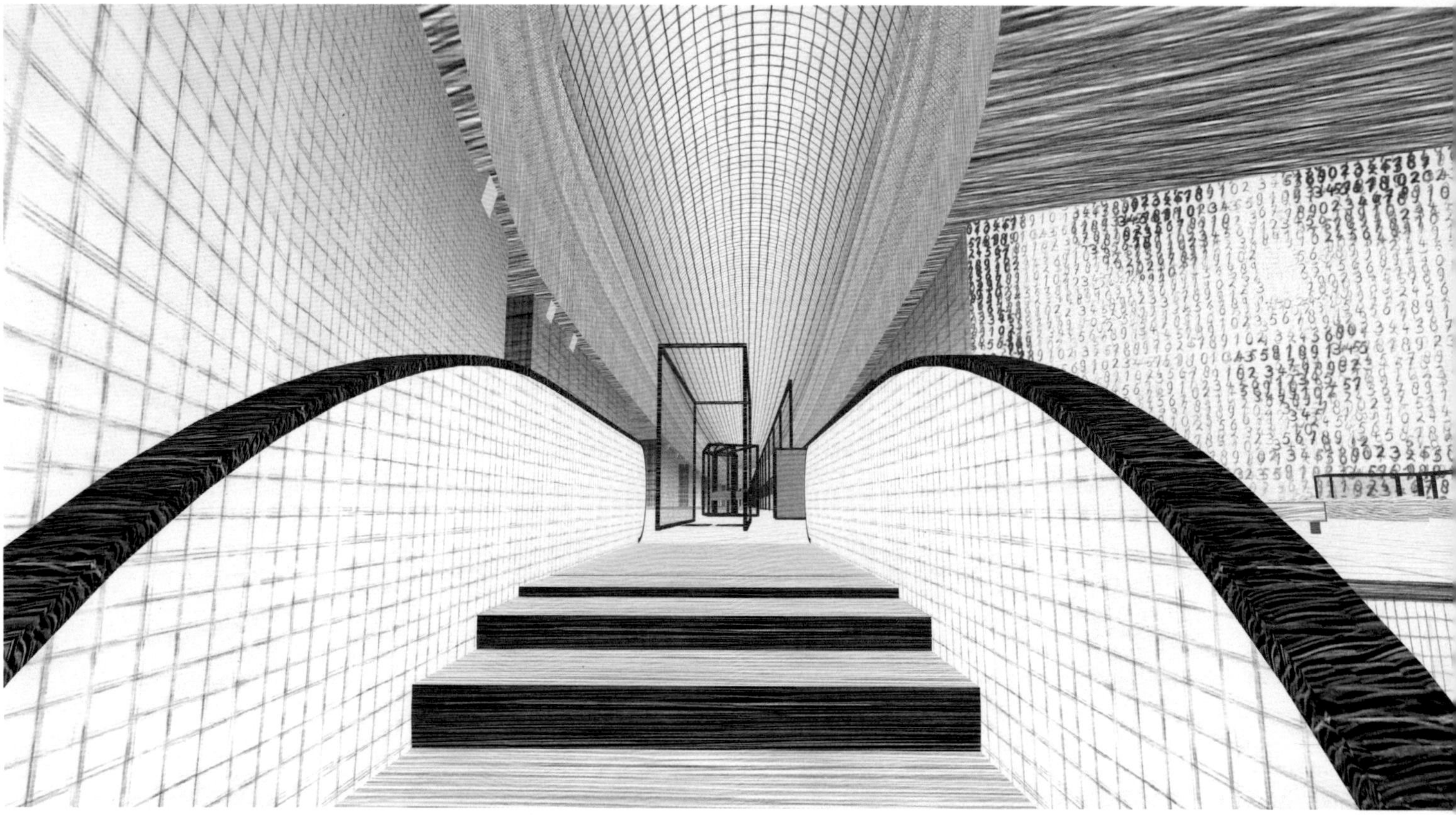

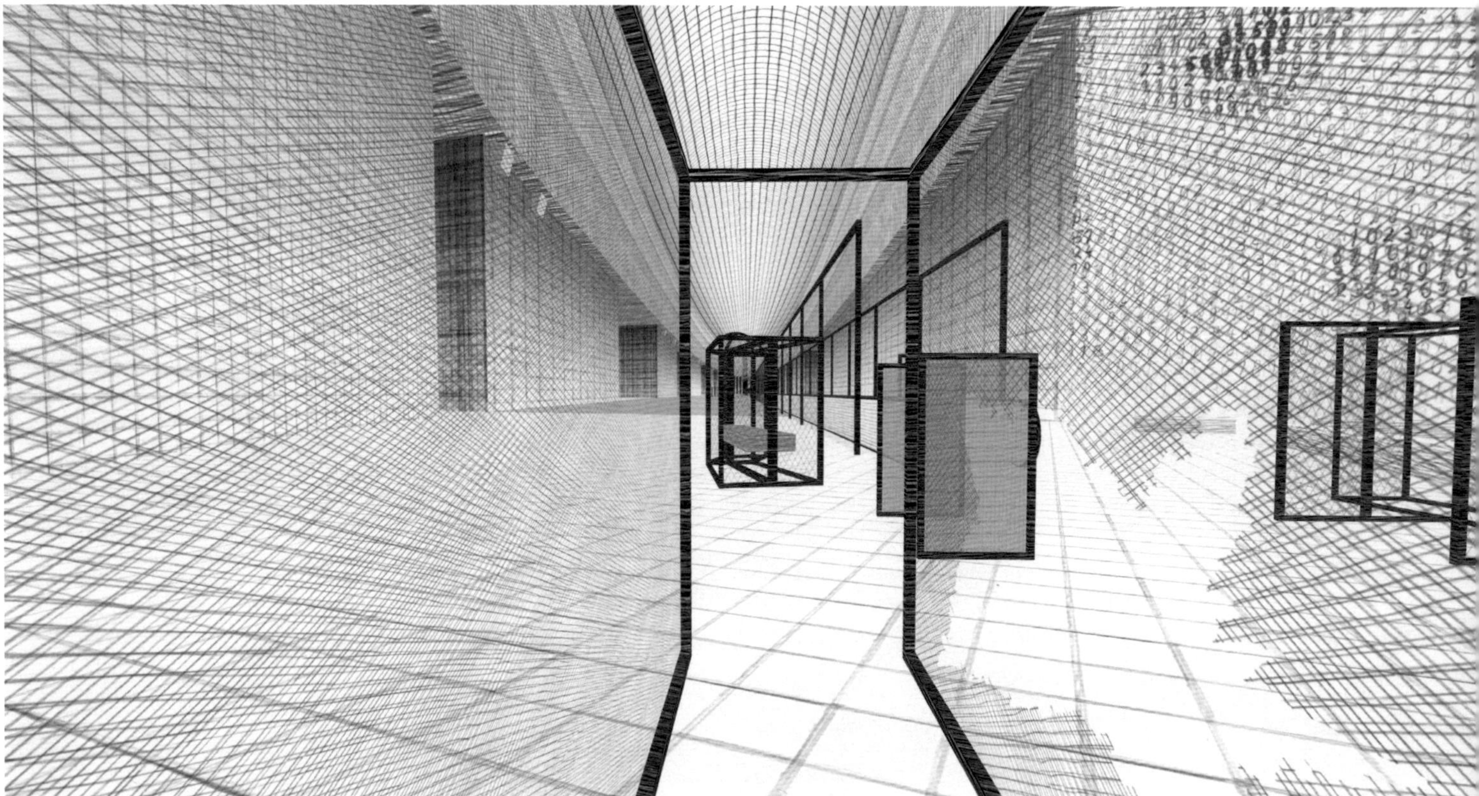

Film Stills: *The Labyrinth Runner*, 2009

it designates the course of its creation from the starting point to the end point. Each line defines a certain distance and as such can already create a vague impression of spatiality. However, a clear three-dimensional sense of space only arises when several lines cross each other or stand in different angular and dimensional relationships to each other. Lines that are aligned–that is to say, directed towards a point–evoke a visually comprehensible, clearly defined spatial depth.

In contrast to drawing, which "only" shows the final product of the creative process, film is capable of conveying the course of its creation from the point to the line, from the line to the schematically physical, or to the definition of space. Unlike the documentary film, however, which records both the artist and the process of artistic creation, the animated art film concentrates solely on the work. Since the various stages of a drawing's development are recorded one after the other and then reproduced, the viewers of such a sequence of images get a notion of the creative process itself. They can observe the emergence of individual pictorial elements, as well as leaps in content between successive film sequences, and thereby recognize that, here, not only a thread is followed, but also associatively drawn from the semi-conscious and unconscious.

By following a formal development, by observing a change developing in time through movement, one is in a certain sense already part of a living process that has narrative features. In this process, any form of movement triggers heightened vigilance, since danger can initially lurk; and accordingly, every perceived change is instinctively checked against an already existing horizon of experience. Compared to drawing, film succeeds more easily in captivating the attention of its viewers and influencing them–also and especially emotionally. Long shots are followed calmly, and unexpected image changes increase interest, while lightning-fast cuts, daring perspectives, or daredevil camera work can reach the limits of the bearable. In addition, exclusively in the medium of film, image sequences can also be shown in reverse order. Just as something takes shape on the blank surface of a sheet of paper, it can also disappear again without a trace–thus, while drawing is an irreversible process in which even erasure remains inscribed as a creative moment, film can revoke and ultimately undo every process of creation.

In his films, Robbie Cornelissen incessantly varies this process of emerging and passing–and with it his own search for the valid work between drafting and discarding. No sooner is something present than it is removed again; what has been erased continues to be drawn on; hatchings grow and fade away; objects and architecture emerge and disintegrate as if in time-lapse. For this, the artist uses at times only the pencil, and at other times only graphite dust, which he applies and smudges with cloth pads, but also occasionally works with both techniques simultaneously, so that, within the nuanced light-dark effects, blurs with a decidedly painterly effect repeatedly occur. From such "gray areas," a flying saucer can then actually take off, whirl up dust, and quickly vanish into space, trailing a plume of smoke behind it.

This occasionally erratic shift between the linear (pencil) and the painterly (charcoal) corresponds in a certain sense to the erratic narration in *Terra Nova*. For here as well, there is no logical narrative thread that guarantees orientation and understanding, and the point is to open oneself to an at times almost additive sequence of images and their associative spaces. Nonetheless, a thematic orientation can indeed be discerned.

At the beginning of the film, grid structures interspersed with points of light appear, evoking a large city illuminated at night, the multitude of its inhabitants, individual fates, and rhythms of life. A dark cloud then emerges out of the pictorial depth, pushing itself over the flickering lights and gradually swallowing the house-like structures whole. Later, the words "Terra Nova" can be read abruptly on a planet-like something, and a cage emerges from indefinable darkness, beneath which a mountain begins to rise, soon to be surrounded by a sea flooding in from the distance. The cage transforms into a flying saucer that disappears into empty space. The scene is reminiscent of the biblical account of the Deluge and the divine rescue of animals and humans on Noah's Ark. In *Terra Nova*, the image stands for a world that is being rapidly destroyed by its human inhabitants and the search for a terra nova, a new land or a new earth. Is there a way out or a substitute? And if so, where? The British artist David Shrigley (b. 1968) posed this long virulent question in a very similar way with his installation *World One, World Two* from 2010, comprised of two identical spheres placed on top of each other in a glass vitrine. On both is simply written "THE WORLD", as if there were a reserve world, readily available at any time as a substitute. No questions are asked, but rather answers given by multi-billionaires such as Jeff Bezos or Elon Musk, who are privatizing space travel, and countries like China, which are investing in the other side of the moon as a future location for servers. What is certain is that the search for a vanishing point, towards which everything in Robbie Cornelissen's drawings converges, has begun. In the works of this artist, however, there is never only the one vanishing point guaranteed by central perspective, but rather confusingly many simultaneous vanishing points, and the way there then also leads to disappearance.

Perhaps Cornelissen's ultimately melancholic film *Terra Nova* is to be understood as a commentary on Denis Diderot, who, in 1755, summarized in his essay *Encyclopedia*: "If man or the thinking, observing being is banished from the surface of the earth, this moving and sublime spectacle of nature is nothing but a sad and silent scene. The universe is dumb; silence and night overtake it. Everything changes into a vast solitude where unobserved phenomena occur in a manner dark and mute."[1]

Initially, the artist who draws and films drawings counterposes his work to disappearance and leaves open to where the astronaut's path may lead. After all, Thomas More's *Utopia* contains both–the non-place (Outopia) and the good place (Eutopia).

---

1 Denis Diderot, "Encyclopedia" [1755], in: *The Encyclopedia of Diderot & d'Alembert Collaborative Translation Project*, trans. Philip Stewart (Ann Arbor: Michigan Publishing, University of Michigan Library, 2002), vol. 5, pp. 635–648A, here p. 641.

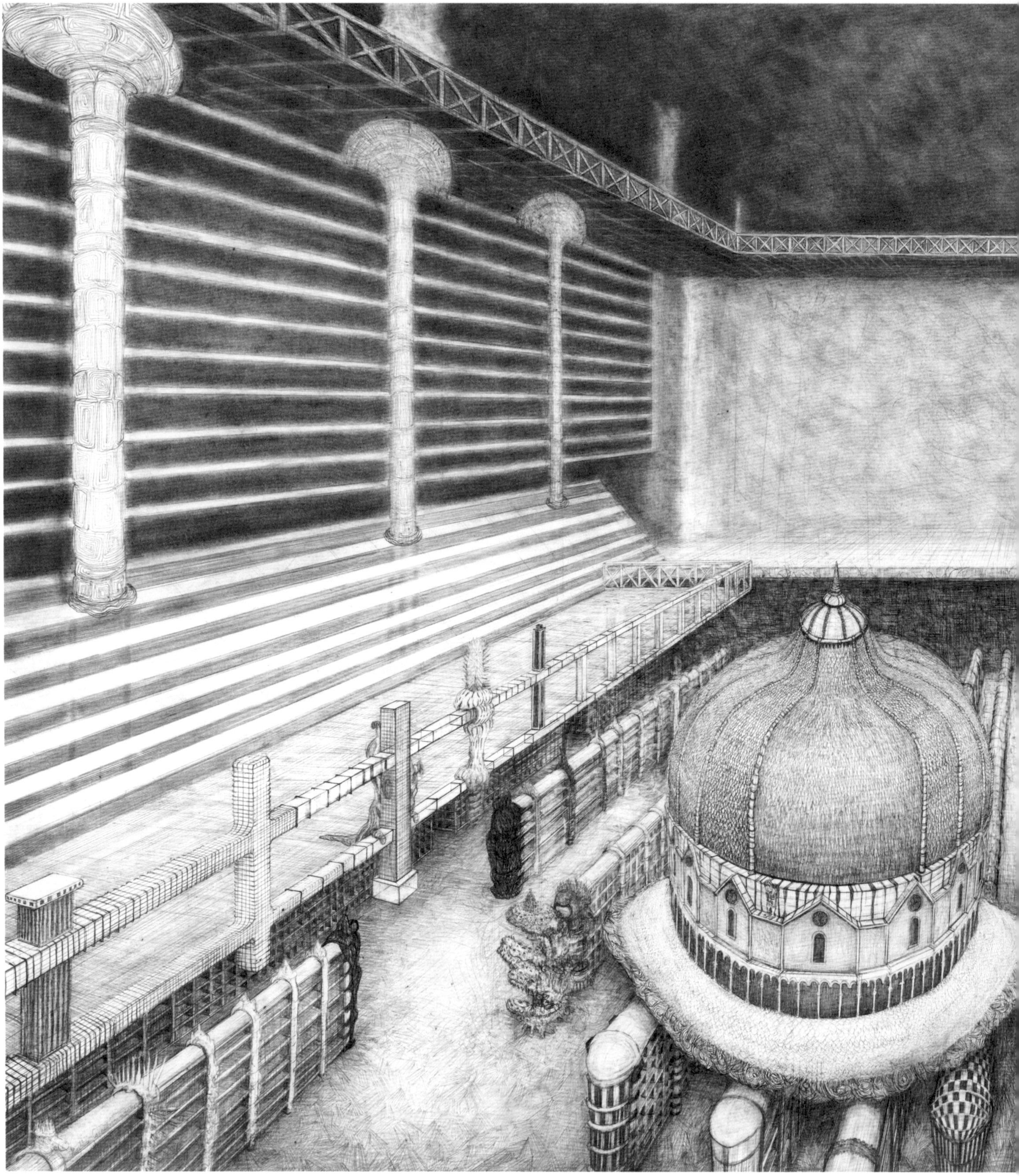

Underworld II, 2014

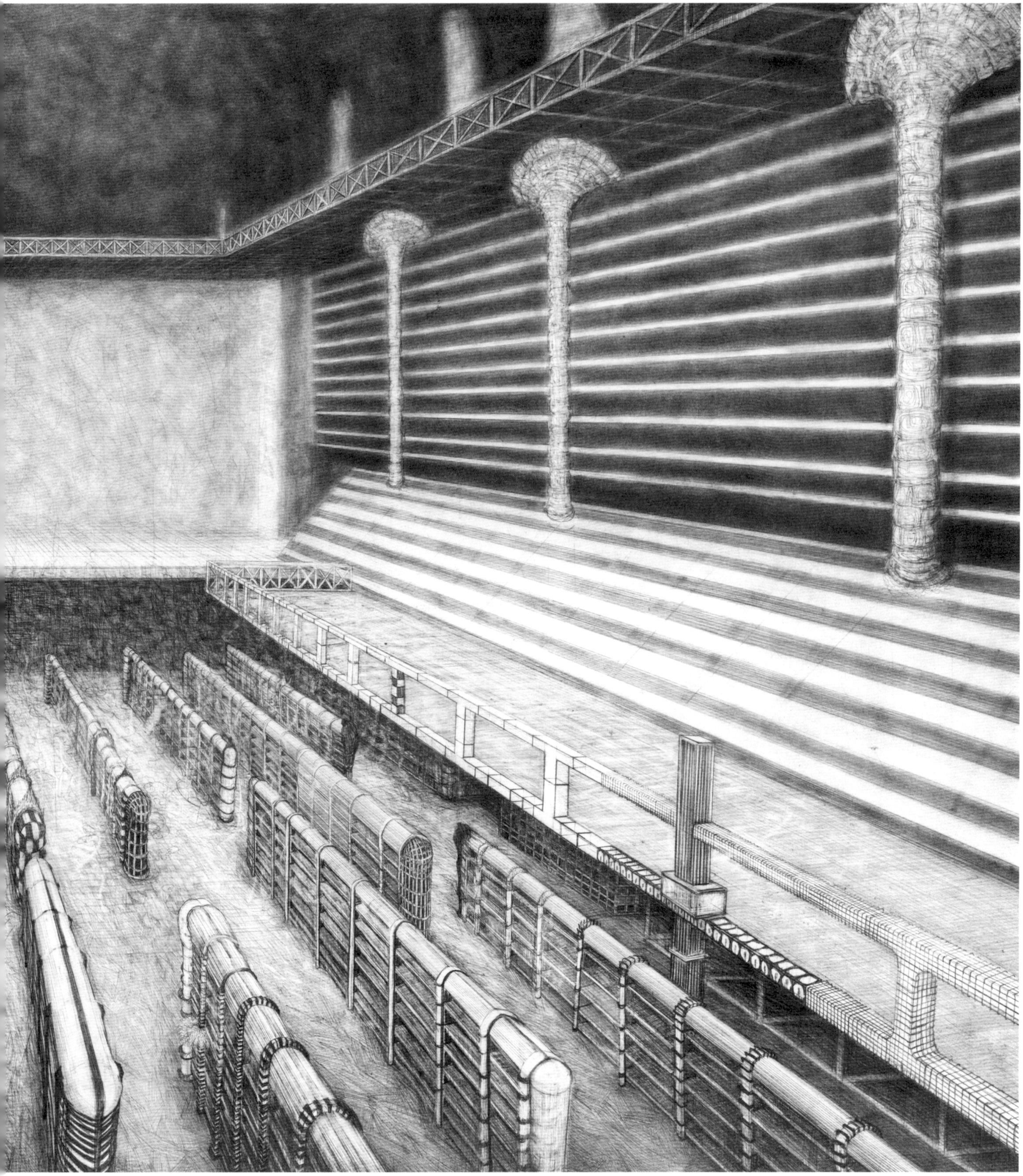

ROBBIE CORNELISSEN CURRICULUM VITAE

1954
Geboren in Utrecht, Niederlande / born in Utrecht, The Netherlands

Lebt und arbeitet in Utrecht / Lives and works in Utrecht

1973–1980
Studium der Biologie und Ökologie an der Rijksuniversiteit Utrecht / Studies of Biology and Ecology at the Rijksuniversiteit Utrecht

1982–1984
Studium an der Vrije Academie voor Beeldende Kunsten, Den Haag / Studies at the Vrije Academie voor Beeldende Kunsten, Den Haag

1984–1987
Studium an der Gerrit Rietveld Academie Academie, Amsterdam / Studies at the Gerrit Rietveld Academie, Amsterdam

2001–2004
Mitglied des Kunstbeirats der Provinz Utrecht / Member of the Advisory Commitee of Art for the Province of Utrecht

2001–2010
Mitglied des Beirats für Zeichnung der Provinz Utrecht / Member of the Advisory Commitee of Drawing for the Province of Utrecht

2006–2020
Lehrauftrag an der ArtEZ, Arnheim, Enschede und Zwolle / Teaching at ArtEZ, Arnhem, Enschede and Zwolle

2013
Gewinner des Boellaardprijs / Winner of the Boellaardprijs

2015
The Black Room, Gewinner des Jury-Preises des Holland Animation Film Festivals / Winner of the jury prize of Holland Animation Film Festival

2018
Gastkurator für *De Line Up*, einer Ausstellung für Zeichnung mit 105 Künstler*innen im Centraal Museum, Utrecht, Architektur der Ausstellung, neues Animations- und Zeichnungsprojekt für die Besucher*innen / Guest curator for *De Line Up*, an exhibition for drawing with 105 artists at Centraal Museum, Utrecht, architecture of the show, new animation and drawing project for visitors

2018
Gewinner des Fentener van Vlissingen Culture Award / Winner of Fentener van Vlissingen Culture Award

EINZELAUSSTELLUNGEN / SOLO EXHIBITIONS *

2021
Kunsthalle Mannheim, *Terra Nova*, Mannheim, Deutschland / Germany (Kat. / cat.)

Galerie Maurits van de Laar, *Places We Have Never Been Before*, Den Haag, Niederlande / The Netherlands (mit / with Karin van Dam)

2019
Cave – Ayumi Gallery, Tokio / Tokyo, Japan (Kat. / cat.)

Karachi Biennale, Karachi, Pakistan (mit / with Karin van Dam) (Kat. / cat.)

2018
Centraal Museum, *The Black Room*, Utrecht, Niederlande / The Netherlands

Castle of Hernen, *The Battle of Hernen*, Hernen, Niederlande / The Netherlands

Art Mûr Berlin, *The Other Room*, Berlin, Deutschland / Germany

2017
De Cacaofabriek, *Kantelpunt 1*, Helmond, Niederlande / The Netherlands (mit / with Karin van Dam)

Drawing Centre Diepenheim, *The Life of Lines*, Diepenheim, Niederlande / The Netherlands

2015
Art Mûr, Montreal, Kanada / Canada

2013
Kogan Gallery, *Anticipation*, Paris, Frankreich / France (Kat. / cat.)

Stedelijk Museum Kampen, *God is in the Details*, Kampen, Niederlande / The Netherlands

2012
Kogan Gallery, *Mémoires à venir*, Paris, Frankreich / France

Gemeentemuseum, Den Haag, Niederlande / The Netherlands (Kat. / cat.)

Centraal Museum, *Studio Vertigo*, Utrecht, Niederlande / The Netherlands (Kat. / cat.)

2005
Galleria Enrico Astuni, *Pietrasanta*, Bologna, Italien / Italy (Kat. / cat.)

GRUPPENAUSSTELLUNGEN / GROUP EXHIBITIONS *

2018
Kunstmuseum Kloster Unser Lieben Frauen, *Ambitus*, Magdeburg, Deutschland / Germany (Kat. / cat.)

2017
Solyanka State Gallery, *Dutch Ceiling*, Moskau / Moscow, Russland / Russia

2016
Hamburger Kunsthalle, *Zeichnungsräume*, Hamburg, Deutschland / Germany (Kat. / cat.)

Musée des Arts décoratifs, *Le contemporain dessin*, Paris, Frankreich / France

Horst-Janssen-Museum, *Move the Line*, Oldenburg, Deutschland / Germany (Kat. / cat.)

Galerie Maurits van de Laar, *Drawing Now*, Paris, Frankreich / France

2012
Scope Art Show, New York, NY, USA

Songzhuang Art Gallery, Peking / Beijing, China (Kat. / cat.)

Arte Buenos Aires, Galerie Mirta Demare, Buenos Aires, Argentinen / Argentina (Kat. / cat.)

Art Rotterdam, Galerie Maurits van de Laar, Rotterdam, Niederlande / The Netherlands (Kat. / cat.)

2011
Scope Art Show Basel, Galerie Maurits van de Laar, Basel, Schweiz / Switzerland (Kat. / cat.)

Biennale d'art contemporain de Lyon, *Une terrible beauté est née*, Lyon, Frankreich / France (Kat. / cat.)

* Auswahl / selection

The Black Room

2018

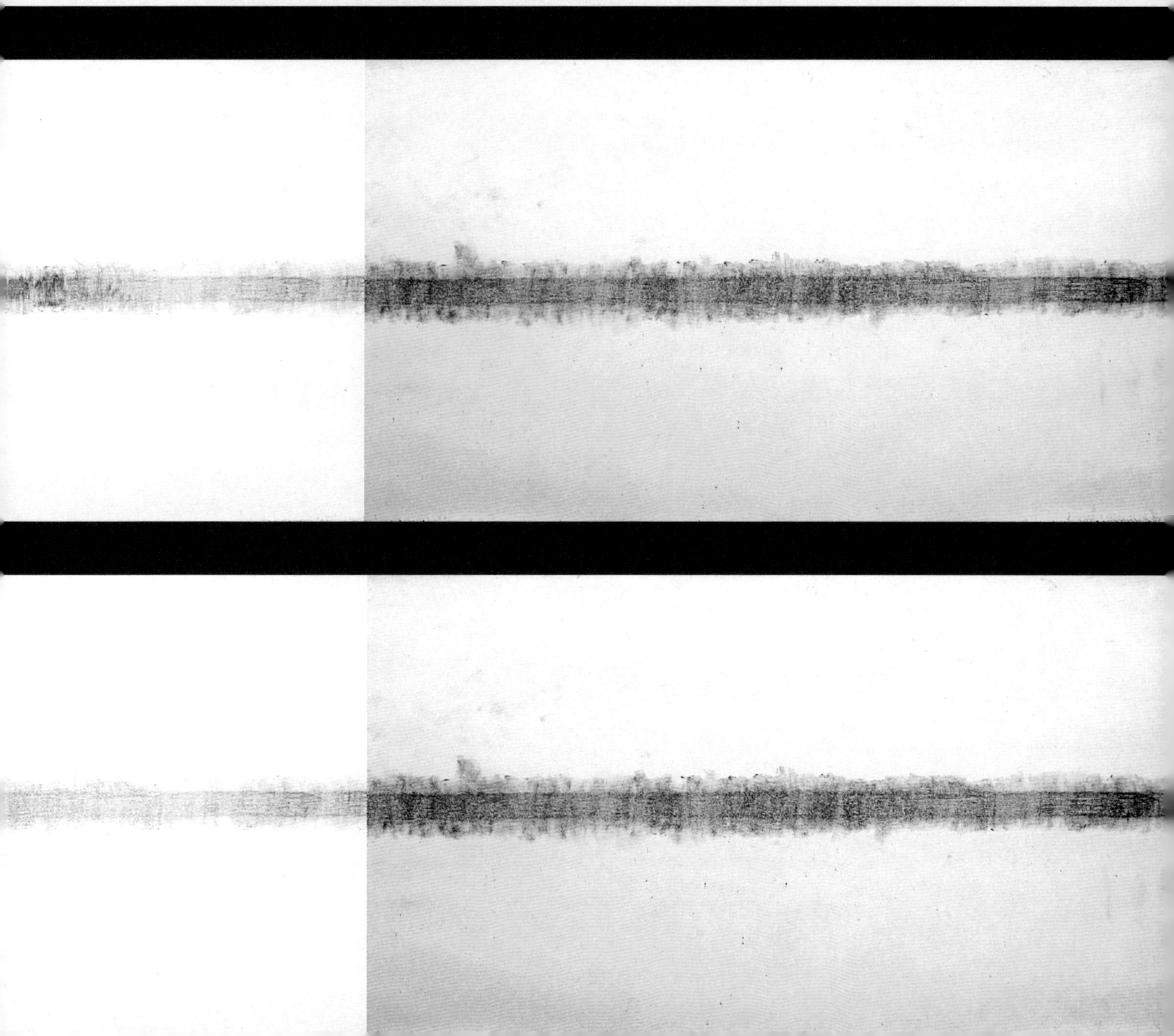

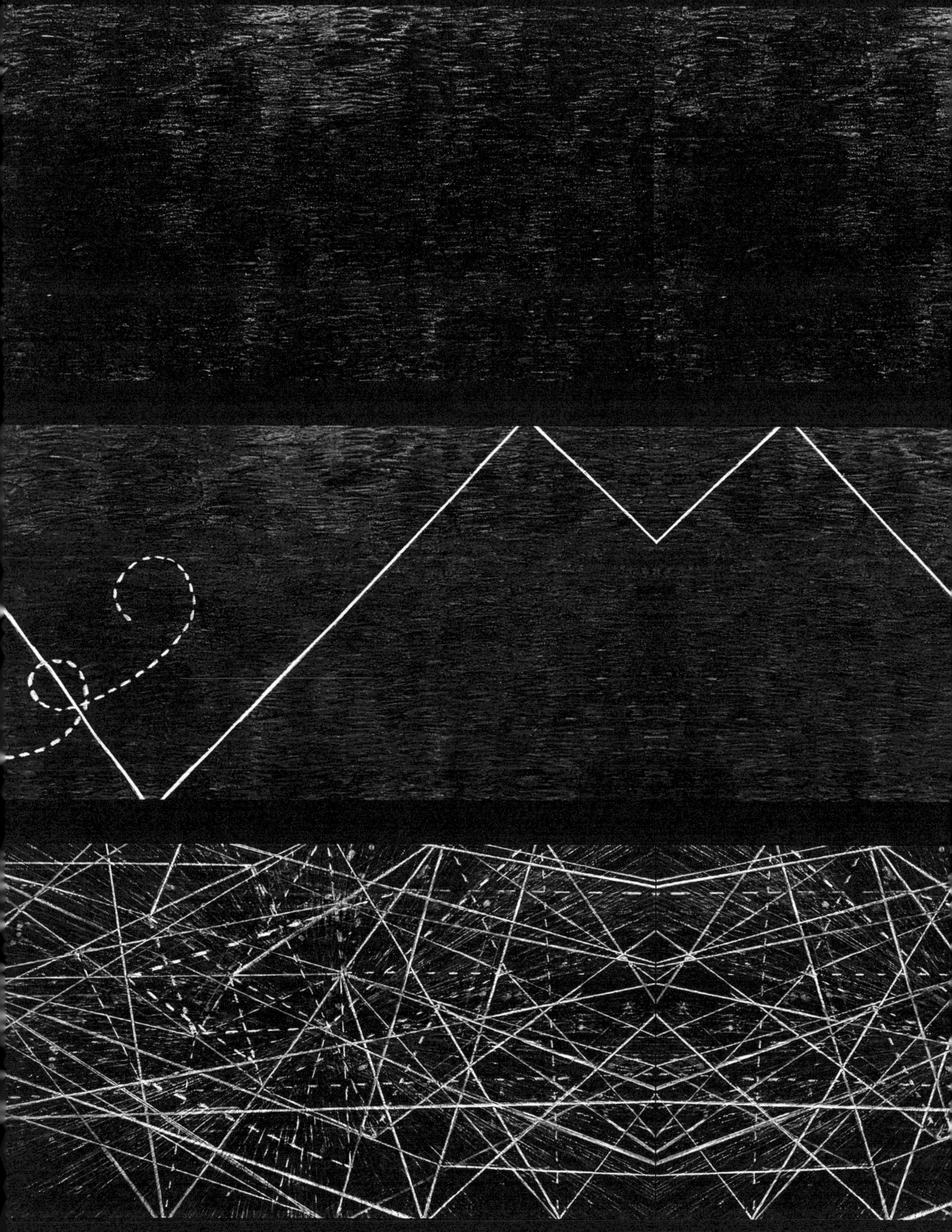

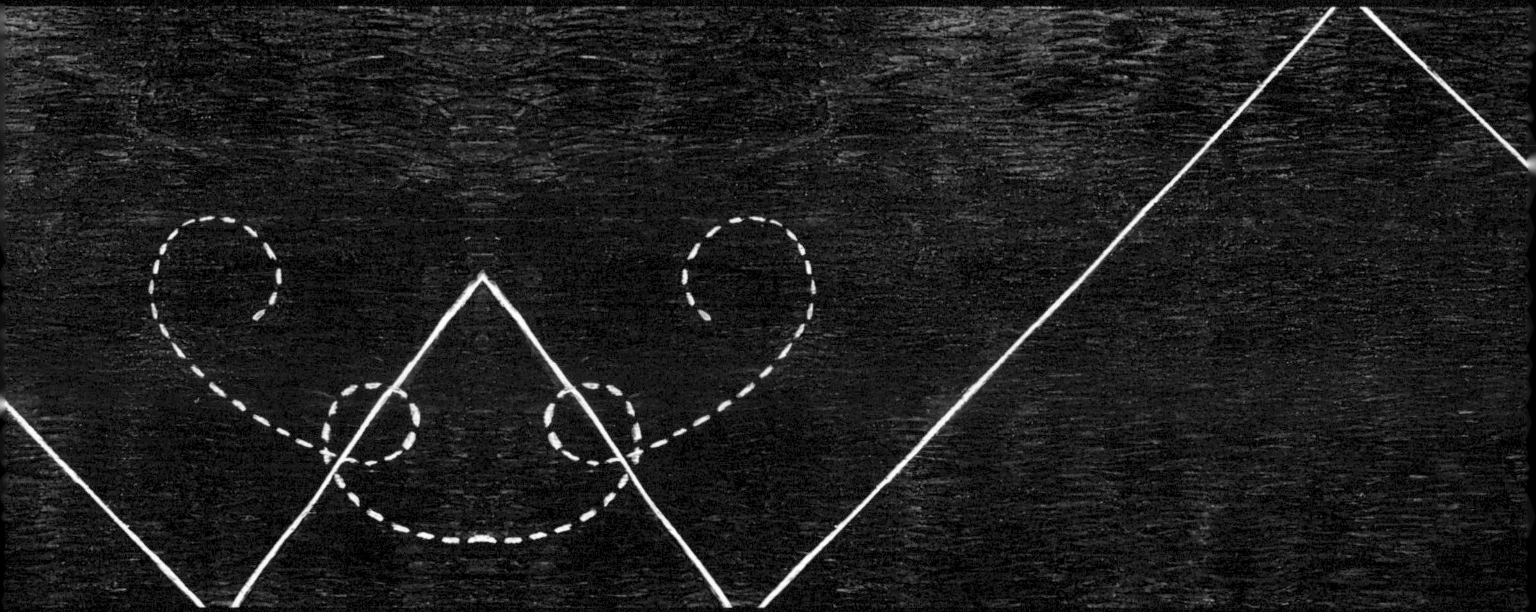

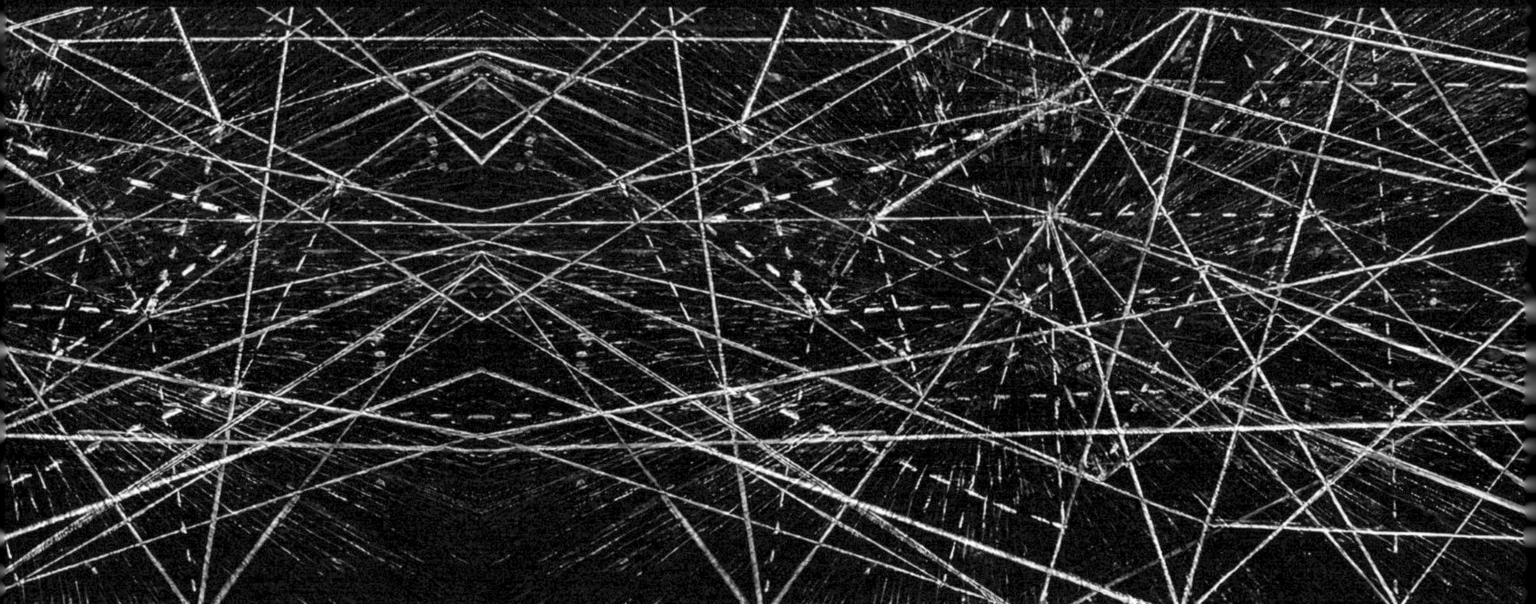

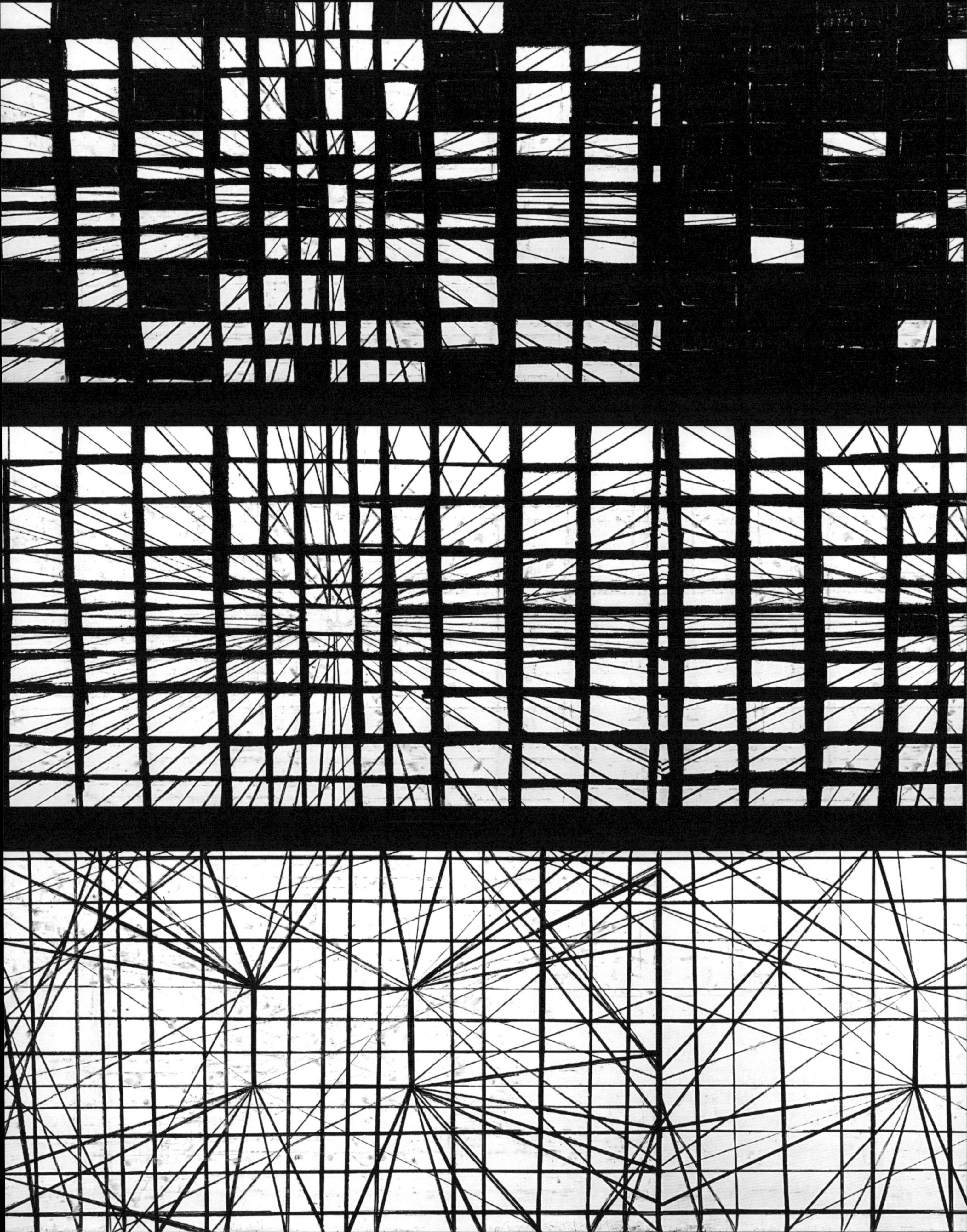

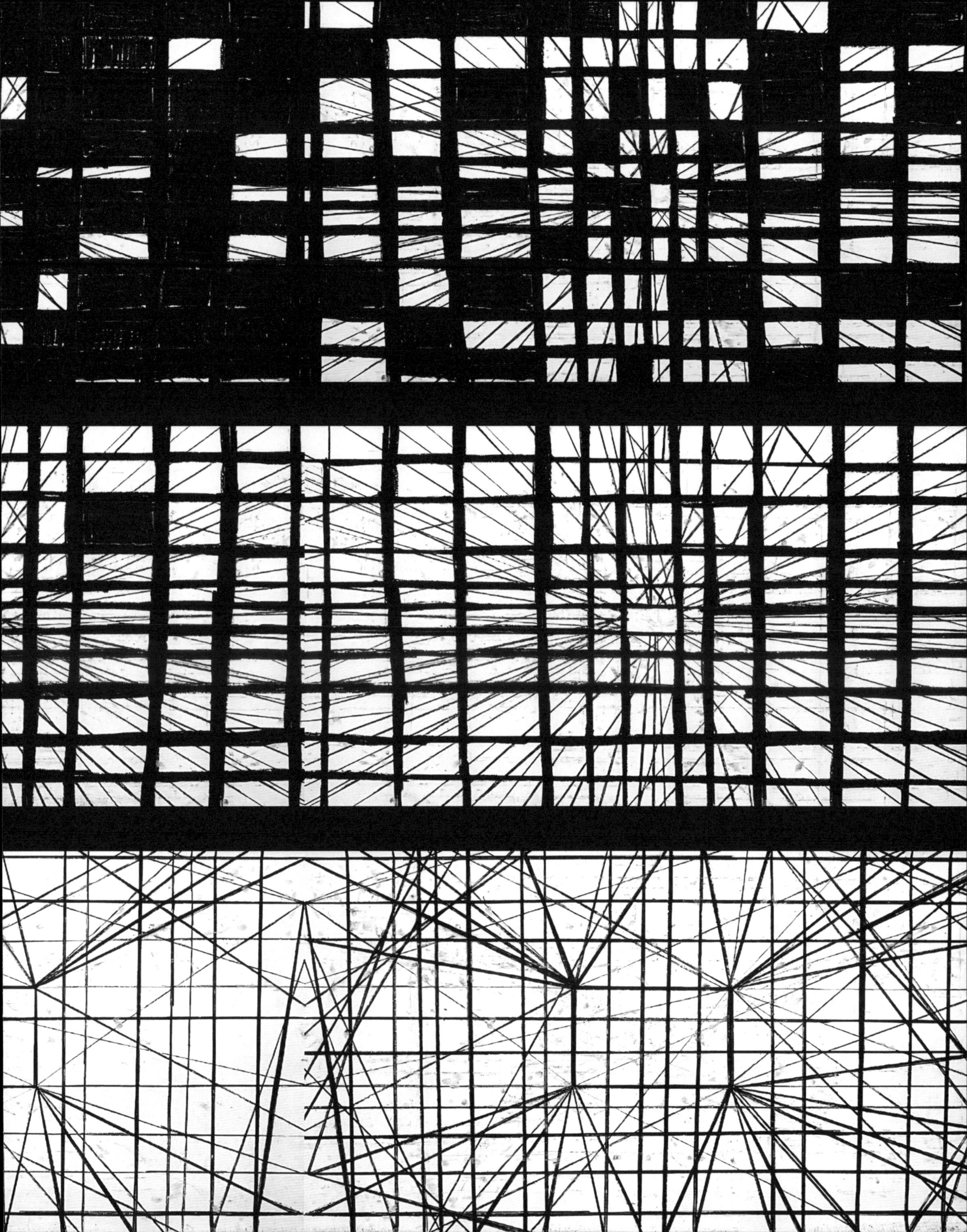

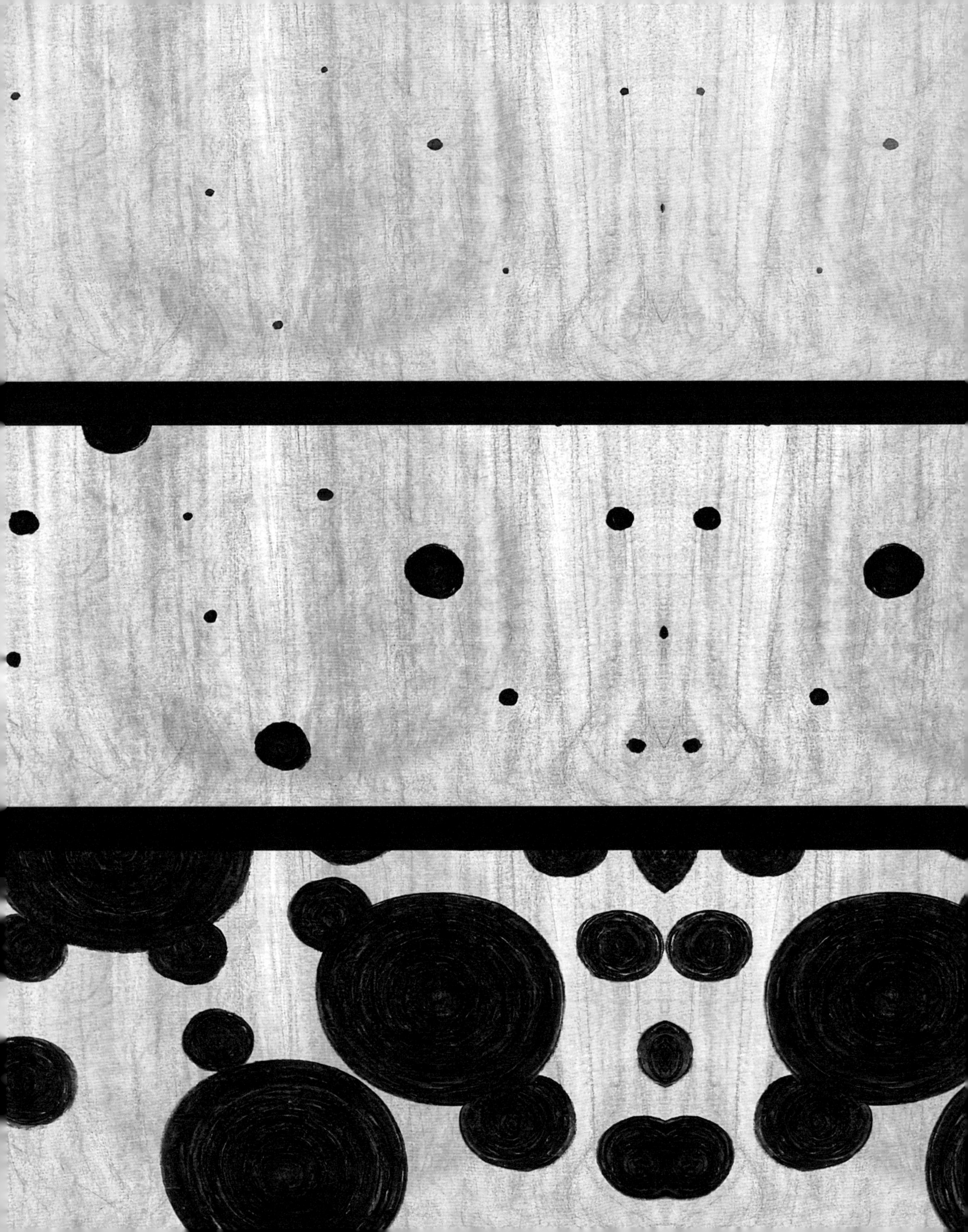

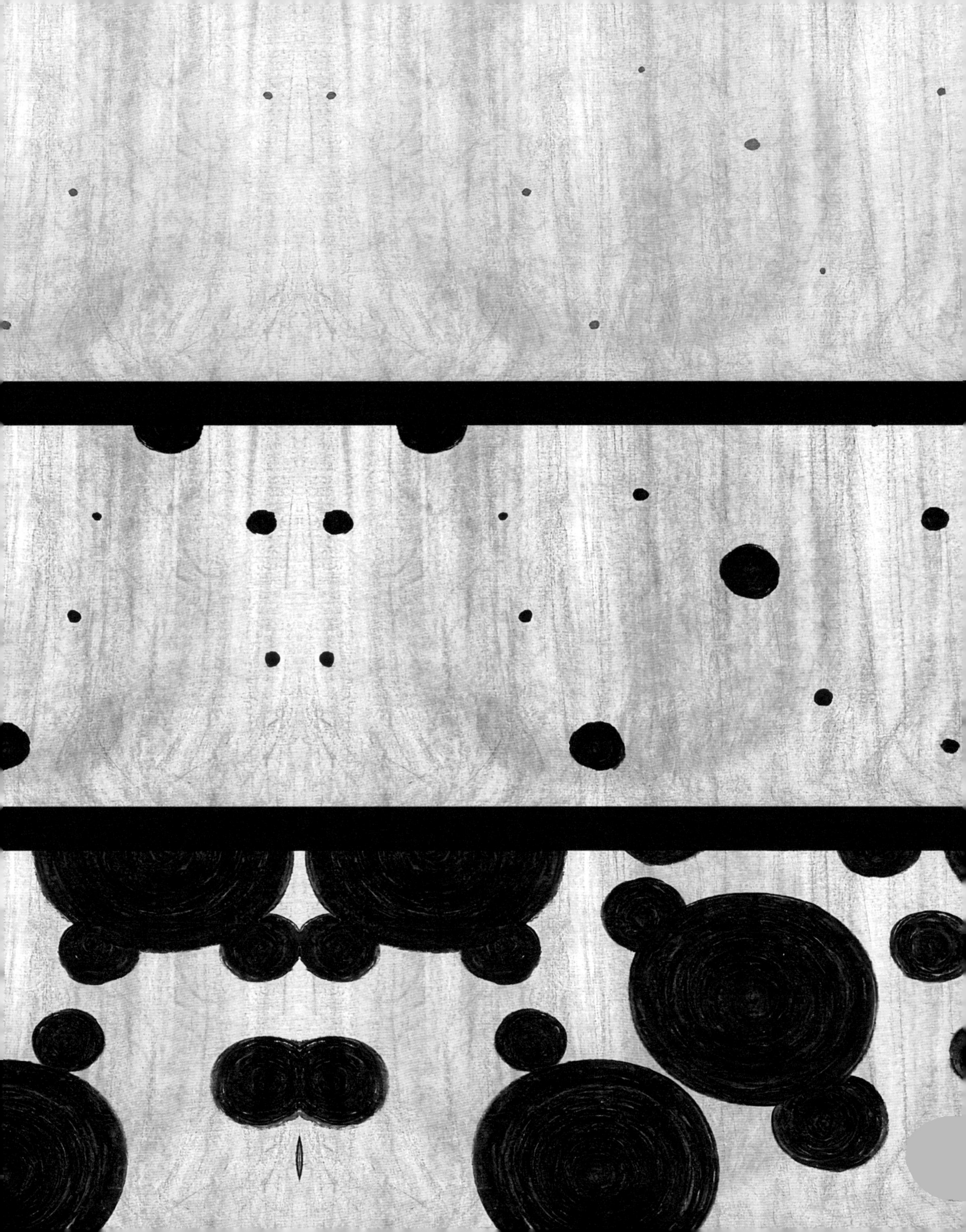

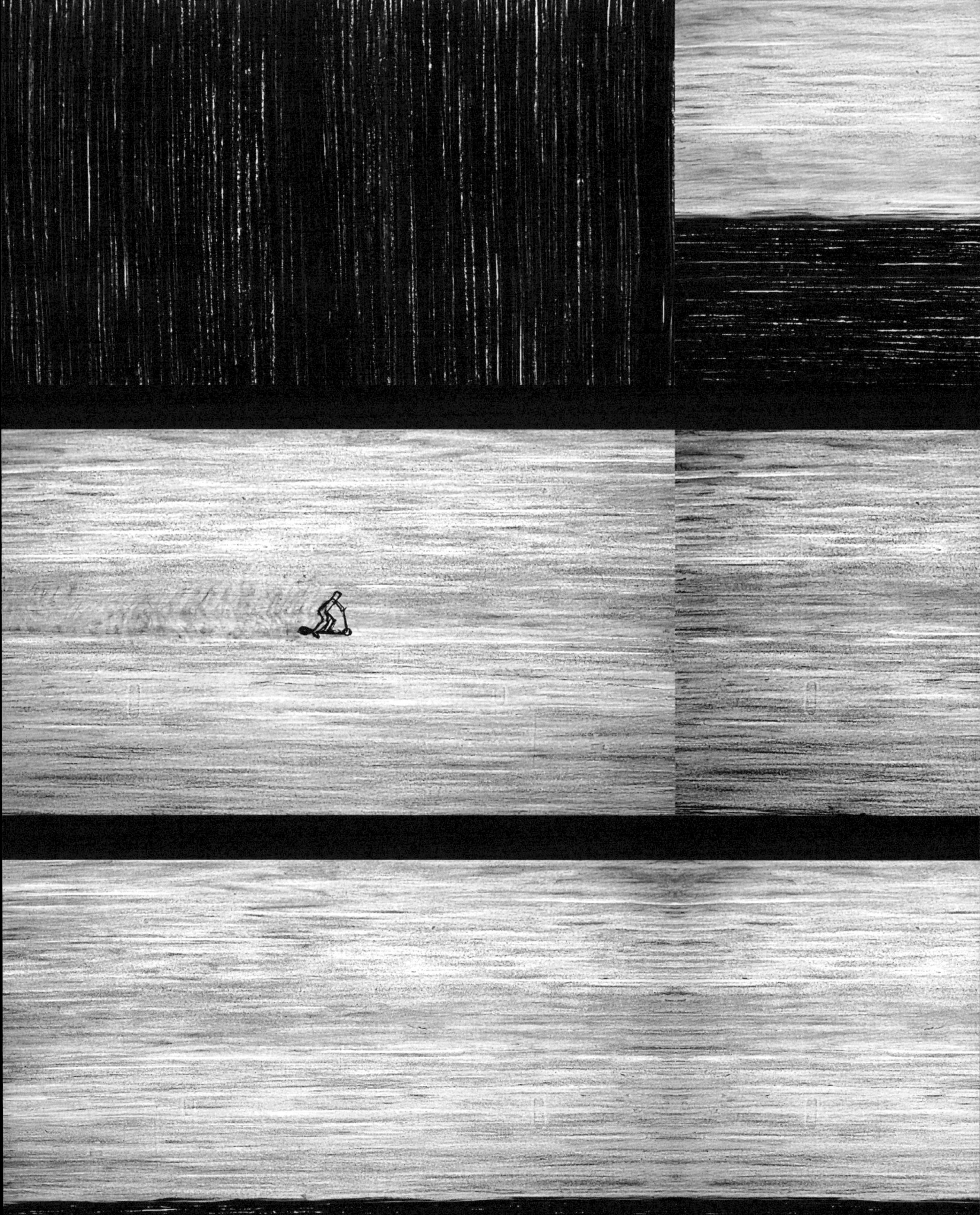

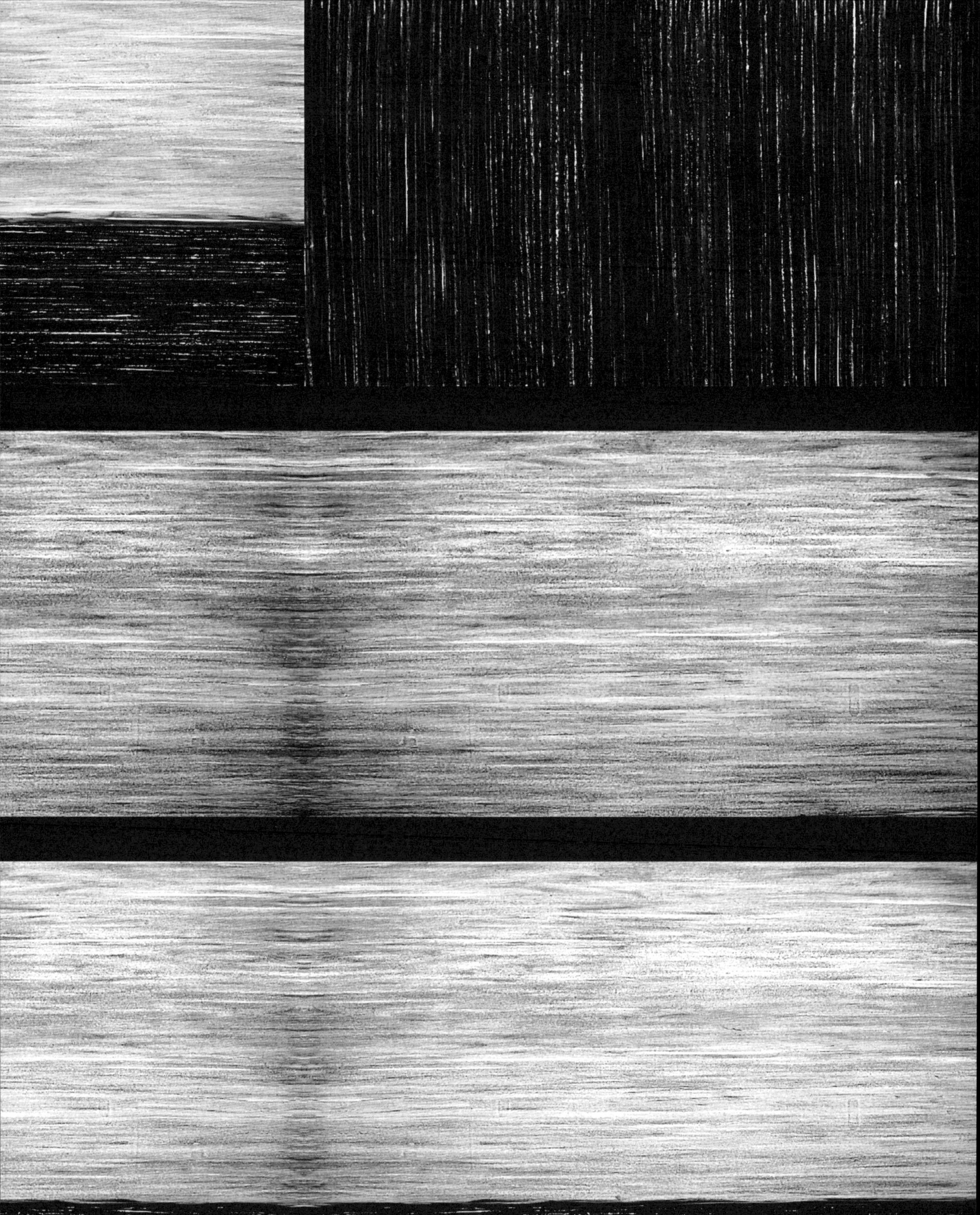

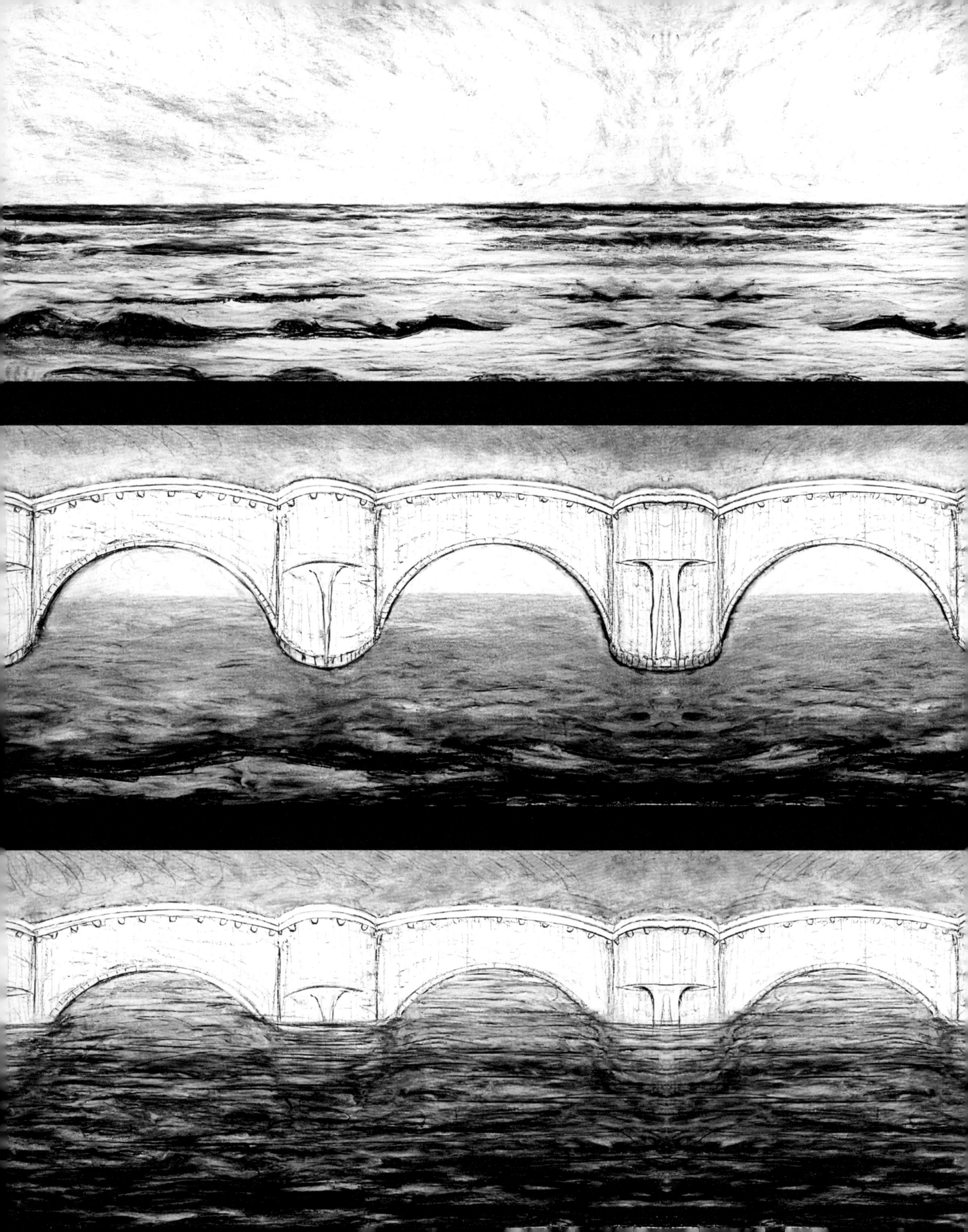

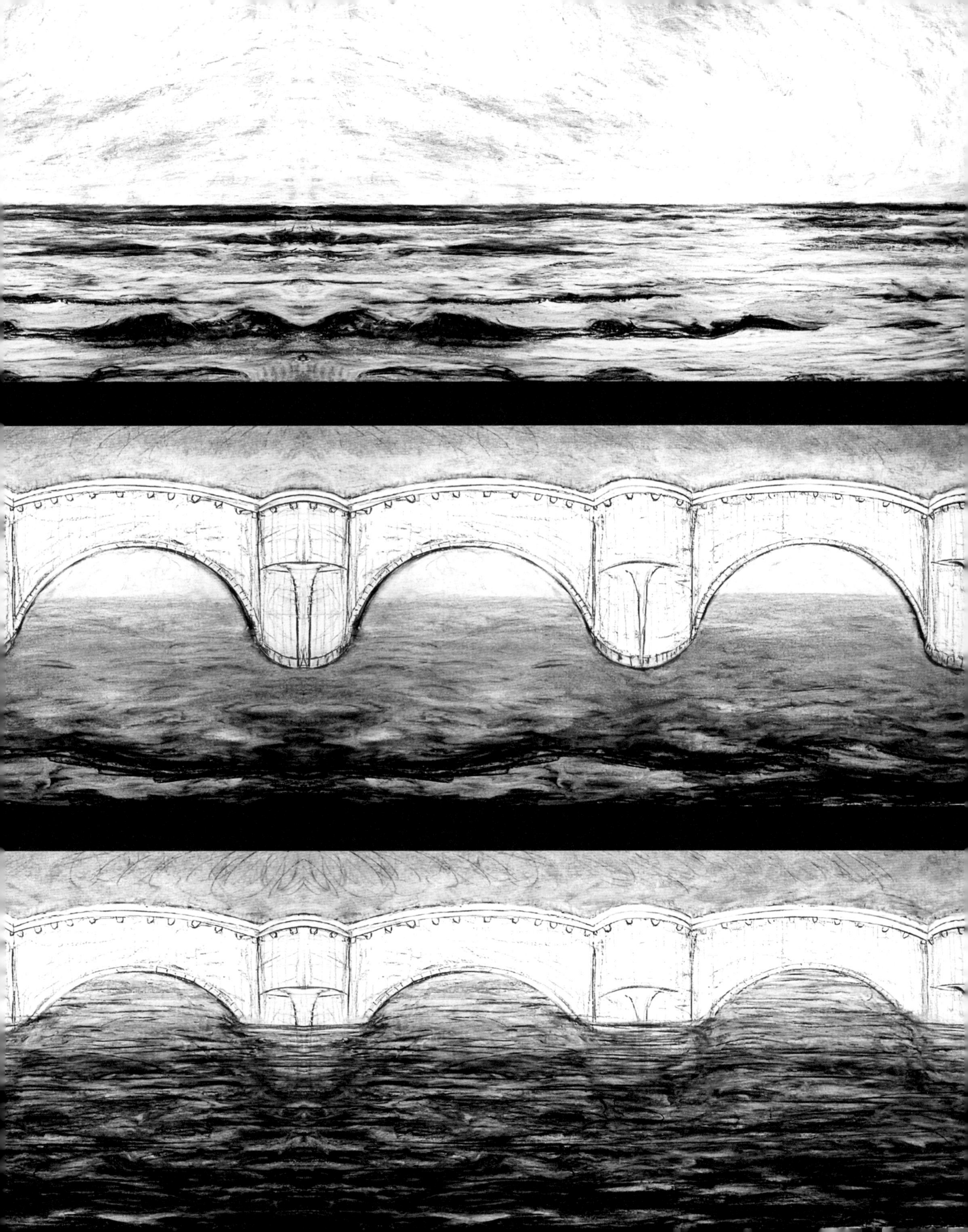

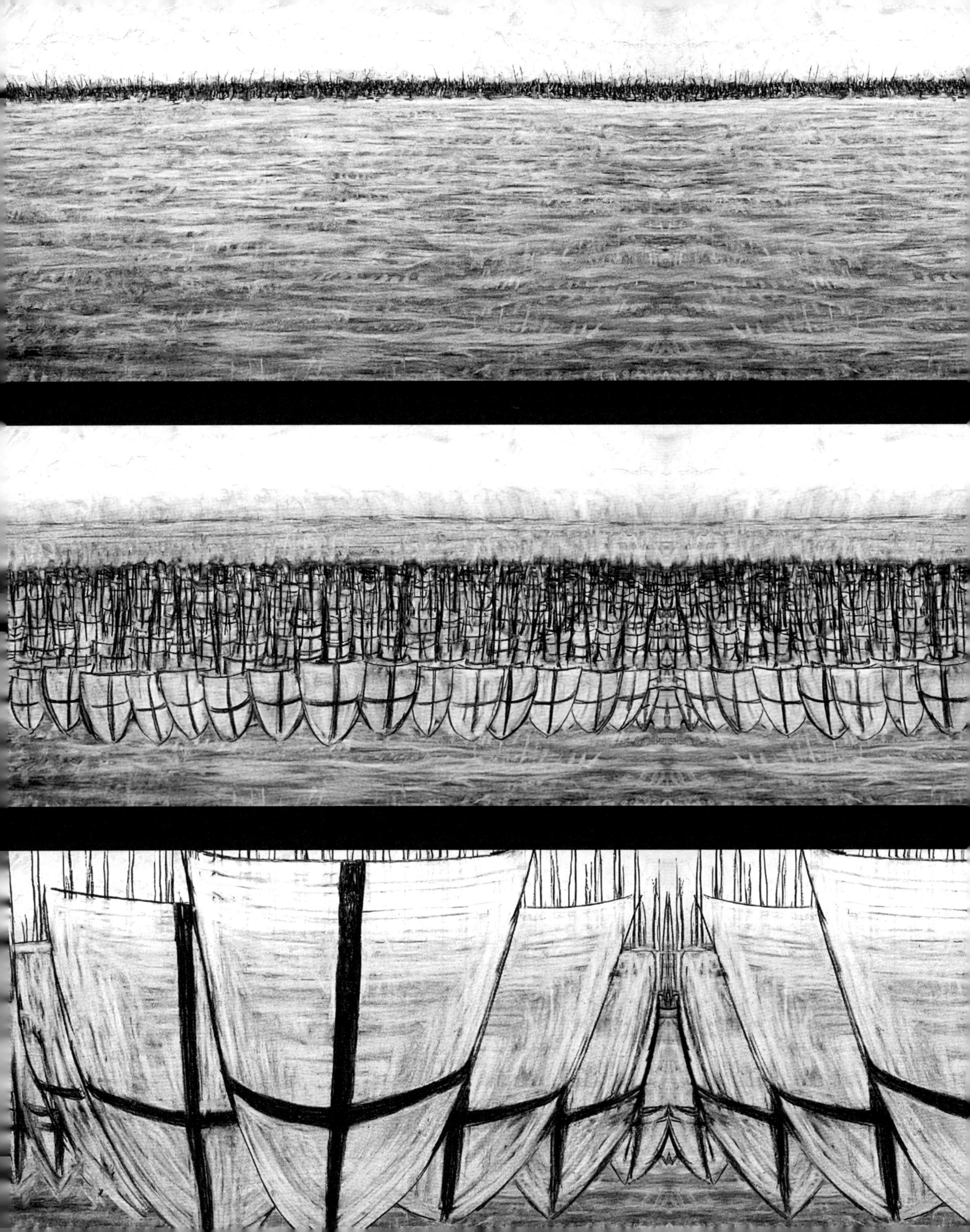

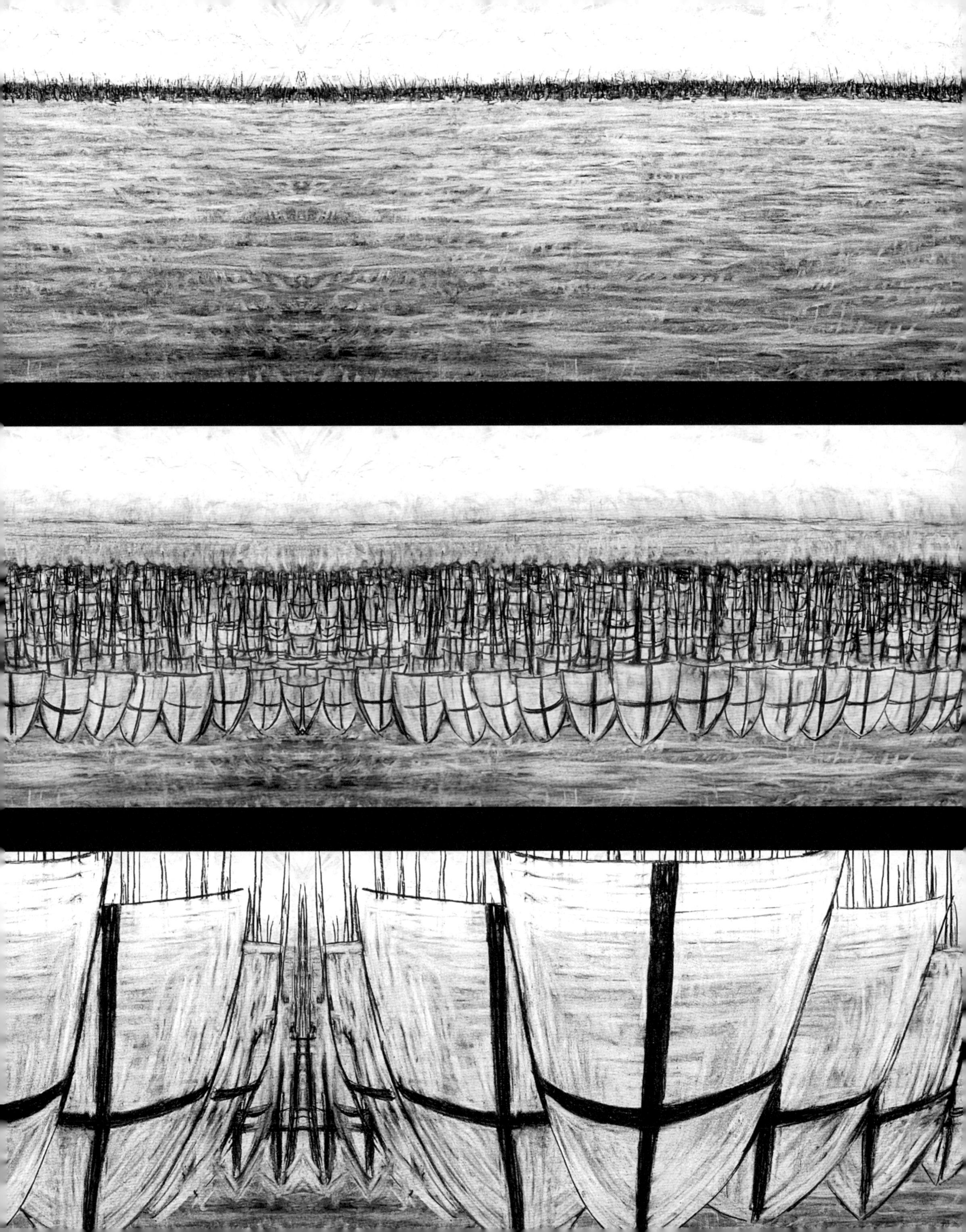

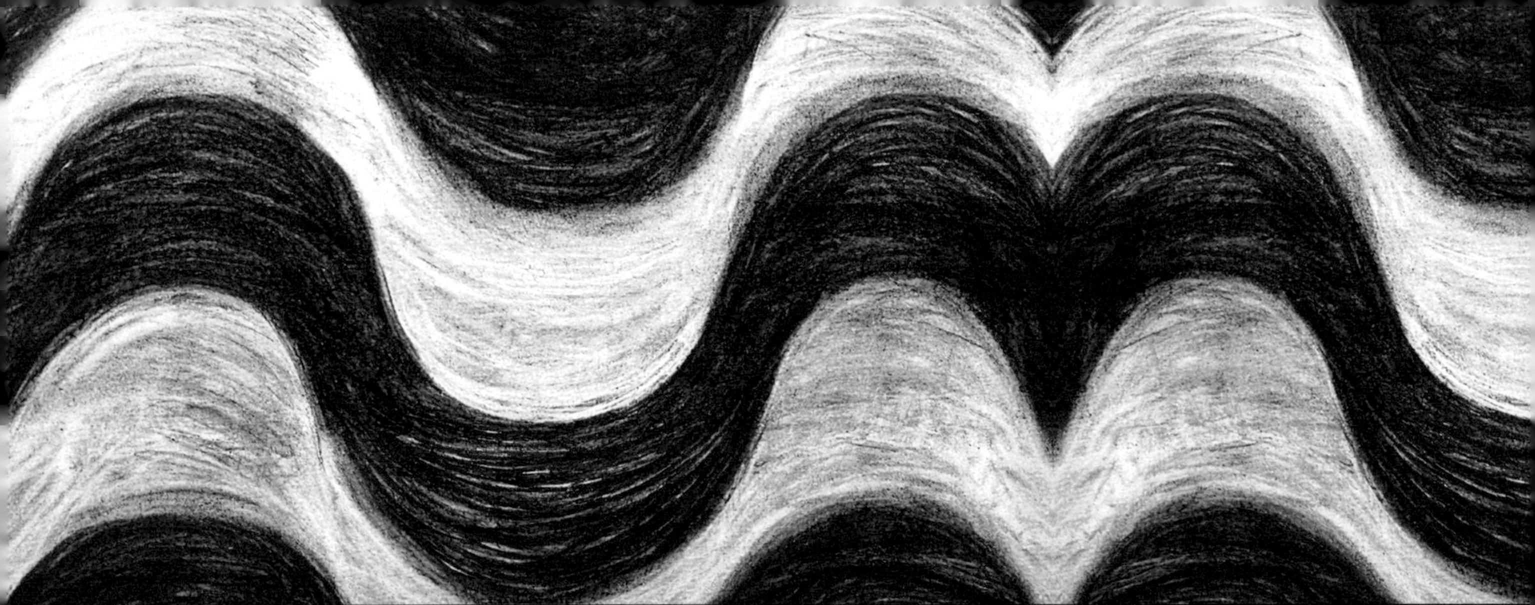

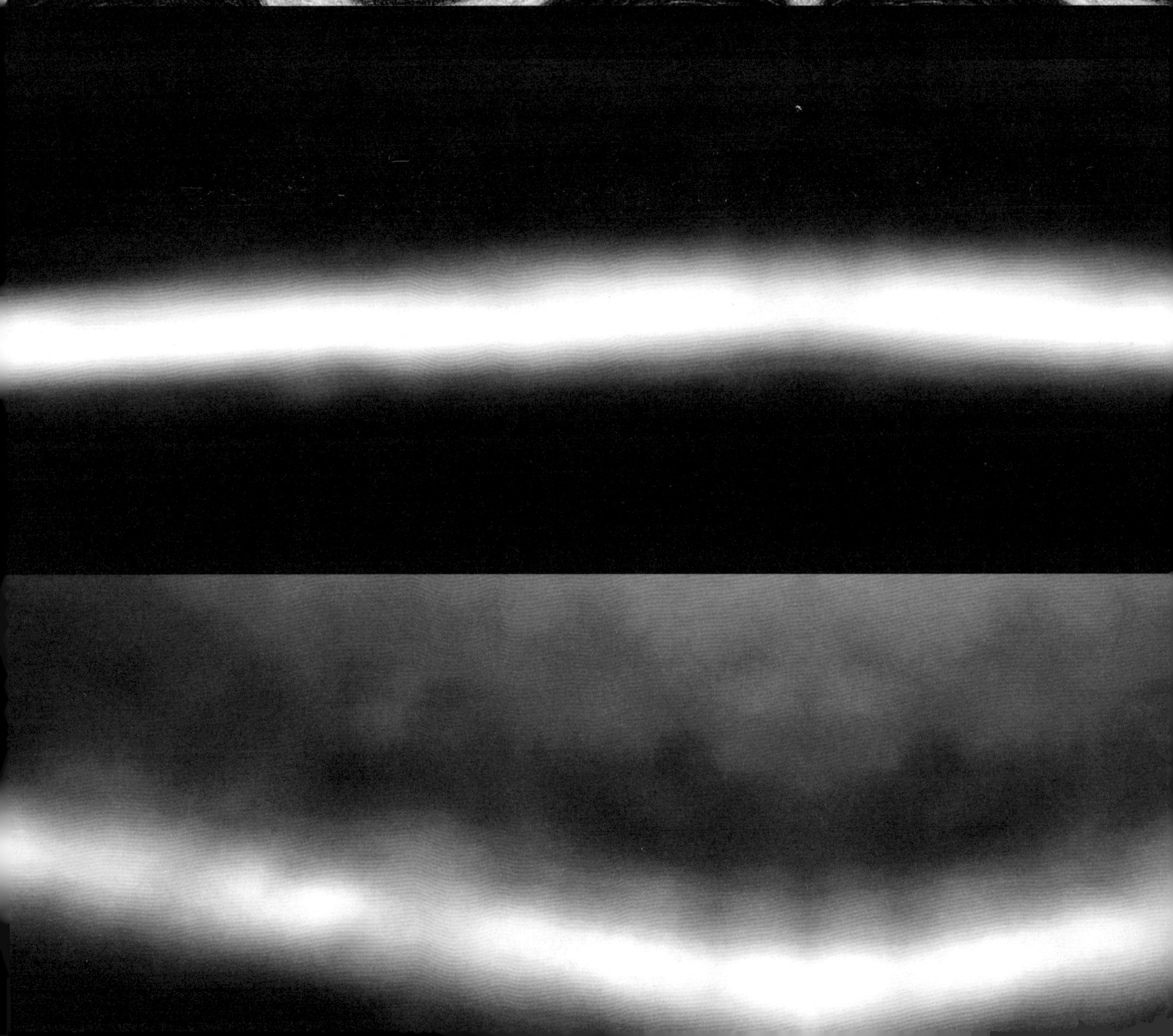

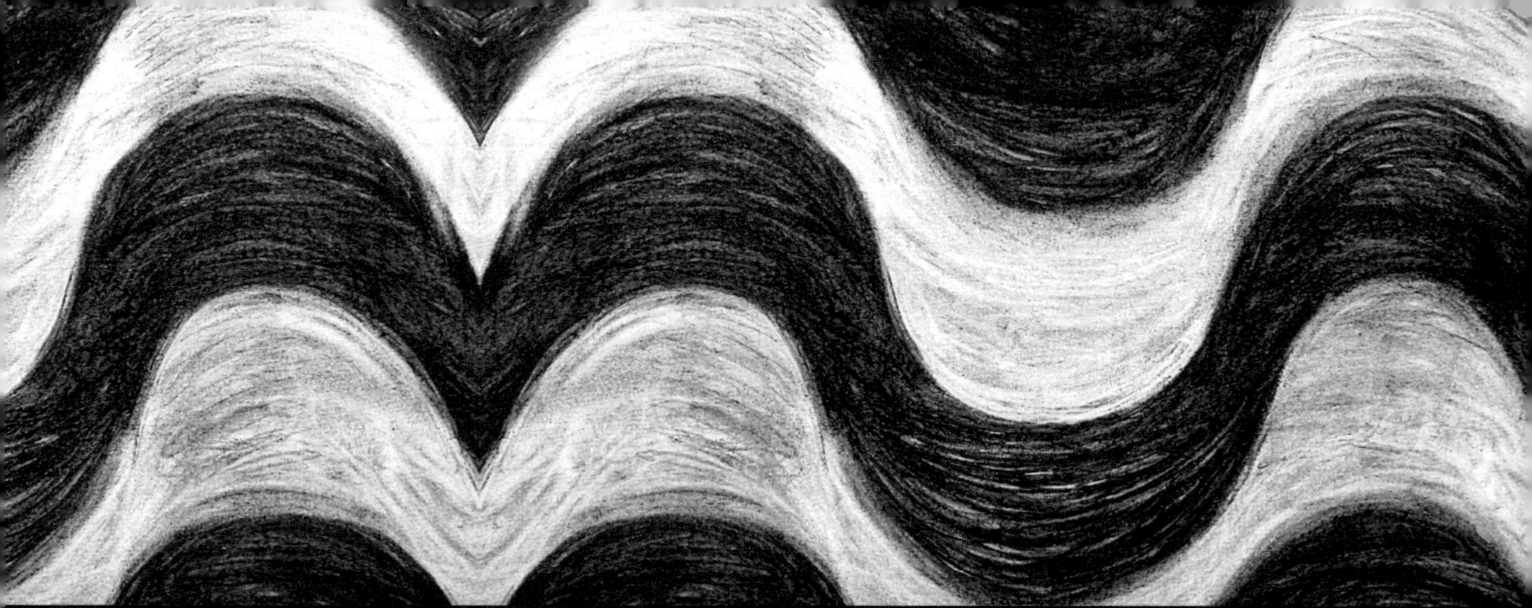

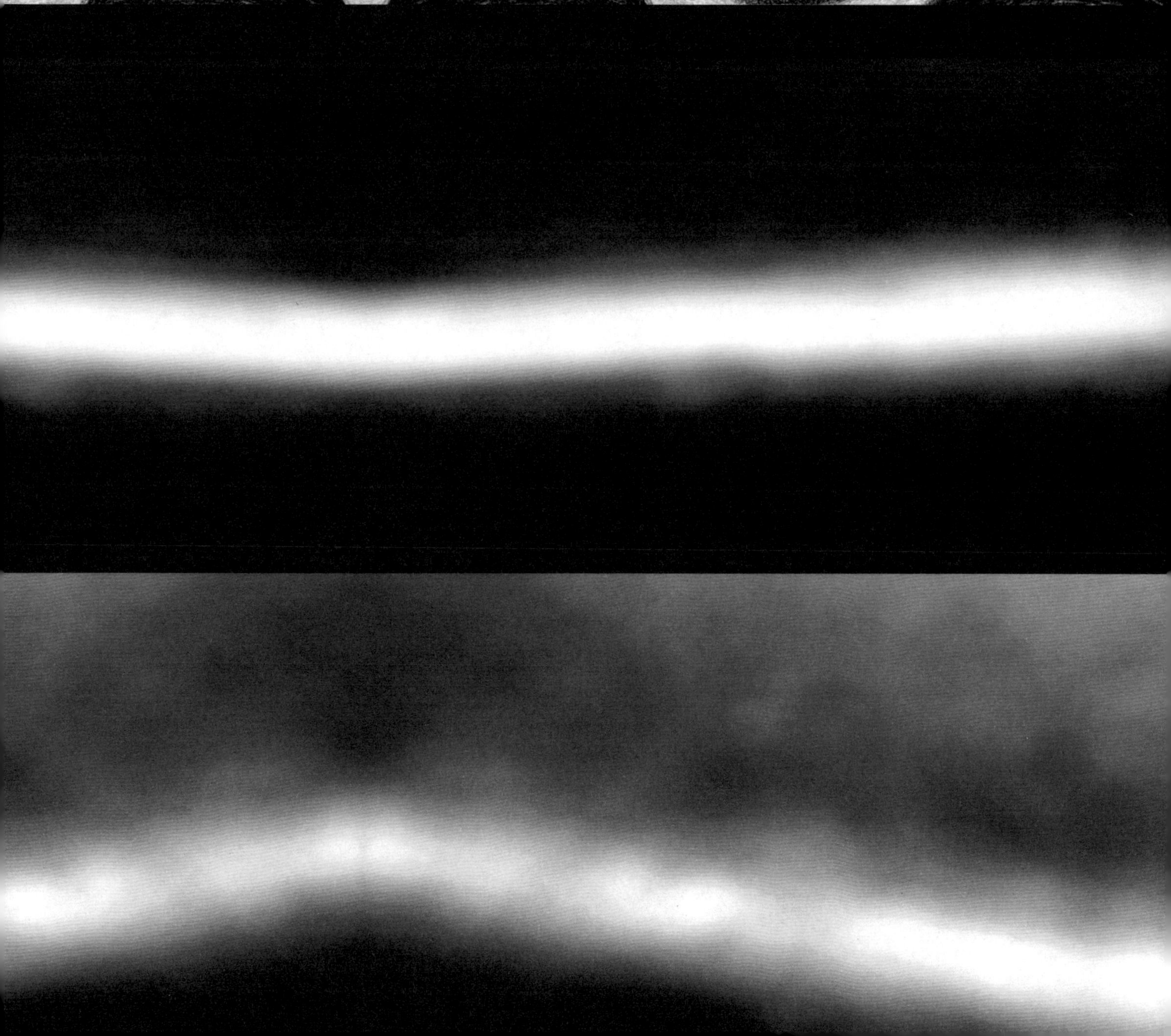

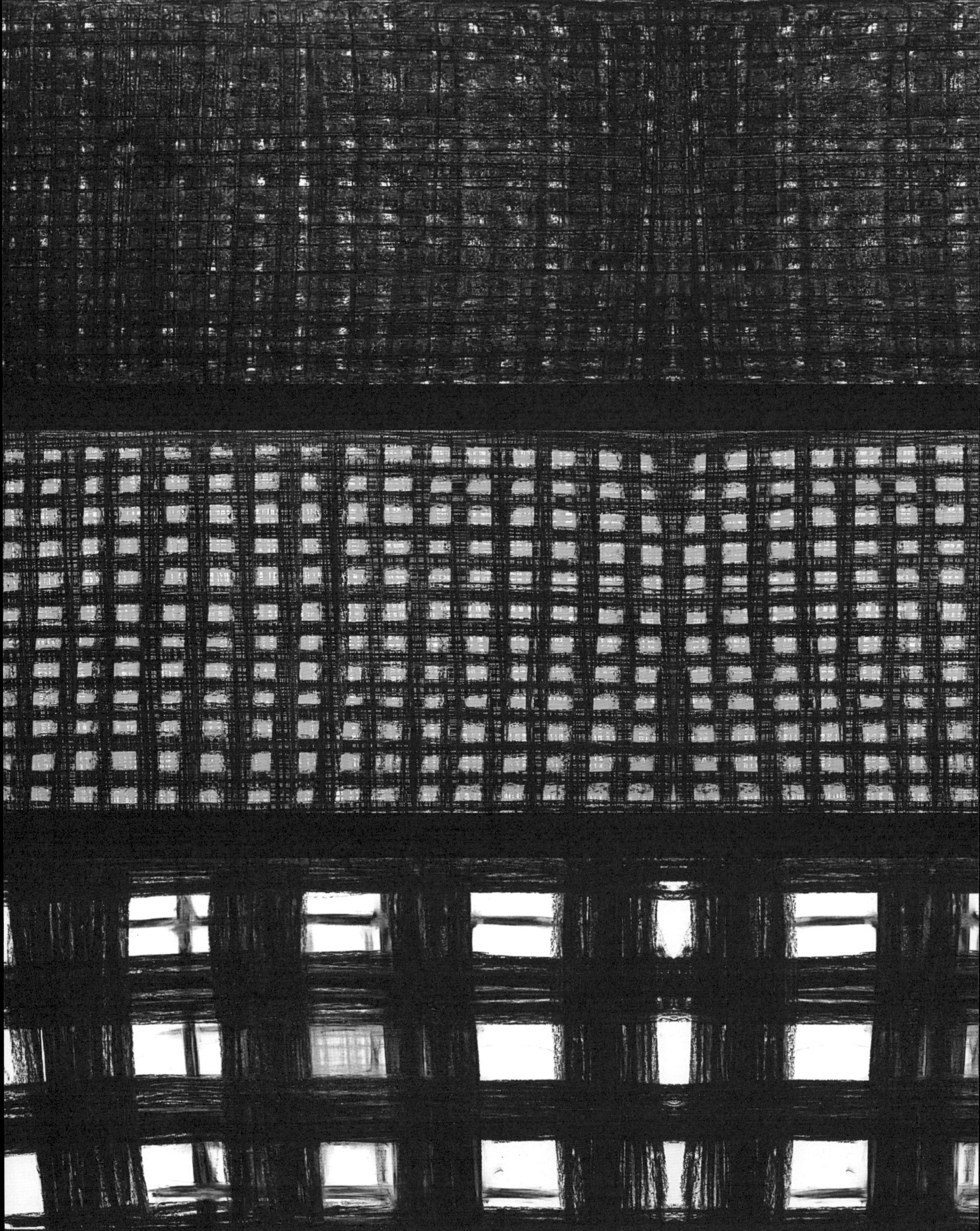

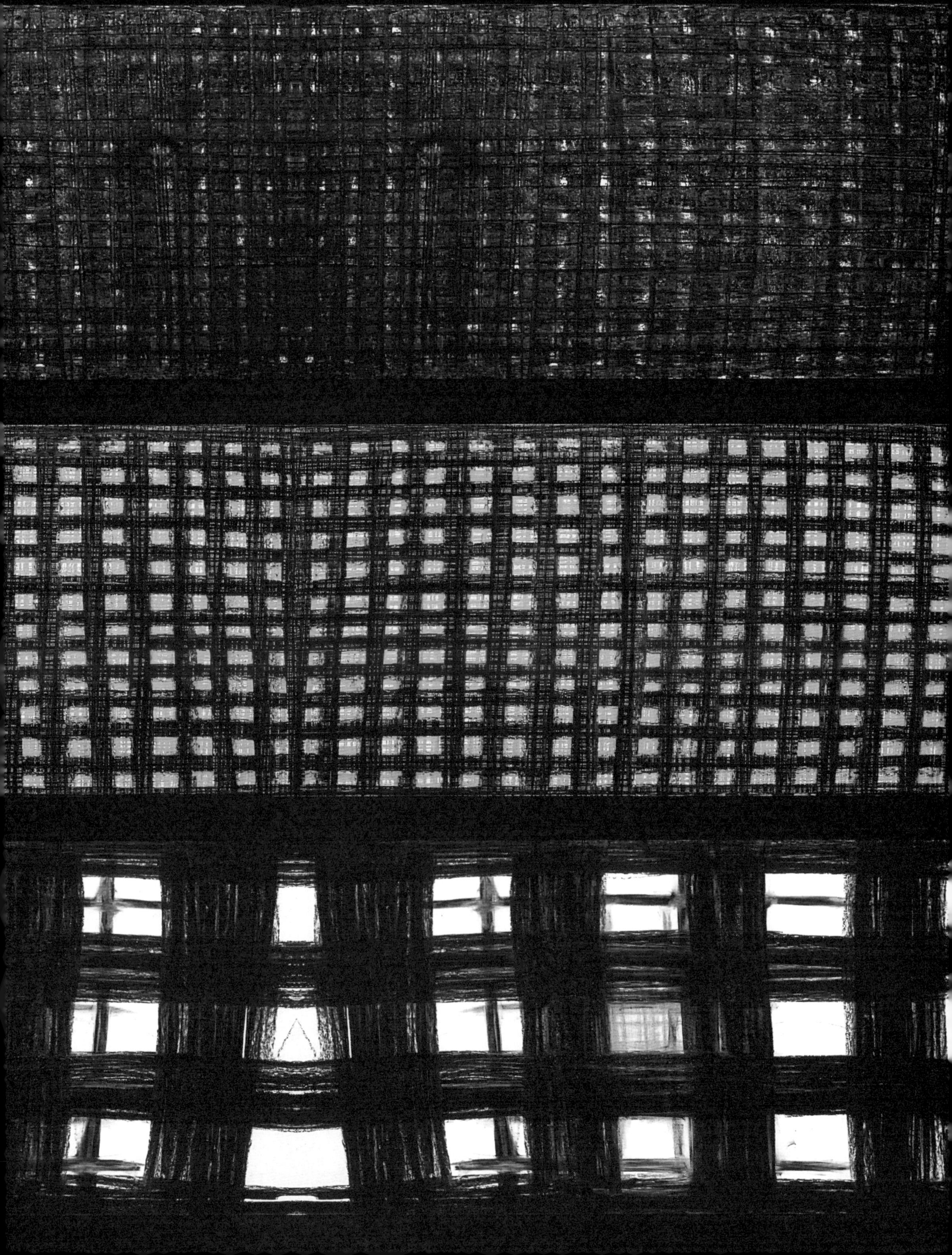

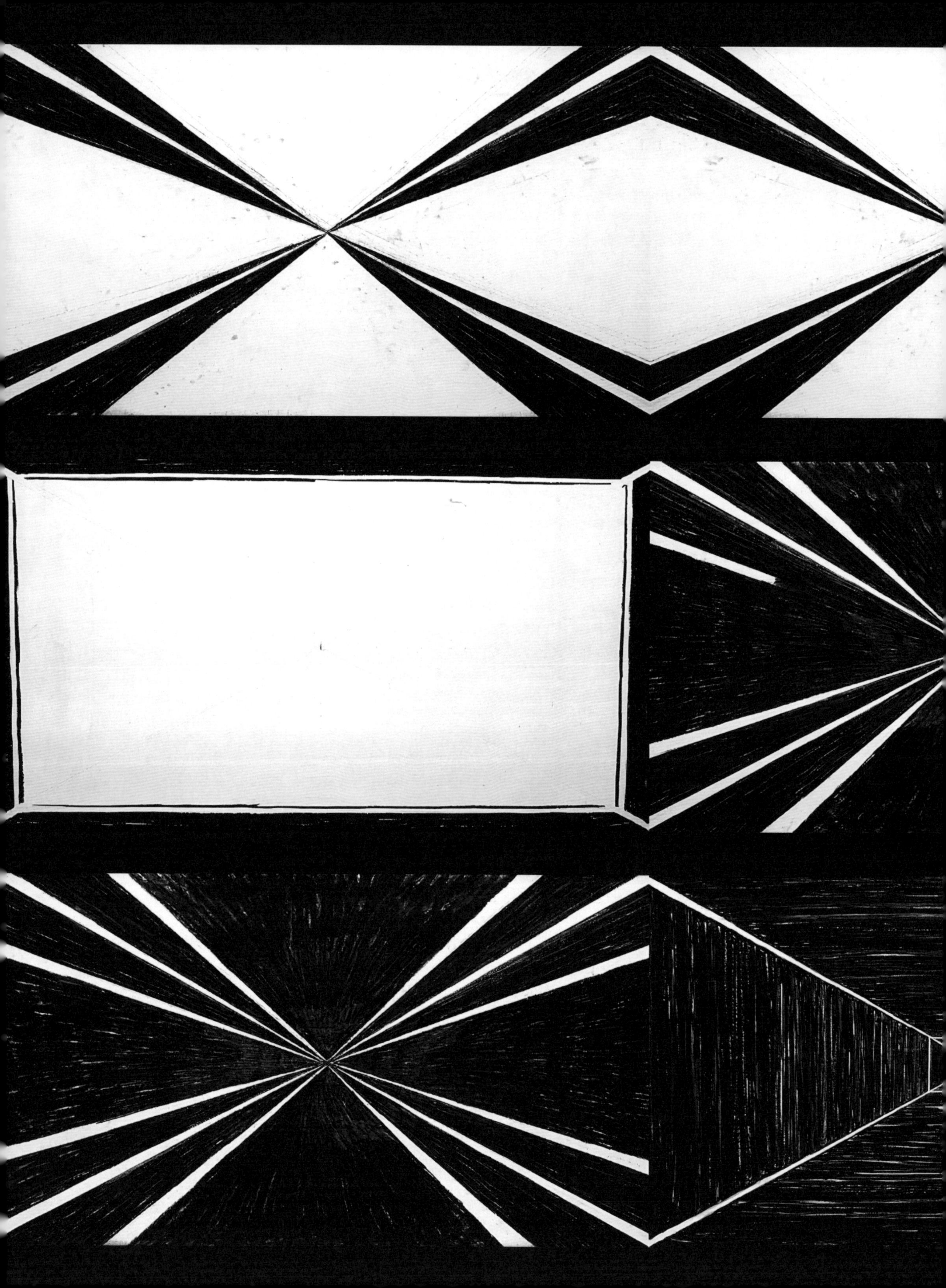

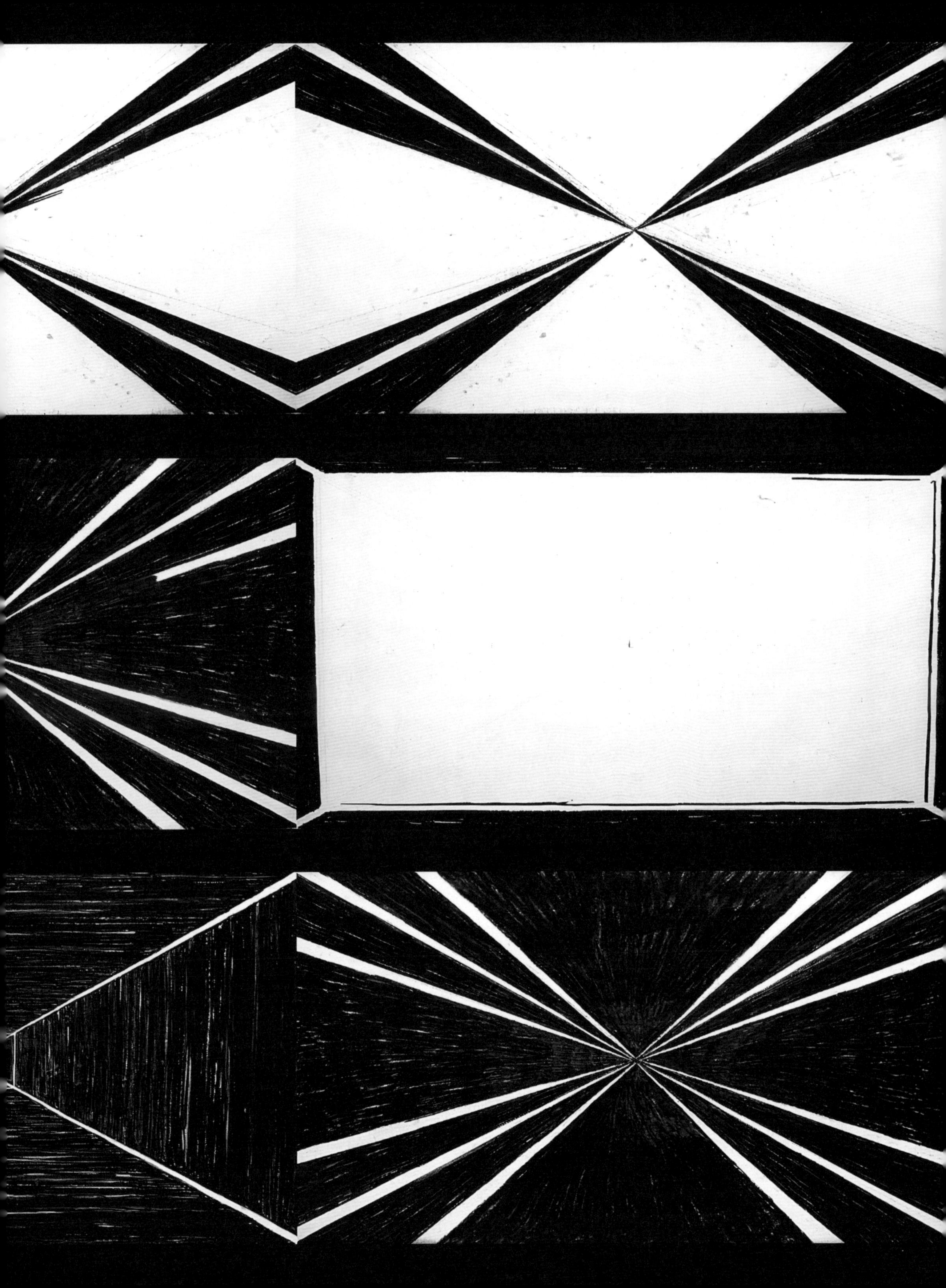

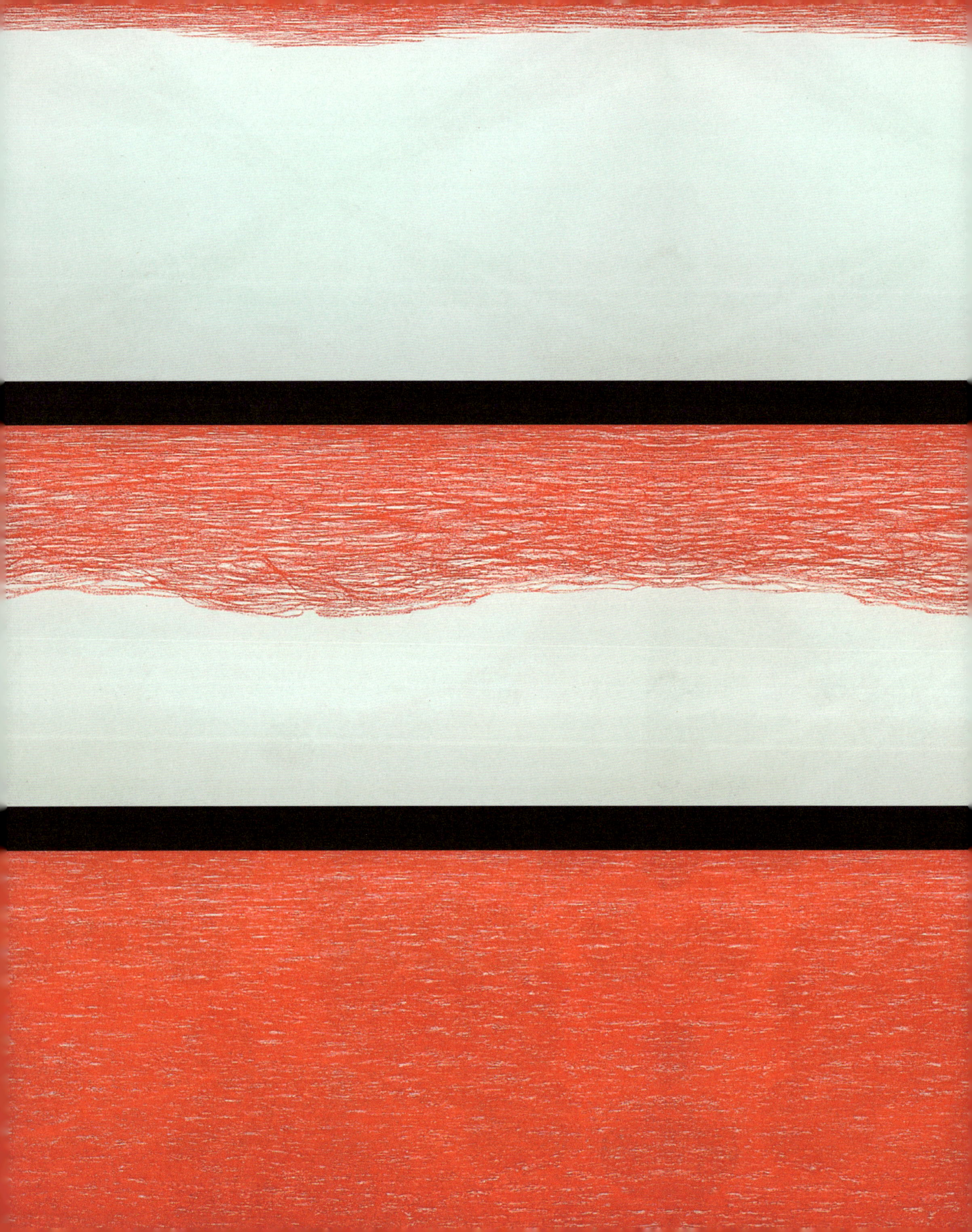

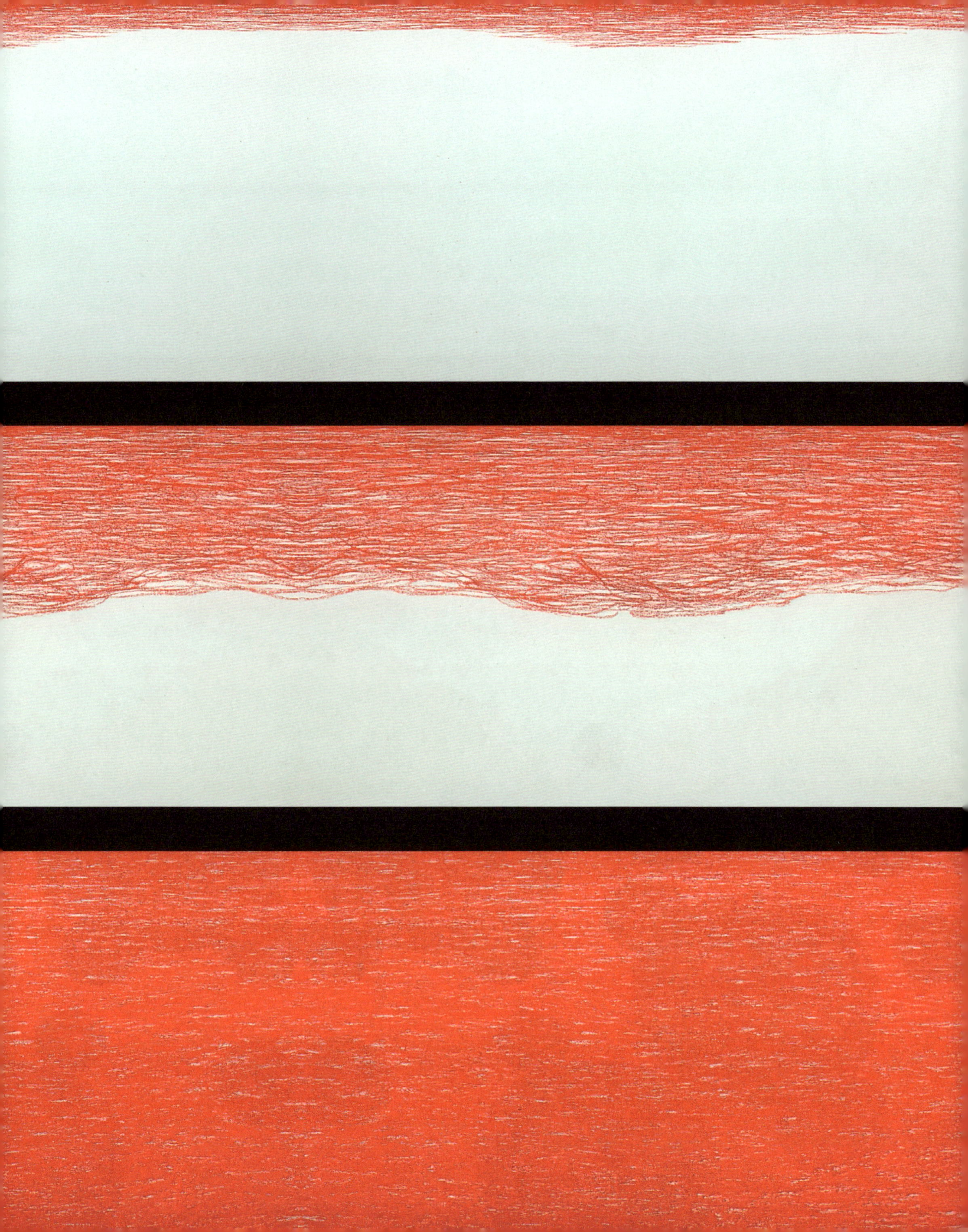

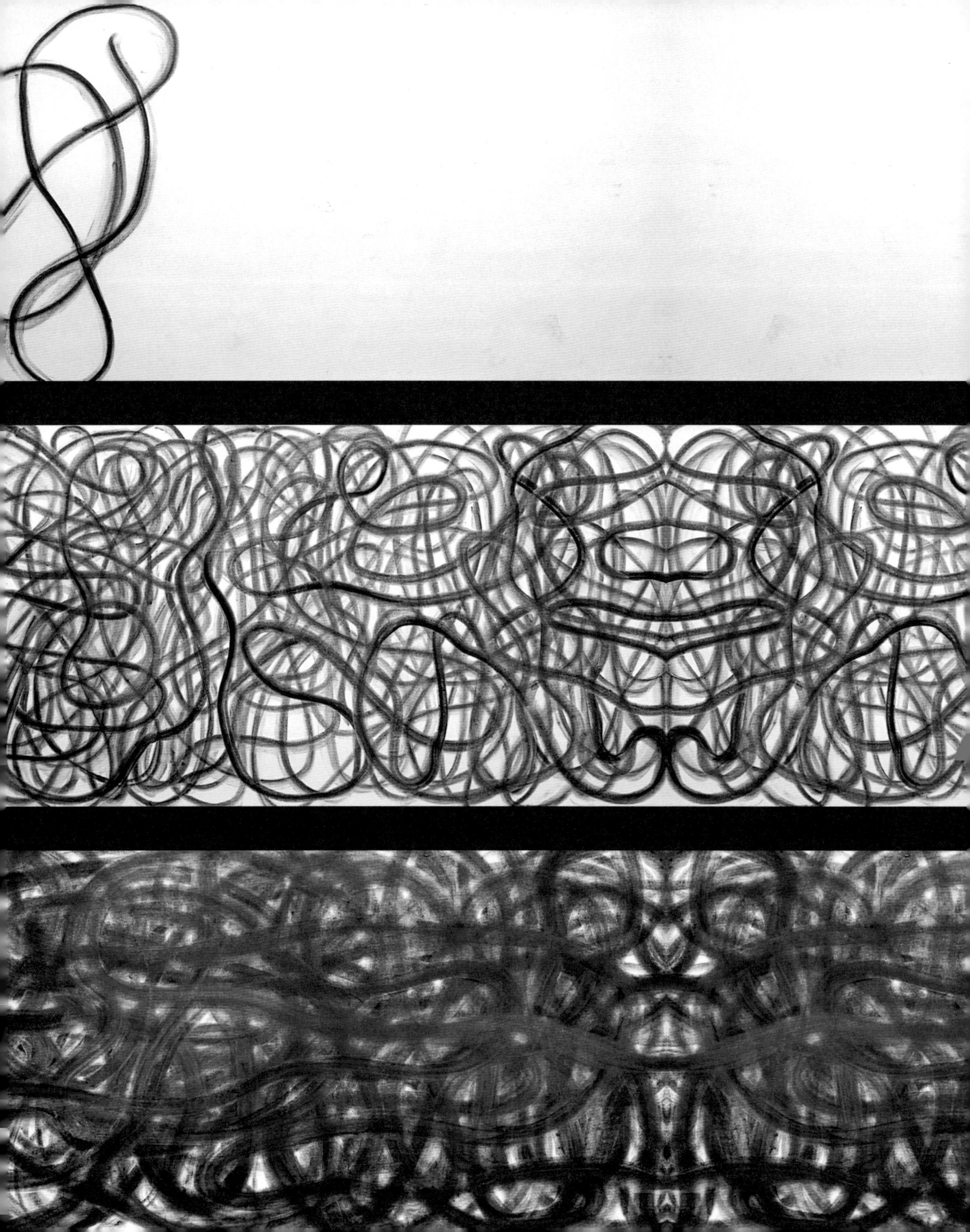

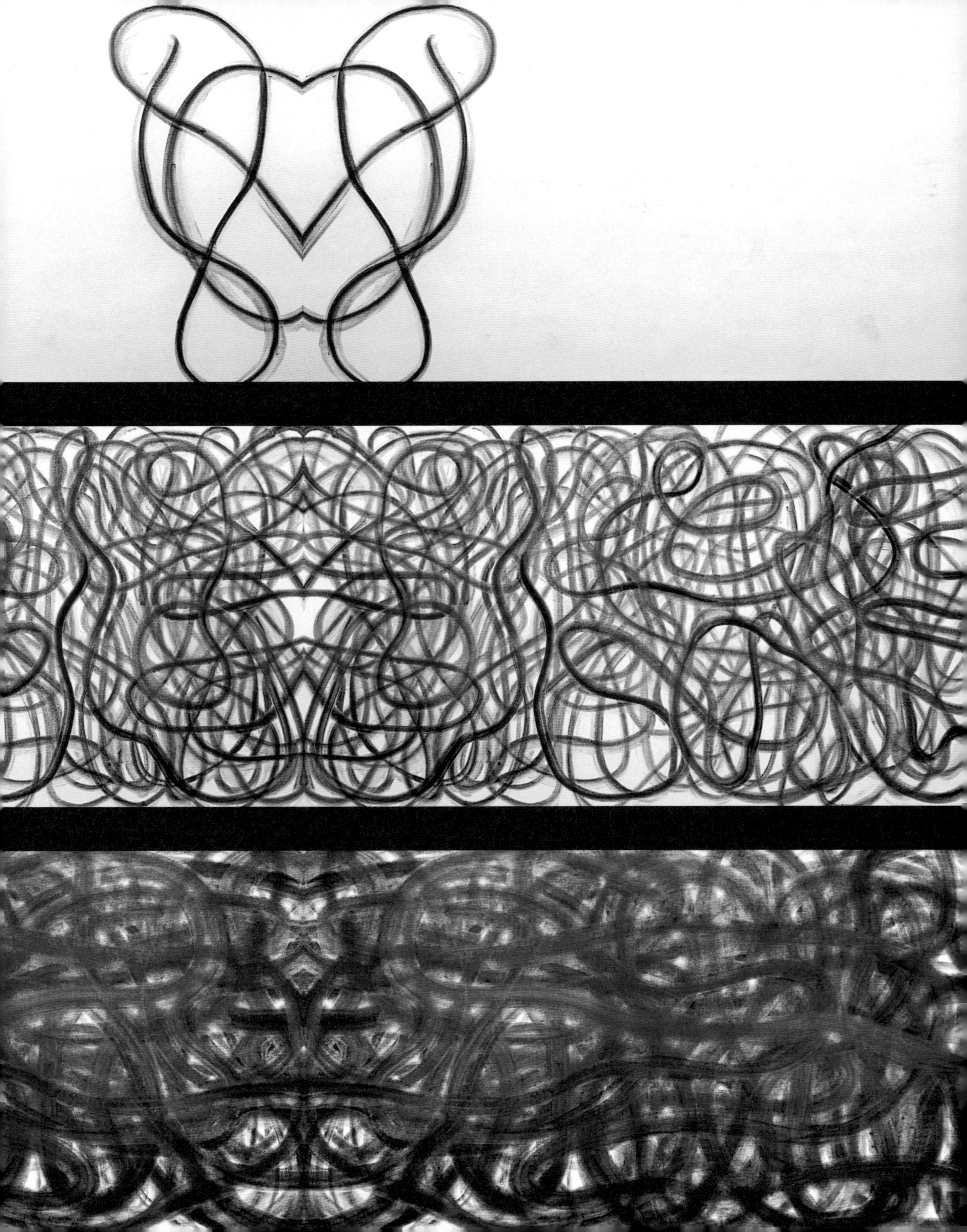

Terra Nova

2021

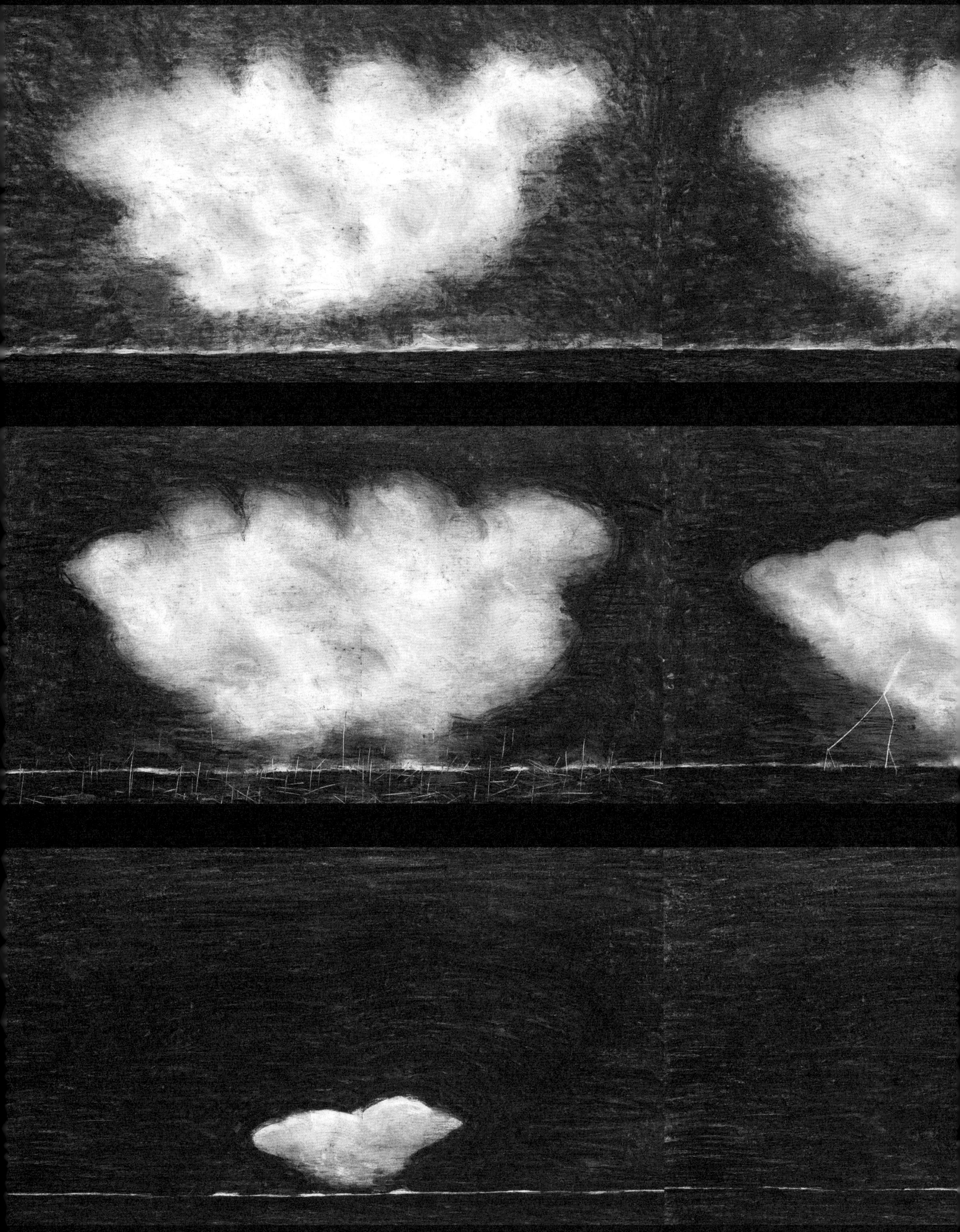

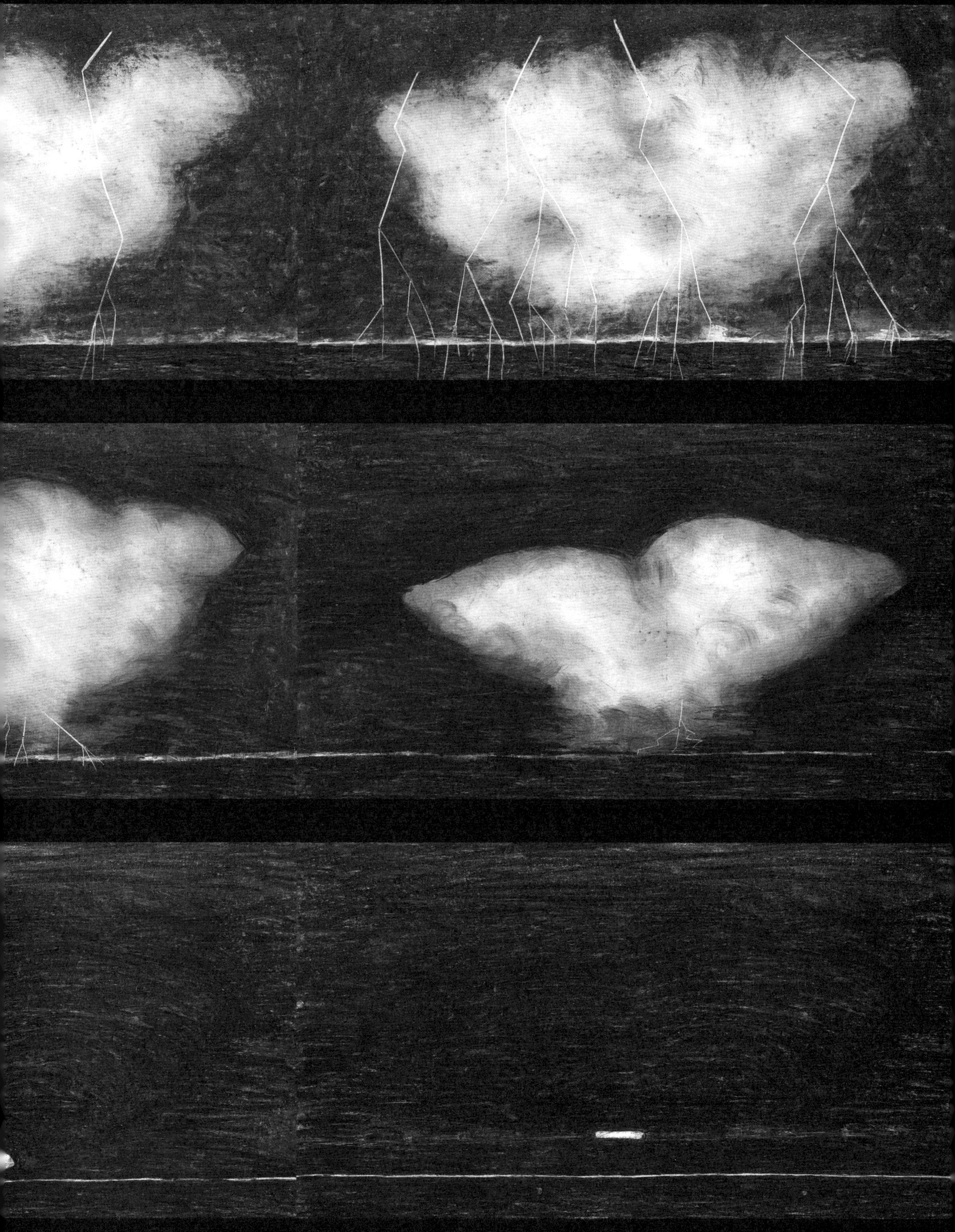

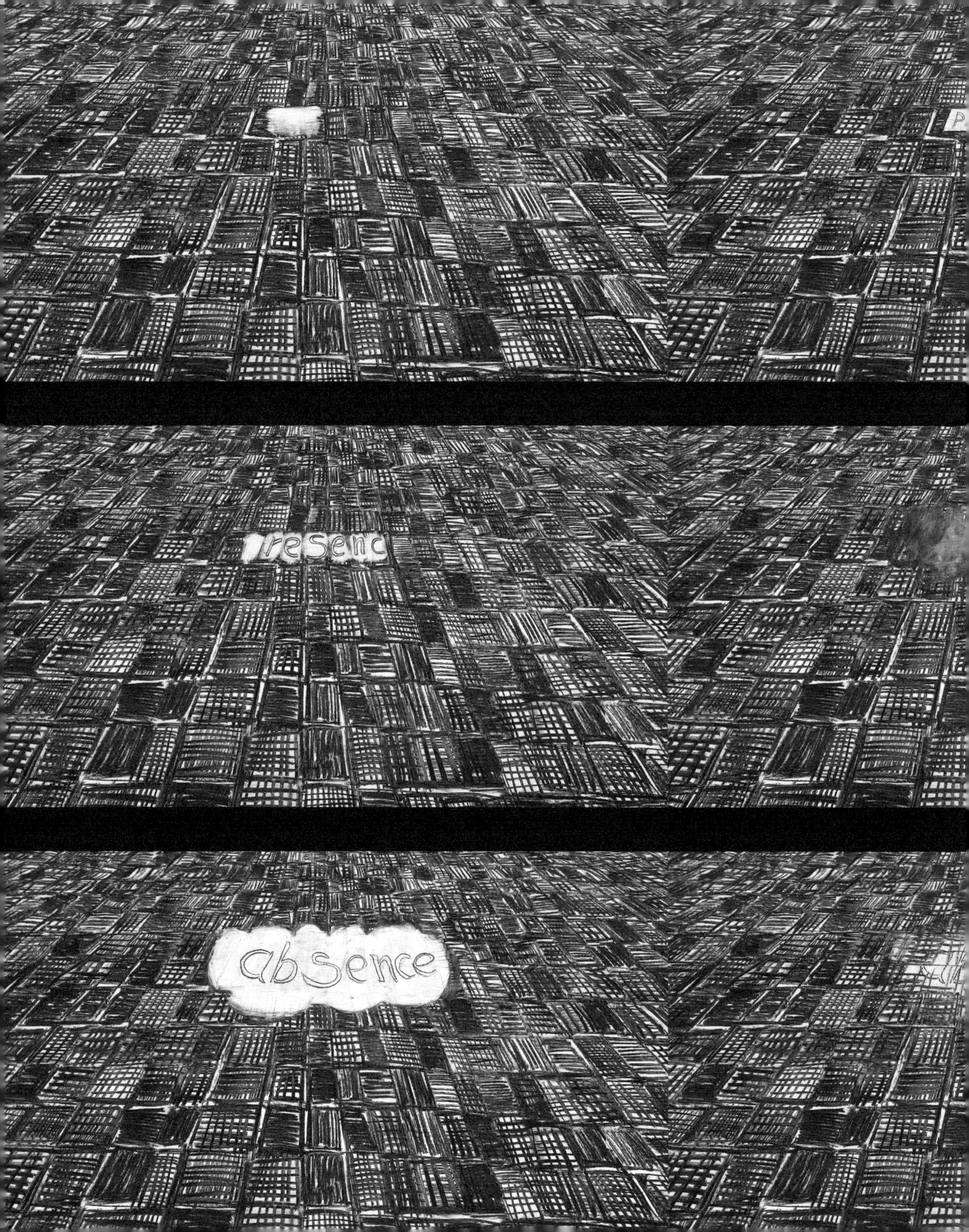
P
resenc
absence

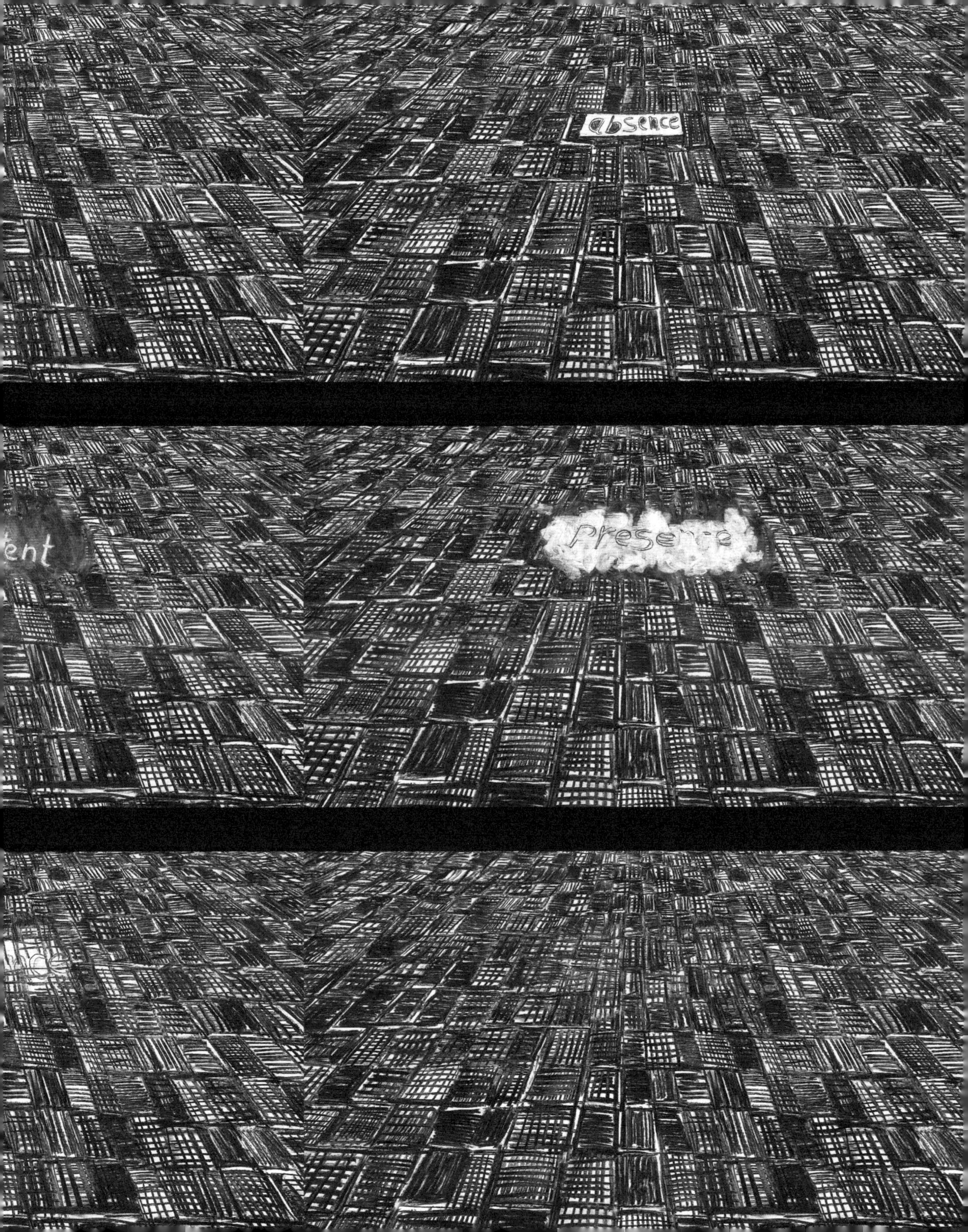
absence
ent
Presence

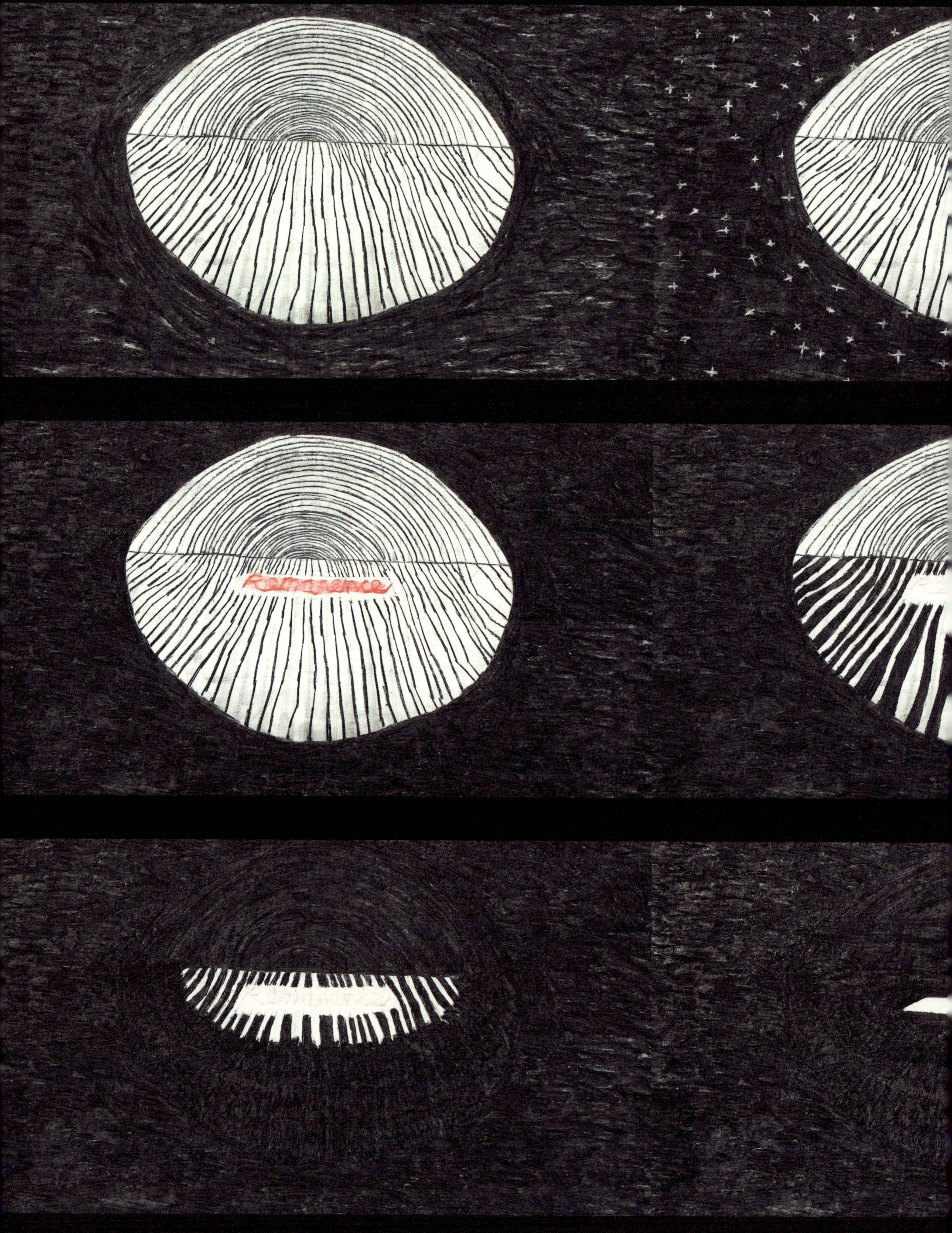
Romance

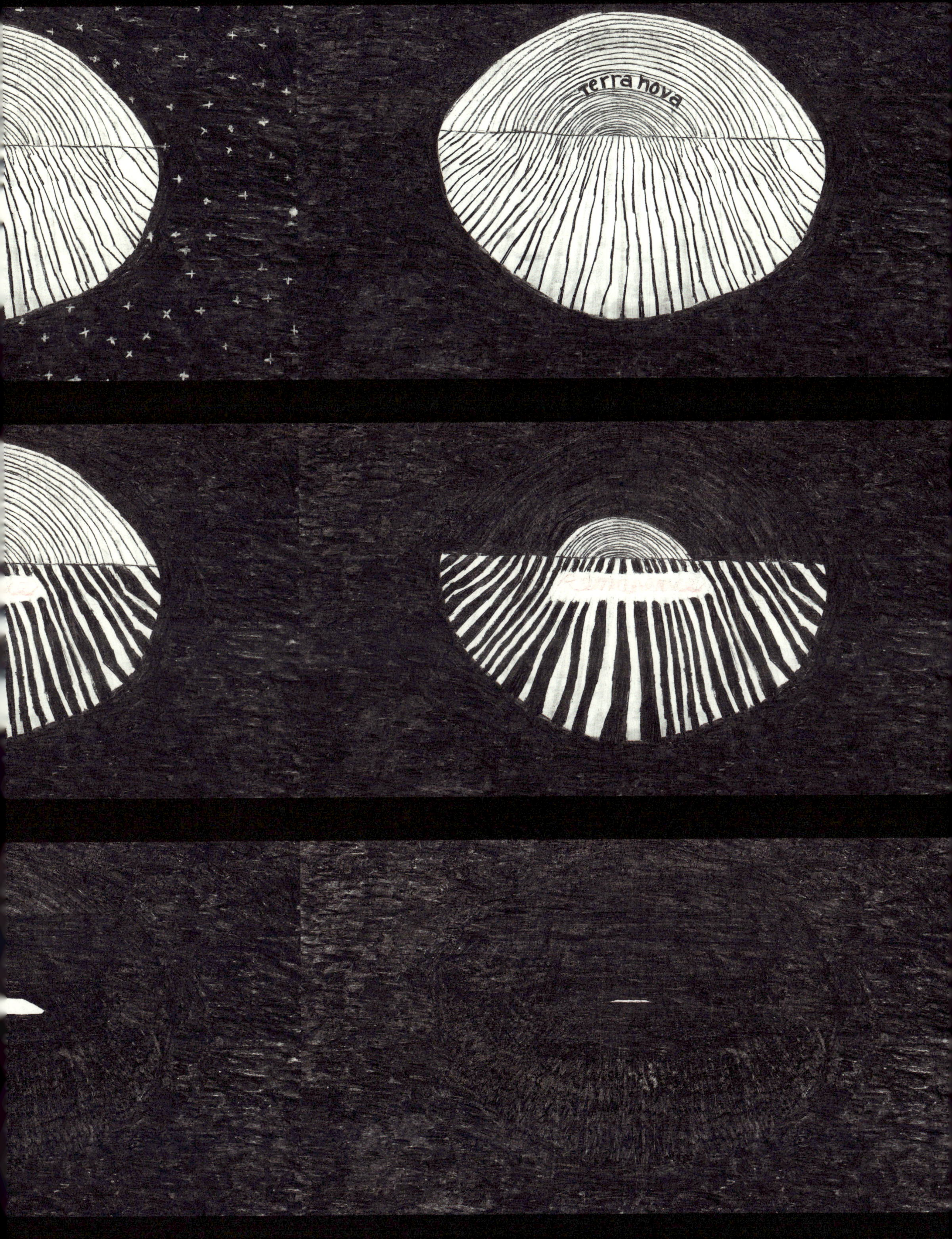
terra nova

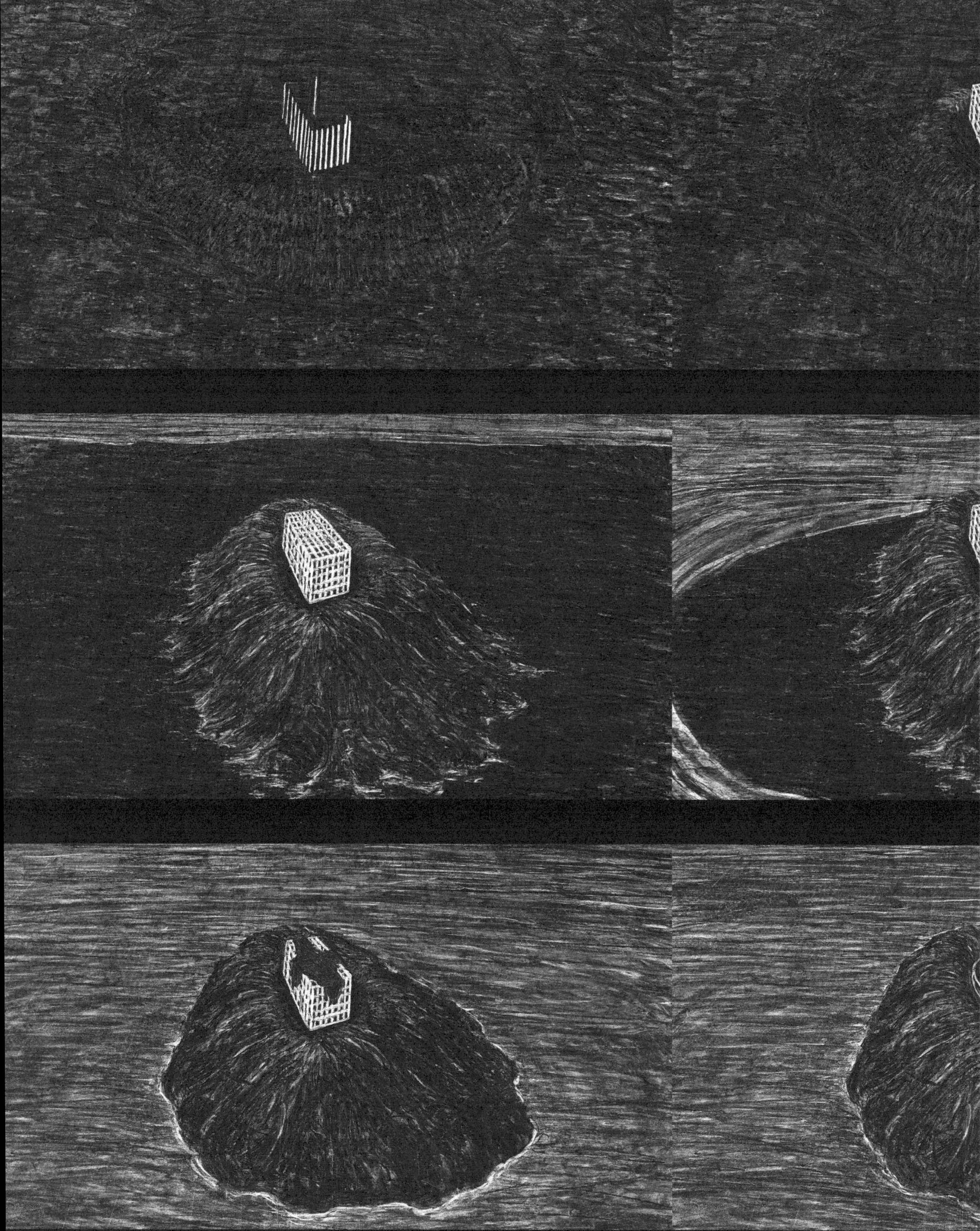

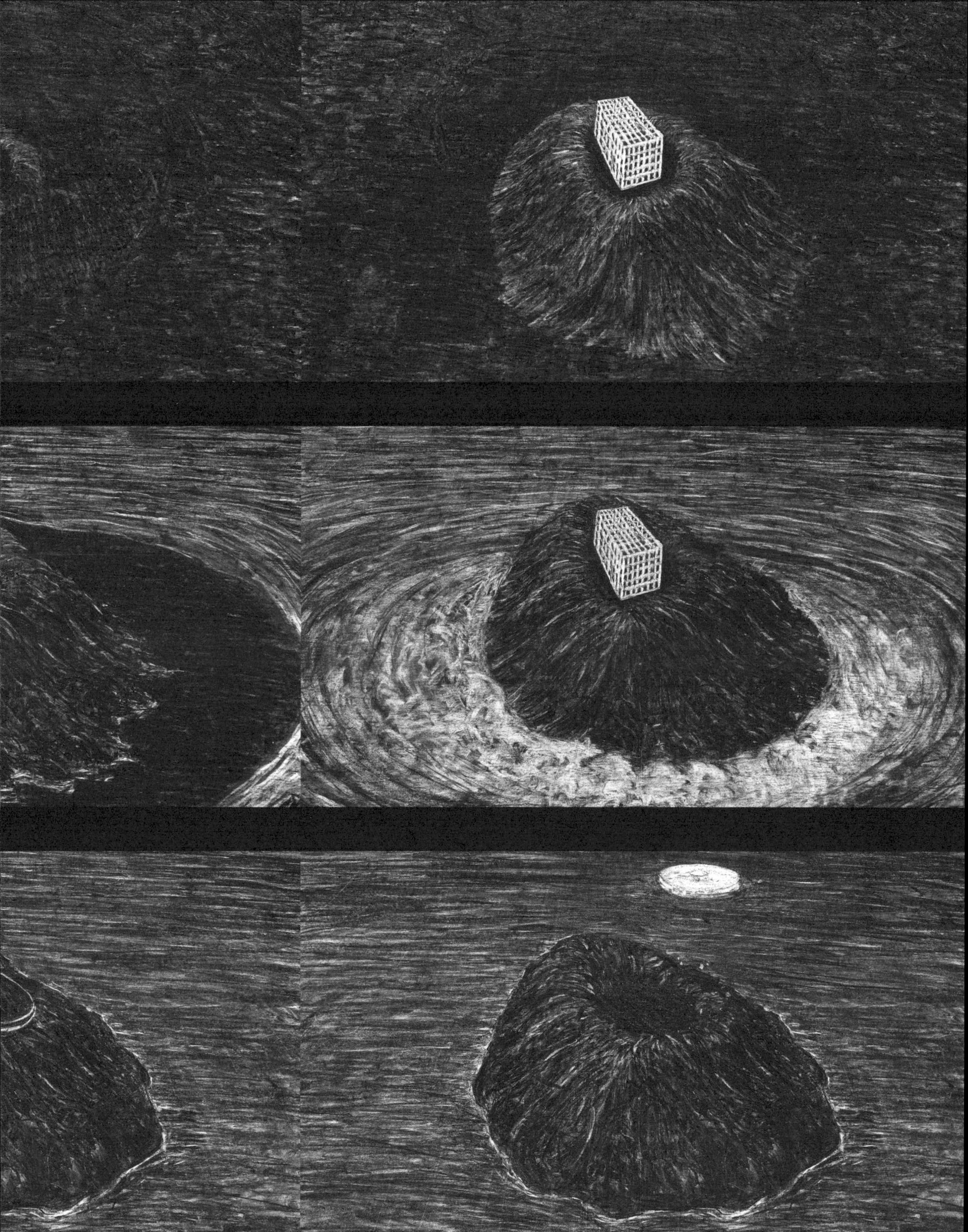

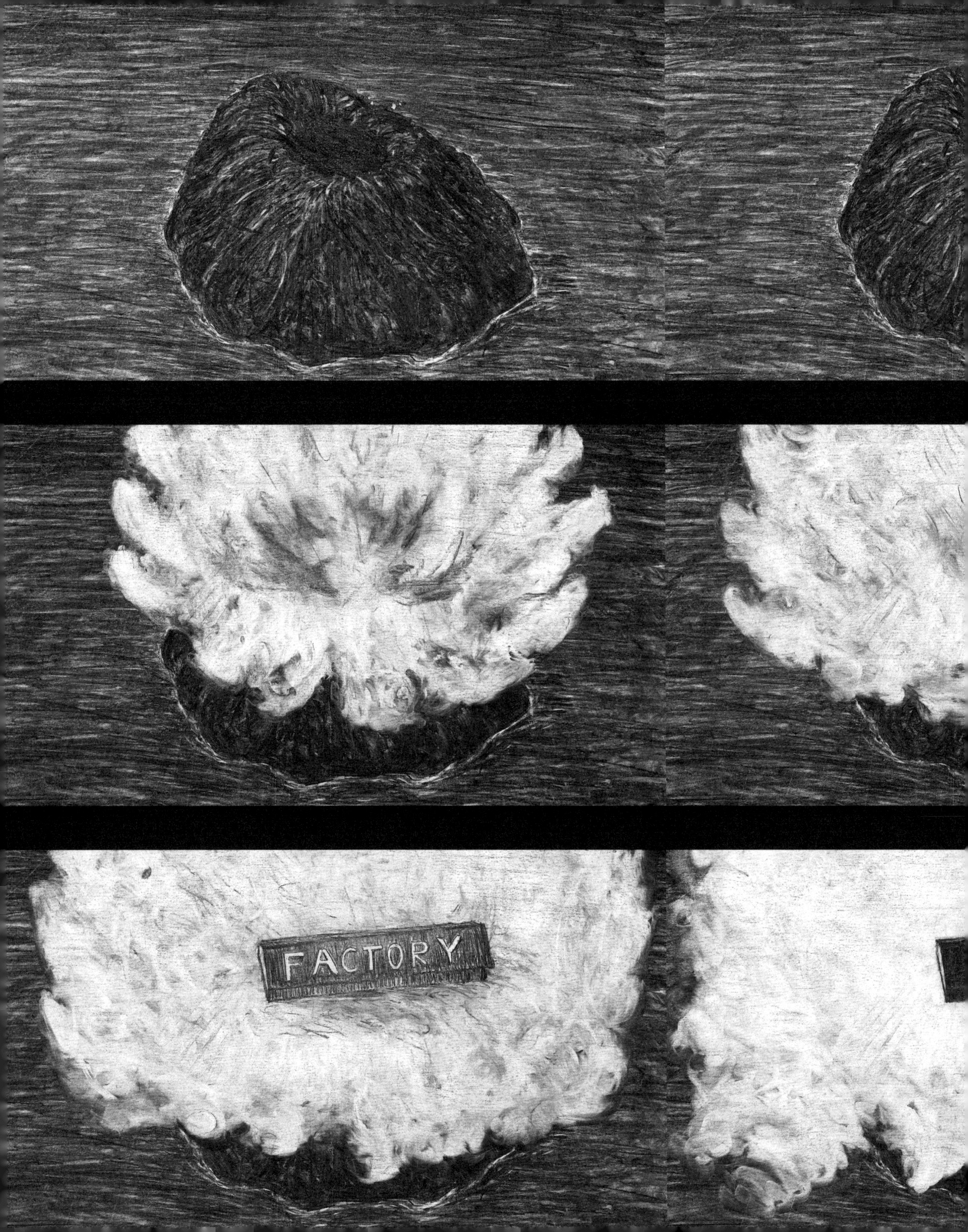
FACTORY

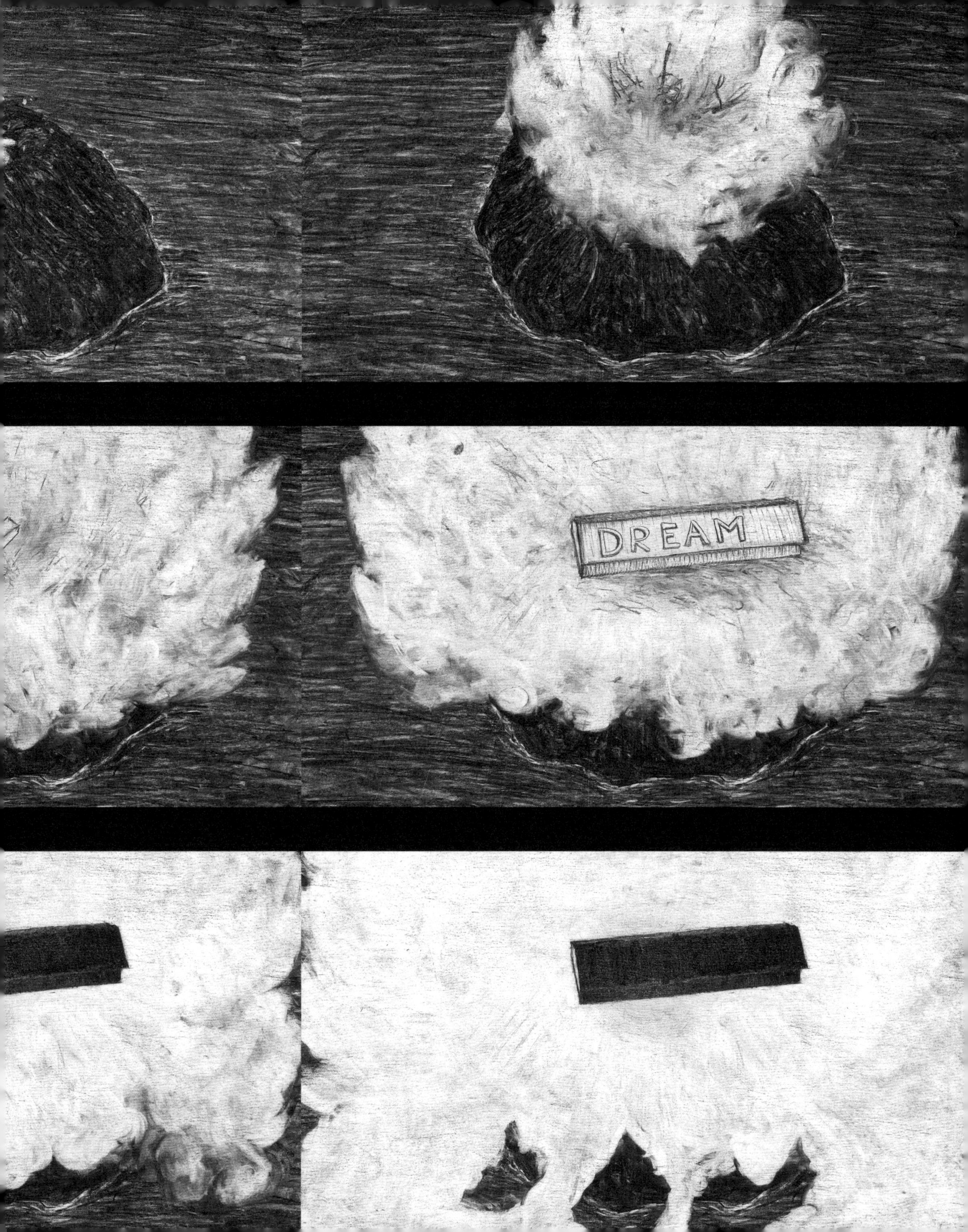
DREAM

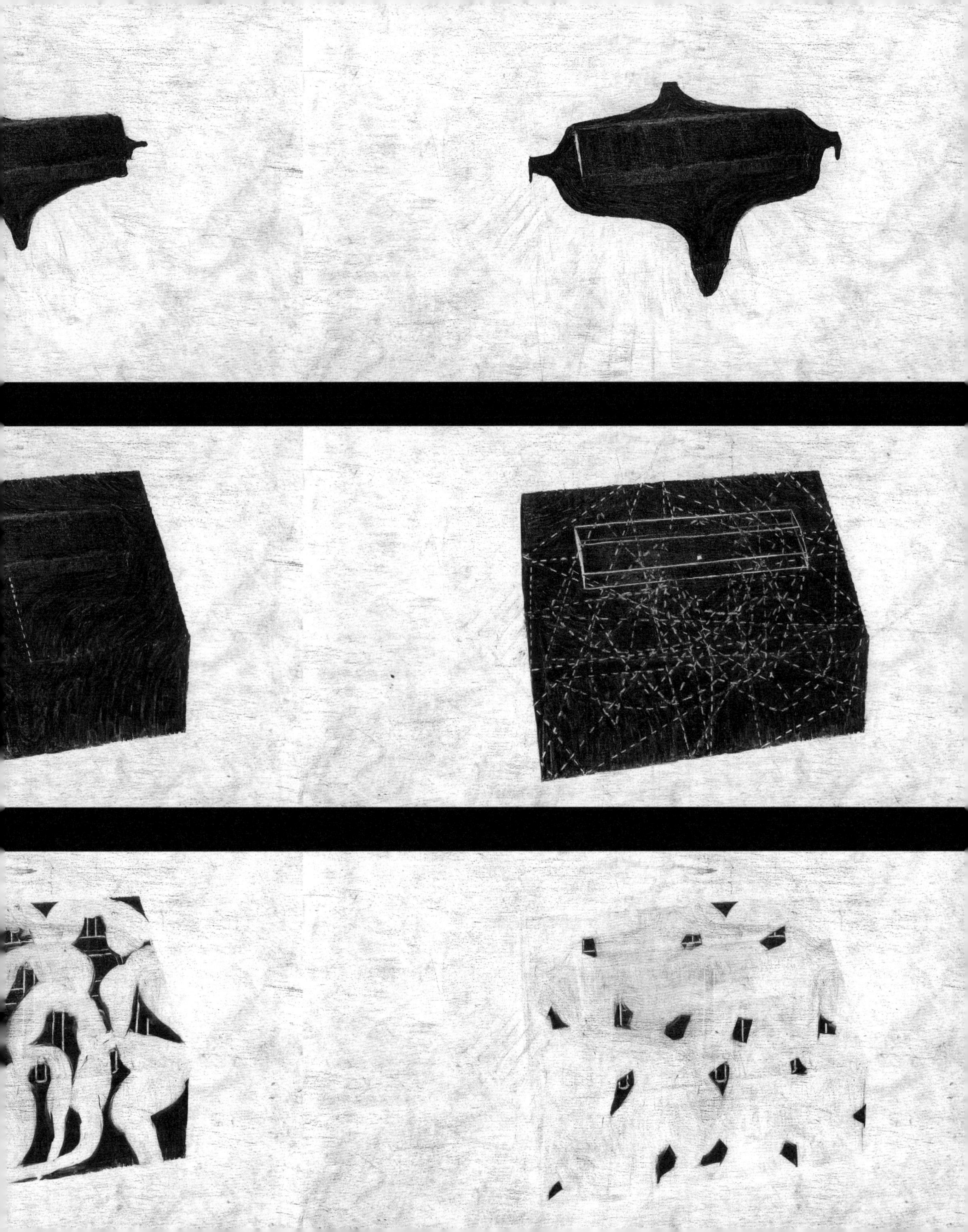

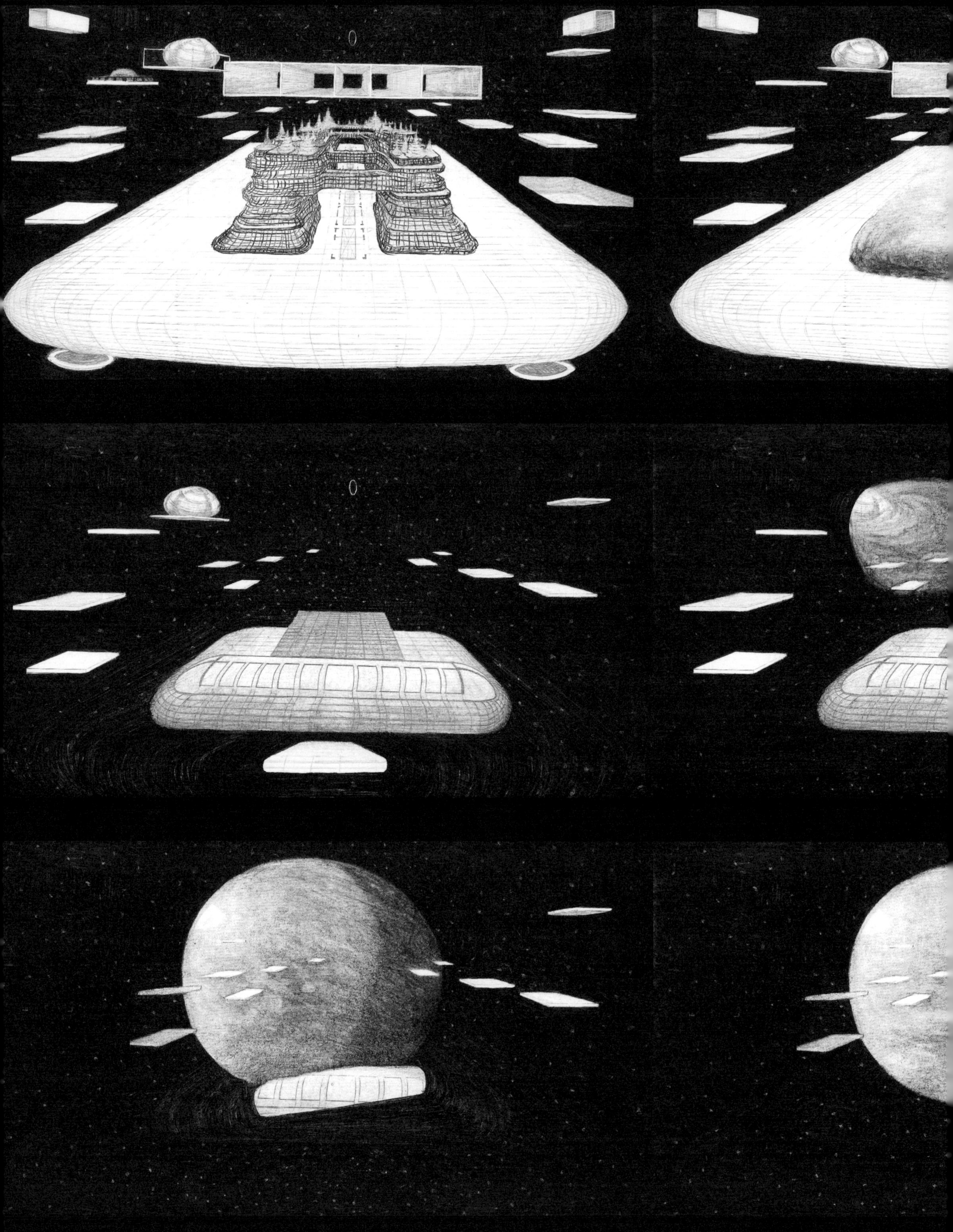

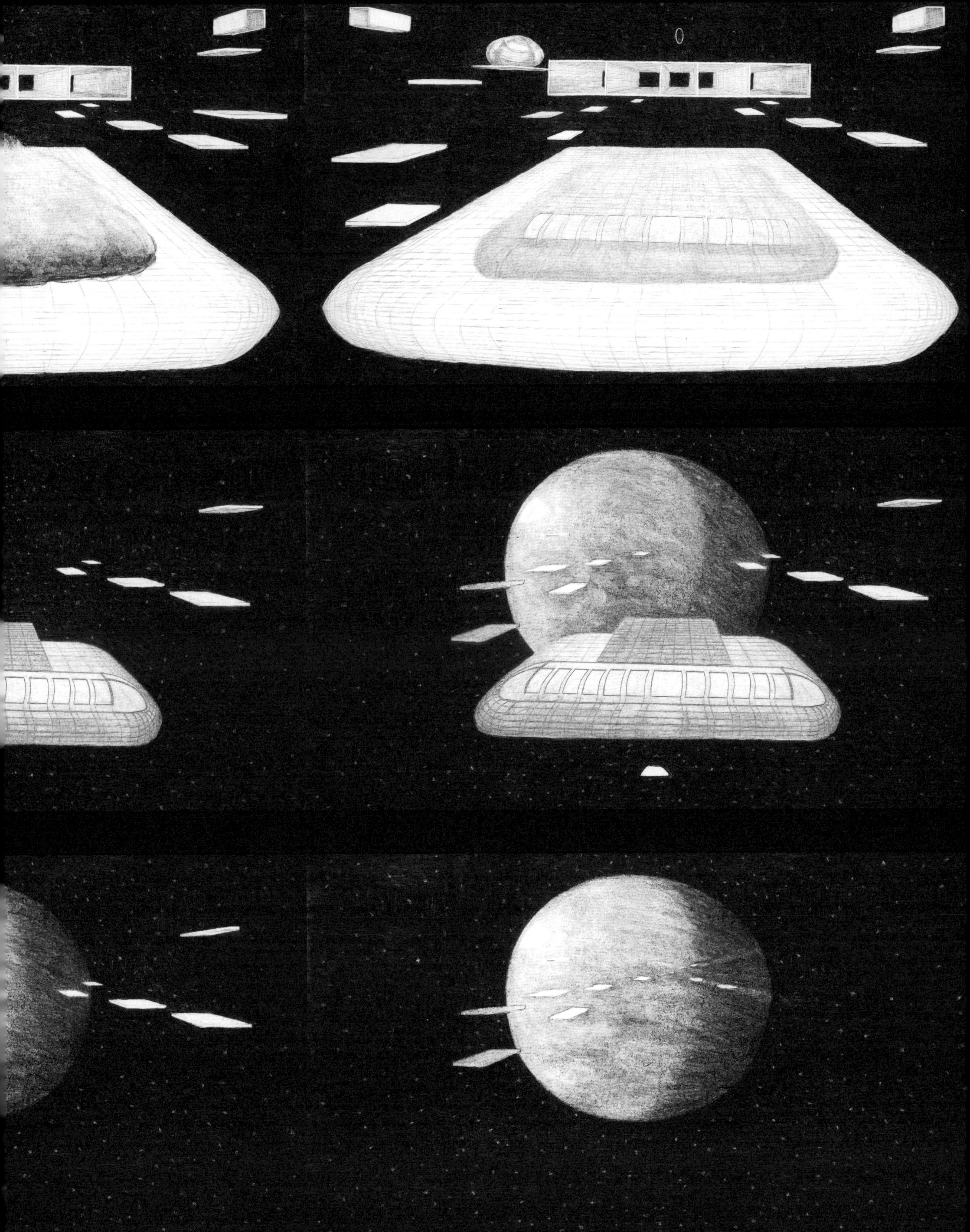

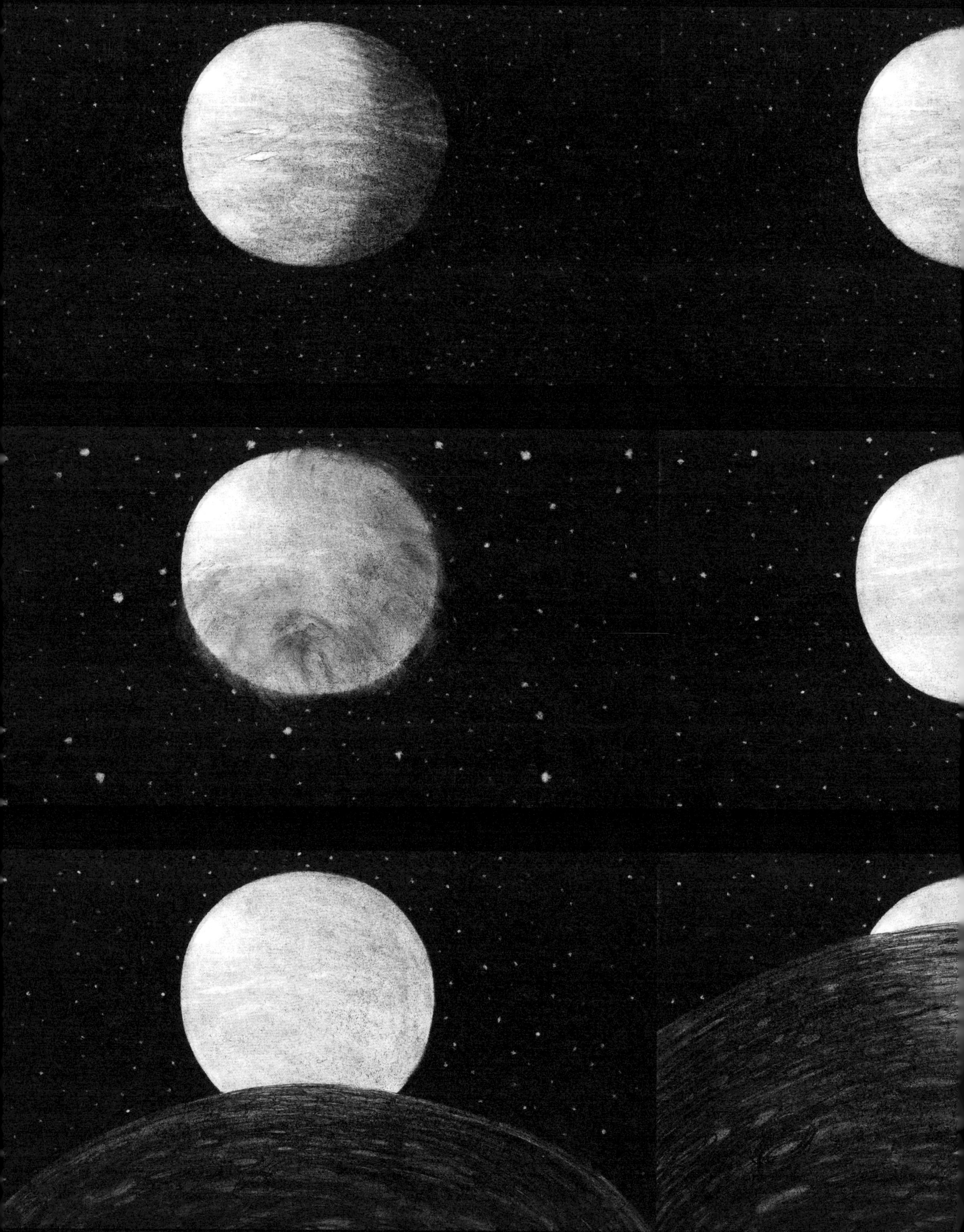

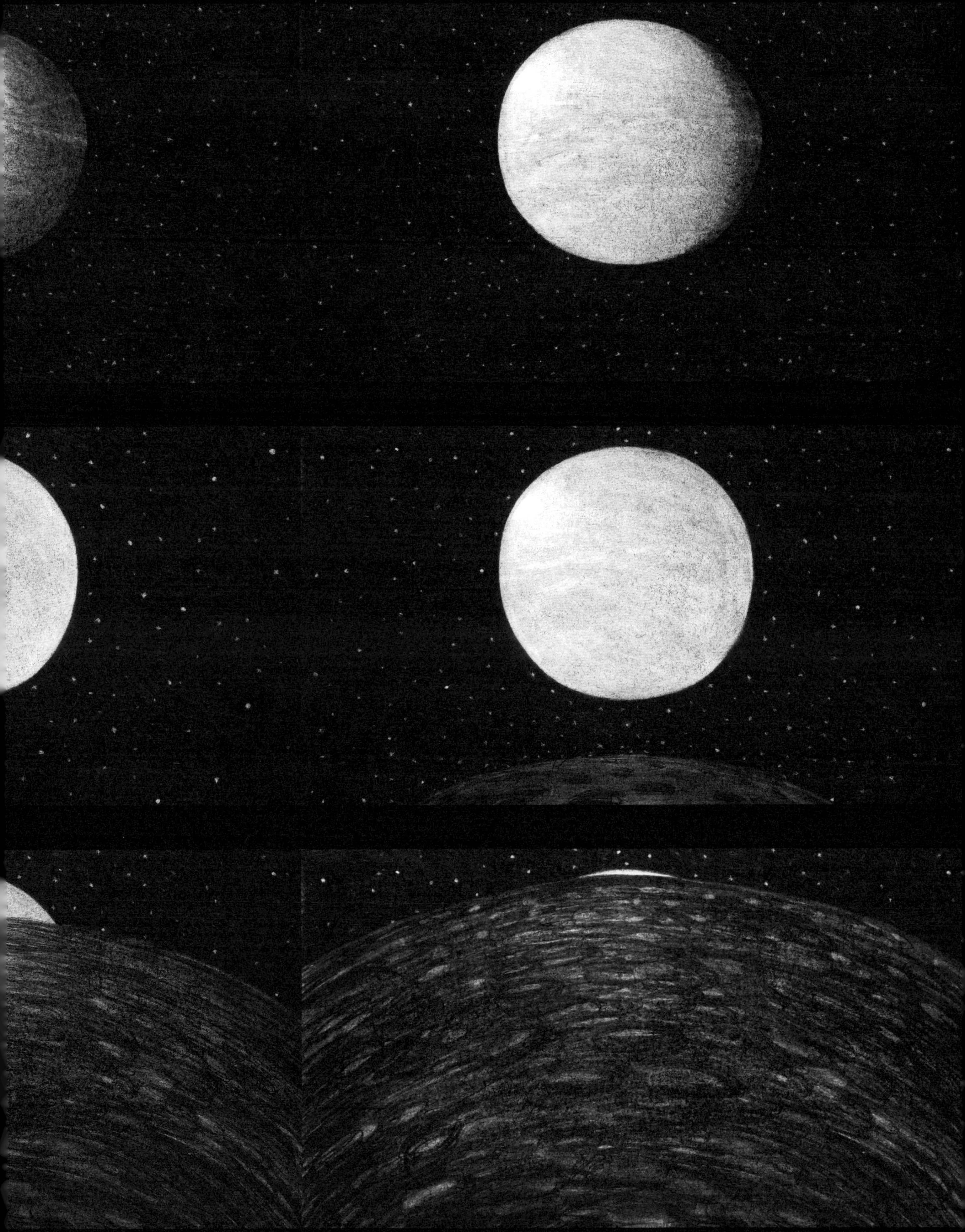

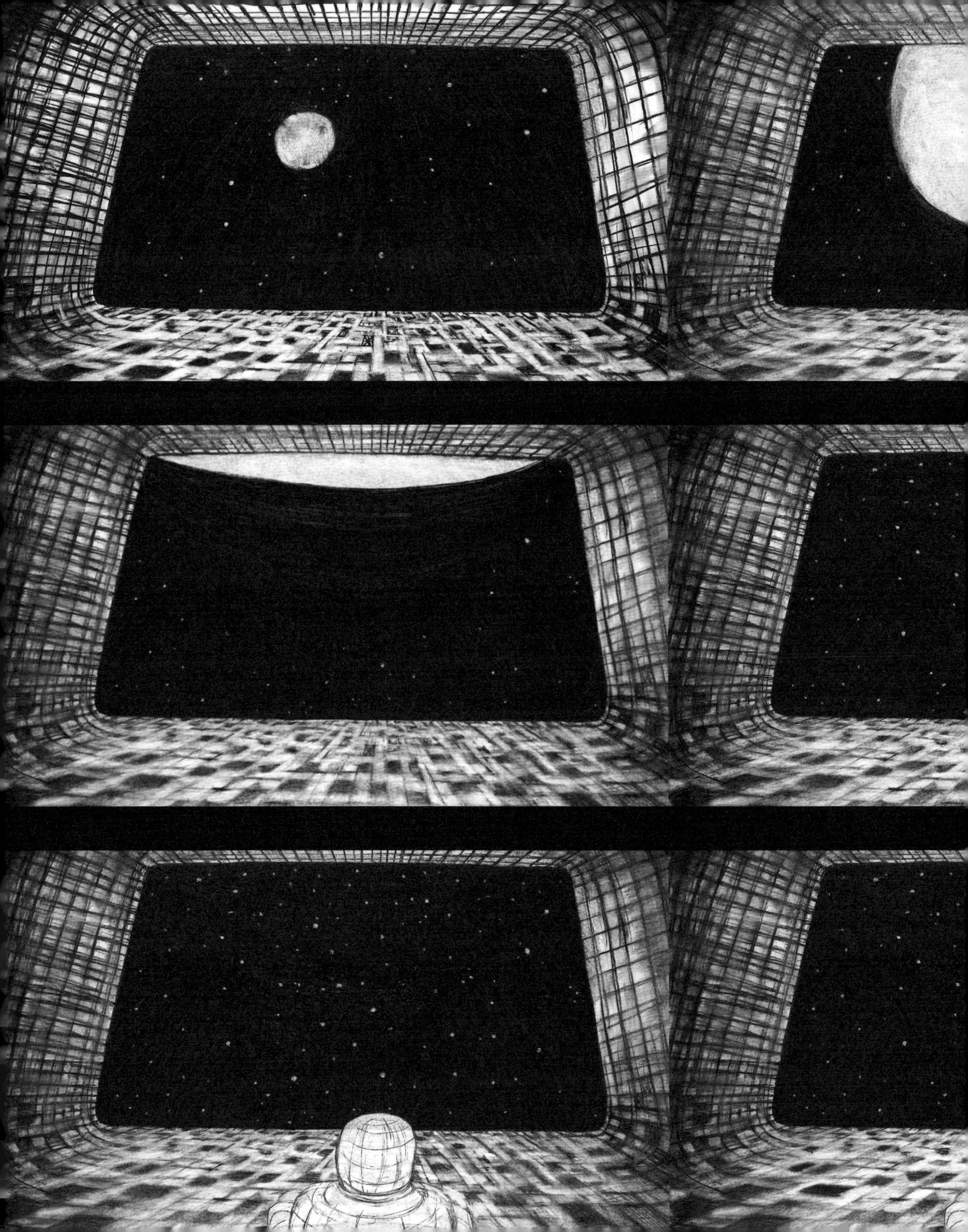

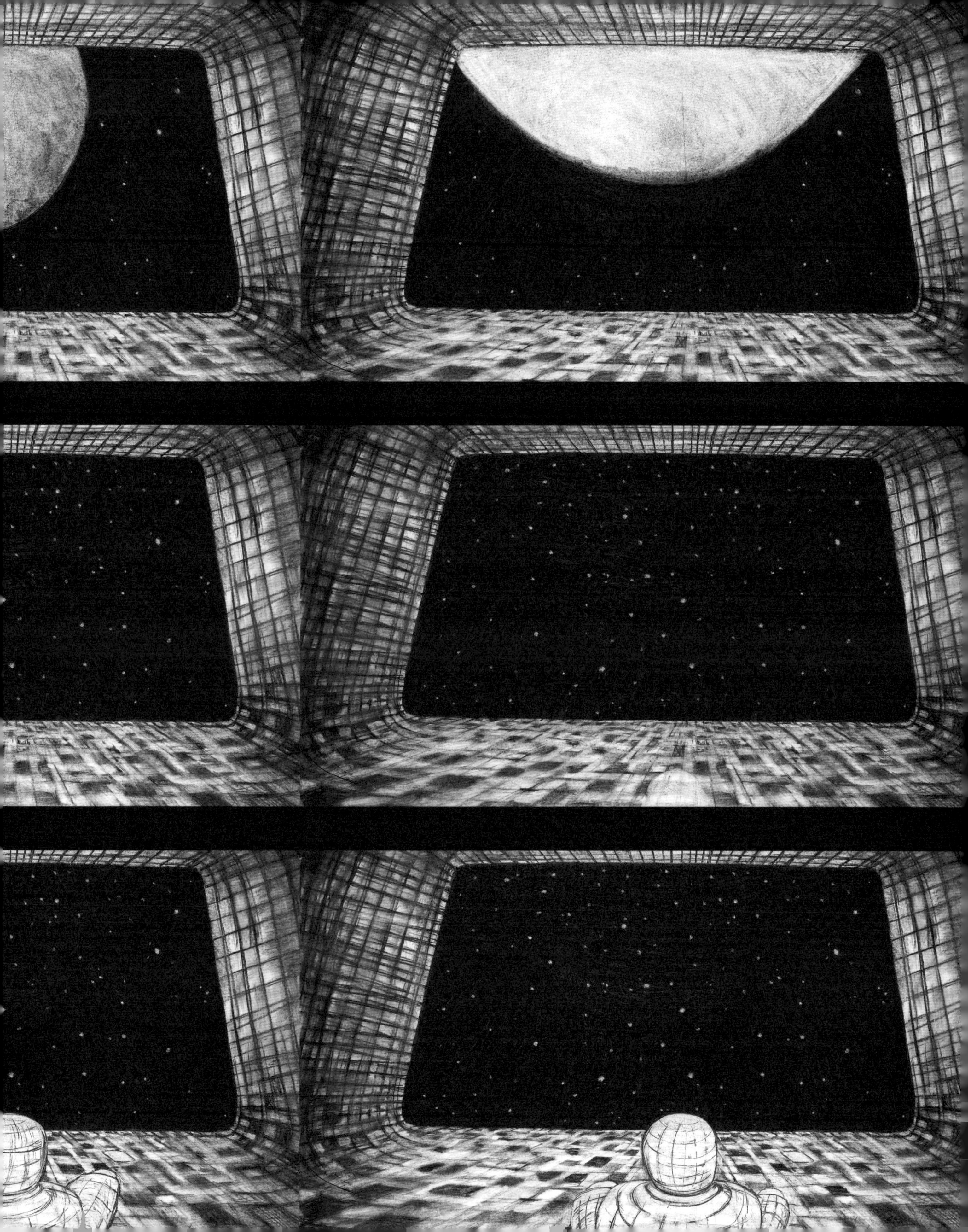

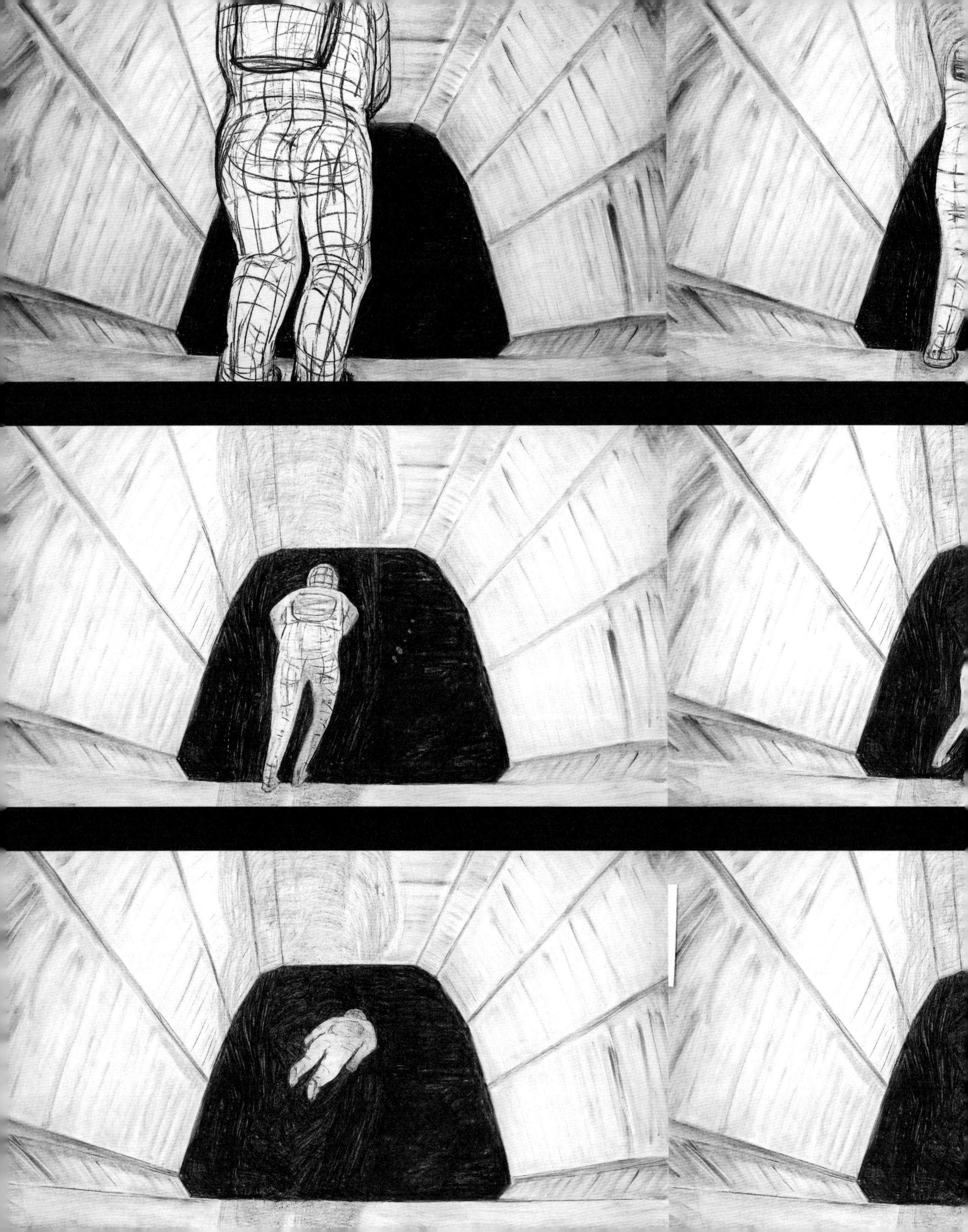

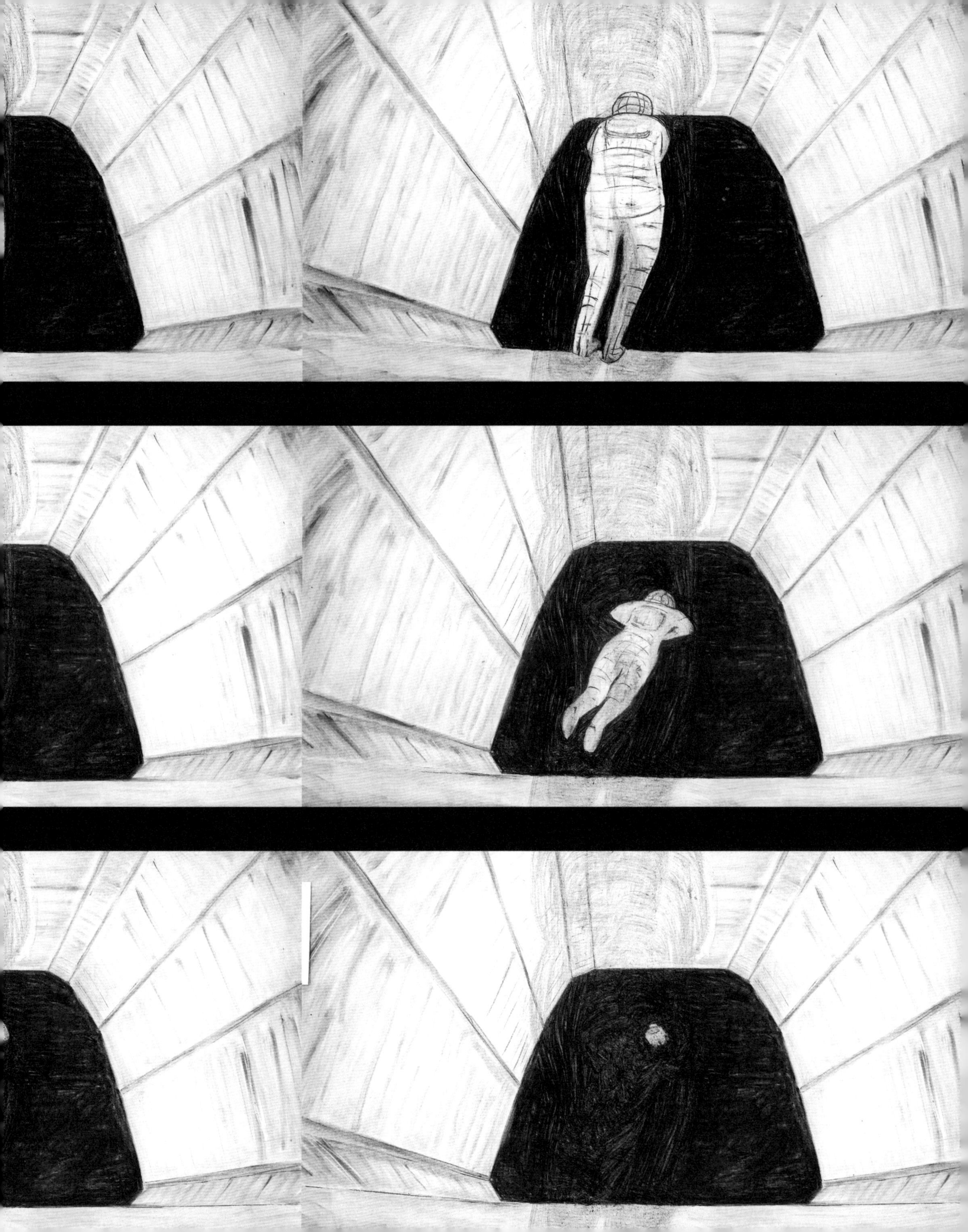

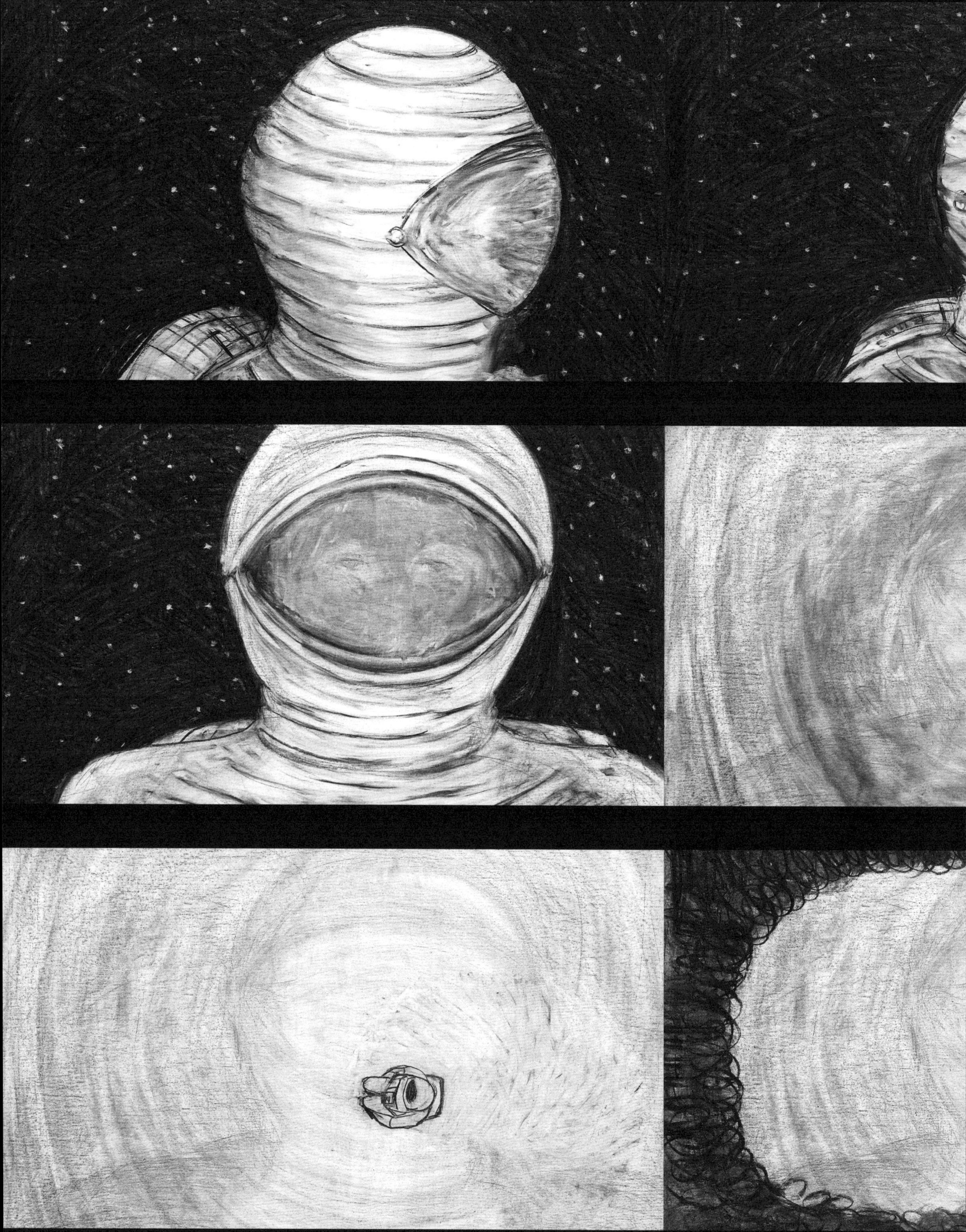

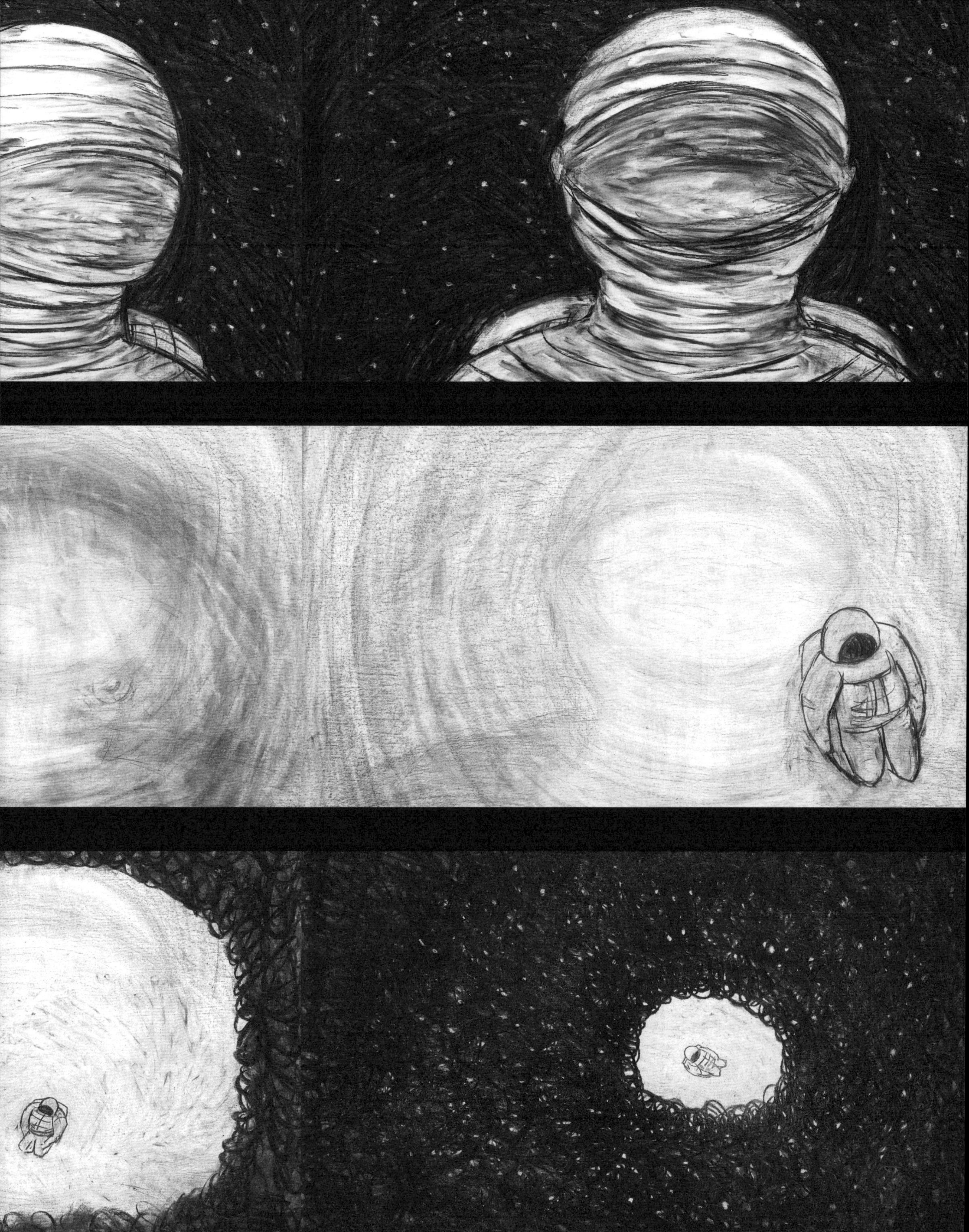

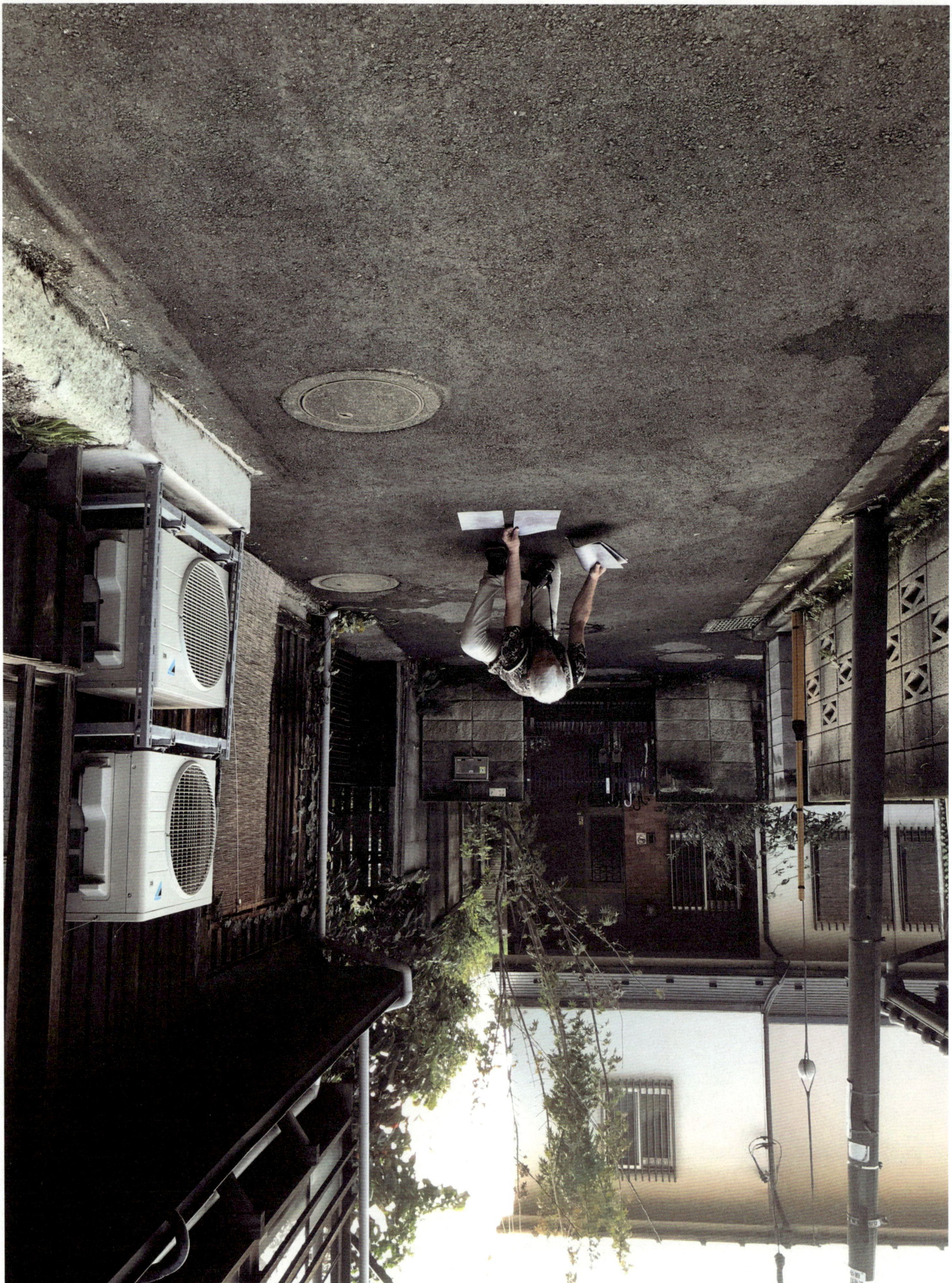